W0071529

UTB 2330

Eine Arbeitsgemeinschaft der Verlage

Beltz Verlag Weinheim und Basel
Böhlau Verlag Köln · Weimar · Wien
Wilhelm Fink Verlag München
A. Francke Verlag Tübingen und Basel
Paul Haupt Verlag Bern · Stuttgart · Wien
Verlag Leske + Budrich Opladen
Lucius & Lucius Verlagsgesellschaft Stuttgart
Mohr Siebeck Tübingen
C. F. Müller Heidelberg
Ernst Reinhardt Verlag München und Basel
Ferdinand Schöningh Verlag Paderborn · München · Wien · Zürich
Eugen Ulmer Verlag Stuttgart
UVK Verlagsgesellschaft Konstanz
Vandenhoeck & Ruprecht Göttingen
WUV   Facultas · Wien

Angelika Corbineau-Hoffmann

Die Analyse literarischer Texte

Einführung und Anleitung

A. Francke Verlag Tübingen und Basel

Die Deutsche Bibliothek – CIP-Einheitsaufnahme

Corbineau-Hoffmann, Angelika:
Die Analyse literarischer Texte : Einführung und Anleitung /
Angelika Corbineau-Hoffmann – Tübingen ; Basel : Francke, 2002
(UTB für Wissenschaft : Uni-Taschenbücher ; 1991)
ISBN 3-8252-2330-2 (UTB)
ISBN 3-7720-2988-4 (Francke)

© 2002 · A. Francke Verlag Tübingen und Basel
Dischingerweg 5 · D-72070 Tübingen
ISBN 3-7720-2988-4

Einbandgestaltung: Atelier Reichert, Stuttgart
Satz: Informationsdesign D. Fratzke, Pfullingen
Druck und Bindung: Hubert & Co., Göttingen
Printed in Germany

ISBN 3-8252-2330-2 (UTB Bestellnummer)

„... Das Reich der Worte
worin alles Gegenwart"
Hugo von Hofmannsthal

Für Christiane Schulz –
Zur Erinnerung an die gemeinsame
Leipziger Lehr-Zeit

Inhalt

Zum Aufbruch: Vorwort

Die Ansicht, dass Kunst im Allgemeinen, Literatur im Besonderen mit unserem alltäglichen Handeln, mit dem ‚Leben‘ im elementaren oder emphatischen Sinne nichts oder nicht viel zu tun habe, wird zwar häufig geäußert, wird aber durch wiederholendes Beharren nicht richtiger. Es ist nicht die Absicht dieses Buches, eine Lanze für die Literatur zu brechen, die in der alt-medialen Form des gedruckten Buches ihre Position neben den elektronischen Medien tapfer behauptet; es soll vielmehr gezeigt werden, welche Abenteuer das Lesen und Verstehen literarischer Texte bereit hält. Die Entdeckungsreise, die hier vorgeschlagen wird und für welche die Autorin gewissermaßen als Reiseleiterin fungiert, führt zu einem Autor, Hugo von Hofmannsthal, der im Zeichen des Ästhetizismus schrieb und gegen den wiederum die These von der Lebensfremdheit ins Feld geführt werden kann.

Auch wissenschaftliche Bücher stehen nicht unbedingt in dem Ruf, für das ‚Leben‘ von Belang zu sein. Deren Verfasser, nicht selten dem Typus des zerstreuten Professors zugeschlagen (wobei zu sagen wäre, dass Professoren natürlich nicht zerstreut sind, sondern hoch konzentriert: auf etwas anderes freilich als den im Laden abgestellten Schirm ...), scheinen der Lebenswelt eher fern zu stehen, und was sie, zumeist gestützt auf jahrelange Forschungen, in ihren Publikationen darlegen, erreicht nur selten eine interessierte Öffentlichkeit. Das vorliegende Buch hingegen entstand unmittelbar aus der akademischen Lehrerfahrung und ging aus einer Problematik hervor, die mich begleitet, seit ich, vor vielen Jahren, mit dem Literaturunterricht für Studenten begann: Das unmittelbare, zunächst nur vom Sprachmaterial ausgehende Analysieren und Verstehen von Texten war vielen Studierenden das sprichwörtliche Buch mit sieben Siegeln, die Textinterpretation eine Art Geheimwissenschaft für Eingeweihte. Das Lesen (womit gemeint ist: das Verstehen) von literarischen Texten ist sicher eine besondere Fertigkeit, als Les-Art auch so etwas wie eine

Kunst; dennoch ist es, etwas Geschick und guten Willen vorausgesetzt, durchaus erlernbar.

Für dieses Buch, das die Mittel und Wege literarischer Textanalyse einsichtig und nachvollziehbar machen möchte, ist – in weit höherem Maße als bei anderen, rein ‚wissenschaftlichen' Publikationen – der Leser[1] Maßstab des Gelingens. Er wird nicht als passiver Rezipient, als bloß ‚Aufnehmender' verstanden, sondern als aktiver Partner und Begleiter auf den Wegen zur Literatur. Am Ziel, dort nämlich, wo der Leser eigenständig mit Texten umzugehen gelernt hat, wird die Reiseleiterin überflüssig, hat das Buch seine Schuldigkeit getan.

Doch zunächst stehen wir, Leser und Autorin, am Anfang, und ein kurzer Blick auf das Kommende mag den Zugang zur Thematik erleichtern. Als Beispiel für die Analysen wurde Hugo von Hofmannsthal, ein als schwierig geltender Autor, gewählt – nicht um die Arbeit zu erschweren, sondern um sie im Gegenteil perspektivisch zu erleichtern: Wer nämlich gelernt hat, mit Texten komplexer Art umzugehen, der ist gewappnet, ‚munitioniert' auch für andere, vielleicht weniger schwierige Lektüren.

Hugo von Hofmannsthal ist für die vorliegende Einführung in die Textanalyse nicht nur ein Beispiel, dessen Rolle und Funktion durchaus auch von anderen Autoren hätte wahrgenommen werden können. Die Einteilung erfolgte, wie ein Blick auf das Inhaltsverzeichnis verdeutlicht, nach gattungstypologischen Gesichtspunkten. Im Werk Hofmannsthals sind alle literarischen Gattungen vertreten; nur der Roman ist dabei – mit dem unvollendeten *Andreas oder die Vereinigten* – unterrepräsentiert; doch wäre eine Einführung in die Romananalyse ein Thema für einen eigenen Band.[2]

Das Buch bietet, gestaffelt nach Gattungen, jeweils Modellanalysen an und stellt dem Leser im weiteren Aufgaben, die er selbstständig (und möglichst ohne auf die Auflösungen im Anhang zu

---

1 Wenn hier und im Folgenden die männliche Form verwendet wird, ist dafür allein die Einfachheit gegenüber einer Doppelnennung (der Leser / die Leserin) verantwortlich. Die Leserin ist in dieser Form immer mit gemeint.

2 Vgl. den UTB-Band von Christoph Bode, Romananalyse. Eine Einführung, Tübingen/Basel 2003.

‚schielen'!) lösen soll. Da es ausdrücklich nicht um Literaturwissenschaft, sondern ‚nur' um deren Voraussetzung, das einsichtig-verstehende Lesen geht, stellt das Buch, so zumindest seine Absicht, auch über den akademischen Rahmen hinaus einen Leitfaden zu einem vertieften Umgang mit Literatur bereit. So wie Paul Klee in bezug auf Bilder meinte, man sehe nur, was man kennt, so möchte ich für die literarischen Texte hinzufügen: Man genießt nur, was man beherrscht. Je genauer man die Modi und Mittel der Textanalyse einzusetzen versteht, desto mehr Vergnügen bereitet die Lektüre. Sie ist dann nämlich nicht bloßer Nachvollzug, sondern Entdeckungsreise zu den Tiefenschichten des Textes und in die überraschenden Dimensionen eigener Einsicht.

Das vorliegende Buch richtet sich an einen Leserkreis im Schwellenbereich zwischen Schule und Universität: an Schüler der gymnasialen Oberstufe und an Studierende im Grundstudium. Es schlägt eingangs eine kurze, ‚griffige' und praxisorientierte Bestimmung des Text-Begriffs vor, der die methodische Basis der weiteren Darlegungen bildet. Die Gliederung erfolgt ganz traditionell nach Gattungen; das Ziel ist aber nicht (zum wievielten Male?), die Typologie der jeweiligen Gattungen, sondern die Darstellung jener Formen der Textorganisation, die den Gattungen zugrunde liegen. Die Verbindungen zwischen den einzelnen Elementen eines Textes sind bei der Lyrik (Kap. 2) besonders dicht, beim Essay (5. und letztes Kapitel) besonders ‚frei'. Beide Textmodi sind von einer starken vertikalen (‚paradigmatischen') Struktur bestimmt – im Unterschied zu Drama (Kap. 3) und Erzählung (Kap. 4). Hier wird es darum gehen aufzuzeigen, wie eine lineare Struktur gebildet, aber auch durch paradigmatische Verbindungen durchkreuzt wird. Die Darstellung der ‚Theatralität' des Dramas soll dem medialen Charakter dieser Gattung gerecht werden; bei der Erzählung wird auch die Beschreibung Gegenstand der Analyse sein, denn es gibt zwar Deskription ohne Narration, das Umgekehrte aber kaum. Das Schlusskapitel: „Was ist das ‚Literarische' am literarischen Text?" soll jene Elemente der vorausgegangenen Analysen zusammenfassen, die auf den speziellen Kunstcharakter der Texte verweisen, und die Kategorie der Literarität weiteren Reflexionen aufgeben – mehr als Ausblick denn als Zusammenfassung.

Der Anspruch (oder, um es weniger fordernd zu formulieren, der Wunsch), mit dem dieses Buch an seine Leser herantritt, mag ungewöhnlich erscheinen: Einführungen in die Literaturwissenschaft gibt es nämlich zuhauf; Anleitungen zum Verstehen von Texten hingegen sind auf dem einschlägigen Buchmarkt kaum vorhanden. Was bedeutet es konkret, dass der Untertitel sowohl eine Einführung als auch eine Anleitung verspricht? Die nach Gattungen gegliederten Kapitel wollen zunächst, durch die Vorstellung von Modellanalysen, bestimmte elementare Vorgehensweisen der Textinterpretation vermitteln. Doch das nur nachvollziehende Verstehen, vom dem freilich zu hoffen ist, dass es auf einleuchtenden Analyseschritten beruht, verhilft nicht unbedingt schon dazu, auch eigene Textanalysen vornehmen zu können. Deshalb wird jeweils ein weiterer Text, möglichst dem ersten ähnlich, zur Interpretation vorgeschlagen. Dabei kann der Leser sich sowohl selbstständig ans Werk machen als auch den vorgegebenen Fragen folgen; vielleicht ergibt sich auch im einen oder anderen Falle eine Mischform – je nachdem, ob man sich vom Text unmittelbar angesprochen fühlt oder nicht.

Bevor die eigentlich literaturwissenschaftliche Arbeit einsetzt, die den gegebenen Text in seine Kontexte stellt (die Entstehungsbedingungen, die Schaffensperiode des Autors und, mit aller Vorsicht: seine Biographie, die Gattungszugehörigkeit, den historischen Rahmen der Epoche, die Merkmale des literarischen Umfeldes, die gesellschaftlichen Bezüge usw.), ist der Leser aufgerufen, ihn in der Art seines Erscheinens, mit den Merkmalen seiner sprachlichen Beschaffenheit als Text aufzunehmen, zu deuten und zu analysieren: Vor aller Kontextualität ist der Text gegeben, und er will gelesen sein. Das ist nicht so einfach, wie es sich anhört, aber auch nicht so schwierig, wie es gelegentlich hingestellt wird. Die verschiedenen, einzelphilologisch ausgerichteten Literaturwissenschaften halten eine Vielzahl von einführenden Werken bereit, die sich jedoch als Einführungen in die (jeweilige) Literaturwissenschaft verstehen und kaum je als gleichsam ,geführte' Anleitungen zum Lesen und Verstehen literarischer Texte gleich welcher Sprache.

Lesen lernen! könnte als Motto und Zielsetzung des vorliegenden Bändchens gelten, das, wie so einige meiner Bücher vor ihm, seine Entstehung der Lehrerfahrung verdankt. Seit mehreren Jahrzehnten mit der akademischen Lehre betraut, musste ich vielfach (und sogar beim Unterricht der ‚höheren Semester') erfahren, dass das Lesen und Verstehen von Texten eine Fähigkeit ist, auf die man nicht unbedingt rechnen kann, die nicht erlernt wurde oder vielleicht sogar während des wissenschaftlichen Studiums mit seiner Orientierung auf die sogenannte ‚Sekundärliteratur', der nicht selten das primäre Interesse der Studierenden gilt, verloren ging. Erweist sich die Textanalyse als das sprichwörtliche Buch mit sieben Siegeln, so sollte es für die Lehrenden im Verein mit den Studenten kein Tabu sein, die Siegel eines nach dem anderen zu brechen. Einen Mangel einzugestehen ist keine Schande; bedenklich ist nur, ihm nicht abzuhelfen.

Während für den Leser erst jetzt die Arbeit beginnt, hat sich die Autorin natürlich schon im Vorfeld des Schreibens Gedanken über die Textauswahl gemacht; diese ist ein Destillat aus vielen Lektüren und hätte, das gilt für jede Auswahl, auch zu anderen Ergebnissen führen können. Einige Texte, darunter die nach meinem Urteil besten von Hofmannsthal, konnten nicht zum Zuge kommen, weil sie zu lang oder allzu komplex sind oder weil ihre Thematik und Problematik weniger geeignet erschienen, junge Leute zu interessieren; allerdings kann sich ein älterer Mensch hier sehr irren ... Der Leser, dem vielleicht die Auswahl nicht immer einleuchtet, mag versichert sein, dass sie mit Bedacht erfolgte; weitere Lektüren sind ihm nicht versagt.[3]

---

3   Hinweise darauf findet er im bibliografischen Anhang.

Rätsel mit Auflösung: Was ist ein Text?

Die Frage „Was ist ein Text?", in scheinbar kindlich-naiver Manier formuliert, soll nicht einer Manie der Definitionen das Wort reden, sondern nur, viel bescheidener, zur Klärung eines Begriffs beitragen, den wir täglich verwenden, ohne uns über seinen Inhalt Gedanken zu machen. Wie von Bildern, sind wir auch von Texten umgeben, mal hinschauend und zuhörend, dann wieder von den eigenen Gedanken fortgetragen, so dass Bilder und Texte nicht selten nur noch vage Schemen und bloßes Gemurmel im Hintergrund abgeben. Oft auch produzieren wir die Texte, redend und schreibend, selbst, ohne dass uns durch diese Praxis klarer würde, was Texte denn sind. Dies kann nur eine Theorie der Texte uns sagen und lehren.

,Text', obschon ursprünglich ein Fremdwort (von lat. ,tissere', ,weben'), hat durch den alltäglichen Gebrauch längst seine Fremdheit eingebüßt – was indes nicht bedeuten muss, das Wort sei damit vertraut geworden. Im Gegenteil bewirkt die häufige Verwendung von Begriffen oftmals ein Verschwimmen ihrer Inhalte, und die Selbstverständlichkeit, mit der solche Wörter gebraucht (dabei auch gelegentlich abgenutzt) werden, trägt nicht eben zu ihrer Präzision bei. Die selbst in Bilder-Welten Quasi-Allgegenwart von Texten betrifft vor allem *eine* Wissenschaft: die Linguistik. Das Vorhaben, den Umgang mit literarischen Texten am Sprachmaterial selbst einzuüben, situiert diesen Versuch auf der Schwelle zwischen Literatur- und Sprachwissenschaft; beide Wissenschaften werden damit zugleich auf ihr Grundelement, die Sprache, zurückgeführt. Der Text ist, obwohl es auch nicht-textuelle Verwendung von Sprache gibt (Ausrufe wie „ah", „oh", einzelne Wörter wie „basta" oder „eben" und schließlich isoliert gebrauchte Sätze), gleichwohl die übliche Erscheinungsform von Sprache.[1]

---

1 Wenn von ,Sprache' und ,Text' die Rede ist, sind damit die sogenannten ,natürlichen' Sprachen – Begriffssprachen mit ihren jeweiligen grammatischen Syste-

Texte bestehen aus – zumeist vollständigen – Sätzen, die Sätze ihrerseits aus Wörtern. Diese – sowohl die Sätze als auch die einzelnen Wörter – sind nicht die Sache selbst, die sie benennen, sondern haben die Struktur von Zeichen. So ist zum Beispiel das Wort ‚Hund‘ eine Lautfolge, die in keinem sachlichen Zusammenhang mit dem bezeichneten Tier steht – oder, wie es Derrida einmal ausdrückte: Das Wort ‚Hund‘ beißt nicht. Aus diesem Grund gibt es in den verschiedenen Sprachen auch jeweils unterschiedliche Begriffe, mit denen derselbe Gegenstand bezeichnet wird – Hund, dog, chien, cane usw. Im Laufe der Geschichte und aufgrund der stillschweigenden Übereinkunft, einen Gegenstand durch eine bestimmte Lautfolge zu bezeichnen, entstand die Sprache als ein Zeichensystem. Das Zeichen selbst ist von anderer Art als das, was es bezeichnet: Das Verkehrsschild ‚Bahnschranke‘ ist keine Bahnschranke, sondern nur deren Darstellung, wobei es bei einer solchen Repräsentation im Bild eine Ähnlichkeit zwischen Dargestelltem und Darstellung gibt. Bei der Sprache hingegen handelt es sich um ein durch Konvention entstandenes Zeichensystem; man spricht, mit dem Begründer der neueren Linguistik Ferdinand de Saussure, von der ‚Arbitrarität‘ des sprachlichen Zeichens, das eine Lautfolge mit einem Konzept, dem ‚Begriff‘, verbindet. Weil die Zeichen der sogenannten ‚natürlichen‘ Sprachen eben nicht von Natur aus gegeben sind und keine Ähnlichkeit mit dem Bezeichneten aufweisen, muss die Sprache von den einzelnen Mitgliedern einer Sprachfamilie erlernt werden; erst wenn wir, was viele Jahre in Anspruch nimmt, eine Sprache (im Normalfall zunächst unsere Muttersprache) erlernt haben, können wir sie anwenden. Was ein Bild (vorausgesetzt, es ist tatsächlich ‚abbildend‘) darstellt, brauchen wir hingegen nicht zu erlernen, da wir es spontan wiedererkennen – sofern wir das Dargestellte kennen, natürlich.

Wozu der auch bei einem Kind, das scheinbar mühelos lernt, schwierige Prozess des Lernens einer Sprache dient, wird deutlich bei der Frage nach der Funktion der Sprache. Aus Zeichen beste-

---

men – gemeint (wie Deutsch, Englisch, Französisch usw.); solche Bereiche wie die Formelsprache der Mathematik oder die – metaphorisch gemeinte – Sprache der Musik mit ihren Noten-‚Texten‘ bleiben außer Acht.

hend, nimmt die Sprache Bezug auf etwas anderes, für das sie steht. Im Normalfall, der hier zunächst angenommen wird, bezieht sich Sprache auf eine ‚Welt‘ oder auf das, was wir in unserer Vorstellung, in unserem Denken dafür halten. Diese Alternative bedarf vielleicht, damit nicht Verwirrung gestiftet wird, einer kurzen Erläuterung. Ob es nämlich die ‚Welt‘, von deren ‚Erfahrung‘ wir im Alltag überzeugt sind, tatsächlich in strenger philosophischer Sicht auch gibt, oder ob sie nicht vielmehr unsere Konstruktion ist, etwas, an das wir nur glauben, ist keineswegs entschieden. In neuerer Zeit tendiert die Wissenschaft eher zu der ‚Konstruktivismus‘-These, die besagt, es gebe ‚Welt‘ nur als Konstruktion unserer Vorstellung, eine Konstruktion, an der die Sprache zentral beteiligt ist, weil wir uns in ihr nicht nur ausdrücken, sondern in Sprache auch denken. Diese Debatte genauer zu referieren ist im gegebenen Zusammenhang nicht notwendig; auf sie zumindest hinzuweisen trägt zur Klärung bei und macht die Vorsicht bestimmter Formulierungen (die ‚Welt‘ oder das, was uns als solche erscheint, was wir unter diesem Begriff konstruieren) verständlicher.

Die Frage also, worauf sich die sprachlichen Zeichen beziehen – die oben kommentierte Alternative kann nun fortfallen – ist auf einfache Weise nicht zu beantworten, es sei denn, man stellt sich auf einen vorwissenschaftlichen Standpunkt, was für die Zwecke dieser Überlegungen vollkommen ausreichend ist. Wenn Texte sich auf unsere Welterfahrung beziehen, wird damit auch deutlich, dass sie handlungsrelevant sind. Mit dem Gebrauch von Texten will man zumeist etwas bewirken. Politische Reden, die auf Parteitagen gehalten werden, sollen bei den Abgeordneten zu einem bestimmten Verhalten bei der Abstimmung führen, Spendenaufrufe möchten Gelder für wohltätige Zwecke einwerben, Anträge auf Kostenübernahme beabsichtigen ähnliches. Ein Merkblatt mit Anweisungen für die Abfassung von wissenschaftlichen Hausarbeiten im Rahmen des Studiums soll den Studierenden bei eben diesem Vorhaben helfen. In einem wissenschaftlichen Vortrag bei einer Tagung vertrete ich eine bestimmte Position und möchte, dass sich die Kollegen ihr und mir anschließen. Wenn ich ein Buch schreibe, wünsche ich mir, verstanden zu werden – gleichsam einen Platz im Kopf der Leser zu bekommen.

Die Beispiele ließen sich fortspinnen, zeigen aber, in welcher Variation auch immer, dass Sprache Informationen vermittelt und Handeln ermöglichen oder erleichtern soll. Von Texten ist deshalb zu erwarten und zu verlangen, dass sie diesen Aufgaben Rechnung tragen – in beiden Fällen, gleich ob es um Handeln oder ‚nur' um Wissen und Erkennen geht, ist die Klarheit der Mitteilung Voraussetzung für das Gelingen des Verstehensprozesses. Texte beziehen sich auf etwas und wollen etwas bewirken: Dies ergibt sich aus den Überlegungen zur Sprache als Zeichensystem. Damit ist jedoch die Bedeutung dieser Erscheinungs-, ja eigentlich Seinsweise von Sprache noch nicht vollends erfasst. Zeichen sind von dem, was sie bezeichnen, zeitlich und räumlich unabhängig. Wie ich, wenn meine Katze herumstreunend unterwegs ist, ihr Bild in meiner Vorstellung aufrufen kann, ist auch die Sprache in der Lage, Abwesendes gegenwärtig werden zu lassen: Was Kater Mephisto jetzt wohl gerade macht, denke ich mir ... Sprache schafft Präsenz im Geiste. Das gilt nicht nur für Gegenstände, die mit ihrer Bezeichnung, ihrem ‚Namen', in Sprache Gegenwart werden, sondern auch für Gedanken, die sich in Sprache fassen und damit anderen vermitteln lassen. Die Sprache macht uns die Welt innerlich, geistig gegenwärtig, und was wir aussprechen, verbindet uns zugleich mit unseren Mitmenschen. Damit sind nicht alle Aspekte und Leistungen der Sprache als Zeichen erfasst; unter dem Aspekt der Frage nach dem literarischen Text, die am Ende gestellt werden soll, wird die Zeichenstruktur der Sprache erneut Gegenstand unserer Überlegungen sein.

Doch zunächst zurück zum Textbegriff. Die Selbstverständlichkeit zu äußern, dass Texte aus Sätzen, diese ihrerseits aus Wörtern bestehen, bedeutet zugleich, ein Problem zu benennen: Ist jede beliebige Abfolge von Sätzen schon ein Text oder müssen, damit von einem Text gesprochen werden kann, weitere Bedingungen erfüllt sein? Konkreter gefragt: Kann die folgende Zusammenstellung von Sätzen als ‚Text' bezeichnet, als Text verstanden werden?

‚Text'-Beipiel 1

> An einem sonnigen Oktobertag ziehen leichte weiße Wolken über den Himmel. Nach langer konzentrierter Arbeit war die Kaffeetasse schon lange leer. Mitten im Leben sind wir vom Tod umfangen. Hannibal zog mit einem Tross von Elefanten gegen Rom. In neuerer Zeit gelten die Anstrengungen der Medizin verstärkt der Bekämpfung von Zivilisationskrankheiten. Ich habe einen erlebnisreichen Urlaub verlebt. Elvis Presley war soeben verstorben, als schon, durch den Kult seiner Person, ein moderner Mythos entstand.

Zwischen diesen Sätzen fehlt jeglicher Zusammenhang: Gegenwärtiges vermischt sich mit Vergangenem, Privates mit Historischem, Allgemeines mit Individuellem. Ein diesen Äußerungen insgesamt eigener Sinn ist nicht erkennbar. So muss das Fazit lauten, es handle sich *nicht* um einen Text, denn von einem solchen ist zu erwarten, dass er in seiner Gesamtheit Verstehen ermöglicht und nicht nur einzelne, in sich sinnvolle Sätze aneinander reiht. Für einen Text ist es erforderlich, dass er zwischen den Sätzen Verbindungen stiftet, wie ja auch im Satz die Wörter nach den Regeln von Grammatik und Syntax miteinander verbunden sind. Diesem Mangel an textinternen Beziehungen ist, wie das folgende Beispiel belegt, leicht abzuhelfen:

‚Text'-Beispiel 2

> Ich unterrichte seit einigen Jahren Allgemeine und Vergleichende Literaturwissenschaft an der Universität Leipzig. Die Gebäude der Universität befinden sich im Stadtzentrum, und die Studierenden gehören zum Stadtbild dazu. Im inneren Stadtring trifft man häufig auf Gruppen von Touristen. Sie kommen nicht nur aus Deutschland, sondern auch aus ferneren Ländern. Die japanischen Besucher sind insbesondere an den Bach-Stätten interessiert und besichtigen sie im Schnelldurchlauf, weil man in Japan nur sehr wenig Jahresurlaub bekommt. Auch die Komponisten-Gedenkstätten in Wien erfreuen sich regen Zulaufs seitens der Japaner, und vor einigen Jahren wollte es sich das japanische Kaiserpaar nicht nehmen lassen, im Bonner Beethovenhaus einem Konzert beizuwohnen. Die Sicherheitsvorkehrungen wurden dermaßen lax gehandhabt, dass man leicht eine Waffe hätte einschmuggeln können. Ich ging danach bald zur Tagesordnung über und widmete mich im Beethoven-Archiv dem Studi-

um alter Quellen. Diese hielt ich auf einem Notebook fest, das ich indes bei meiner Abreise aus Bonn auf dem Bahnsteig vergaß. Zum Glück wurde es gefunden, so dass ich meine Arbeit fertig stellen konnte. Das Buch wird bald erscheinen.

Die Verbindungen zwischen den einzelnen Sätzen treten grammatisch deutlich hervor: Die Dichte der Pronomina ist klar sichtbar, die Bezüge auf bestimmte schon genannte Begriffe, auch über die Satzgrenzen hinaus, sind zahlreich. Jeder Satz bezieht sich, durch grammatische Relationen verdeutlicht, auf den vorhergehenden, so dass die Struktur eine große Dichte aufweist. Mit Recht lässt sich von einer hohen Kohärenz der verschiedenen Sätze untereinander sprechen. Verglichen mit dem Textbeispiel 1 ist in Beispiel 2 dort Abhilfe geschaffen, wo es um die Verknüpfungen der Sätze ging. Außerdem ist die Aussage offensichtlich im Erfahrungsbereich des Sprechers situiert. Doch lässt sich Beispiel 2 tatsächlich als Text bezeichnen? Wenn daran Zweifel aufkommen, wäre im weiteren zu fragen, warum auch dies kein Text ist. Das Beispiel weist eine hohe Zahl von assoziativen, aber nur wenige gedankliche Verbindungen auf – zu wenige, wenn sich der Begriff ‚Text‘ durch Einheit und Nachvollziehbarkeit der Aussage definiert. Man weiß nämlich nicht, was der Sprecher / Autor mit dieser eng verbundenen Satzfolge eigentlich zum Ausdruck bringen will. Es fehlt trotz des grammatischen Zusammenhalts der Zusammenhang der Gedanken. Die Sätze folgen in rein assoziativer Weise aufeinander, ohne dass der Wille erkennbar wäre, etwas Bestimmtes auszusagen. Der einzige Sinn dieses Textes besteht darin darzulegen, was ein Text *nicht* ist, und ein solcher Un-Text (ein Un-Wort!) kann aus didaktischen Gründen gleichwohl sinnvoll sein. Eine Satzfolge allein, so ist zu folgern, ergibt noch keinen Text, auch dann nicht, wenn die Sätze grammatisch dicht miteinander verknüpft sind.

Wer (aus welchem Grund auch immer) versucht, ähnliche ‚Texte‘ zu konstruieren, stellt bald fest, dass diese Art von Texterfindung nicht eben einfach ist, weil wir normalerweise so nicht reden, nicht argumentieren und nicht denken – welch ein Glück, möchte man hinzufügen. Was dem Beispiel fehlt, ist jener Sinnzusammenhang, der überhaupt erst Verstehen ermöglicht. Nicht jede beliebige Zusammenstellung von Sätzen, auch wenn sie interne Verknüpfungen aufweist, ist schon ein Text; eben dieses sollte durch das Beispiel deutlich werden. Im Übrigen setzt das Verstehen, auf das ein Text ausgerichtet ist, bereits auf der Ebene von Sätzen an, denen ebenfalls Verständlichkeit angesonnen werden muss. Die Sätze „Die Katze frisst den Kanarienvogel" und: „Die Katze frisst den Gesang" sind beide grammatisch korrekt, der eine aber ist sinnlos, weil er unserer Erfahrung widerspricht: Gesang kann man nicht essen, die Katze ihn folglich auch nicht fressen.

Der auf den Rezipienten gerichteten Kommunikation liegt auf der Ebene der Textproduktion die Absicht zugrunde, etwas auszusagen und es dem anderen verständlich zu machen: Texte sind kommunikative Akte. Sie treffen zusammenhängende, verständliche Aussagen über Sachverhalte, die in irgendeiner Weise – konkret oder nur in unserer Vorstellung – vorhanden sind, und vermitteln diese Inhalte einem Hörer oder Leser. Sie entfalten Sachlagen und beziehen sich auf Gegebenheiten, die innersprachlich und gedanklich, aber auch außersprachlich, in einer wie auch immer zu verstehenden ‚Wirklichkeit', gegeben sind. Daraus ergibt sich für die Bestimmung von ‚Text' die thematische Einheit und, damit verbunden, die Einheit der Aussageabsicht. Wenn in einem Text Beziehungen hergestellt oder auch schon außersprachlich vorhandene Relationen abgebildet werden, findet diese den Text auszeichnende Aktivität ihre Entsprechung in der Etymologie: ‚Text' leitet sich her aus lateinisch ‚tissere' = weben, das „textus" als Partizip Perfekt bildet. Ein solches ‚Gewebe' besteht aus Kette und Schuss und definiert sich durch jenen Gedanken von inneren Zusammenhängen, die schon bei der Bestimmung des Begriffs noch vor dem Blick auf die Etymologie entwickelt worden waren. Unter diesem Aspekt ist ein Text eine Erscheinungsform von Sprache im Zeichen der Gleichzeitigkeit. Ein Gewebe ist als Produkt einer besonderen Weise der Verfertigung objekt- und momenthaft, ‚synchron' gegeben – wie ein Webteppich zum Beispiel. Deshalb möchte ein Text, so wäre zu schließen, immer auch in seiner synchronen Gegebenheit erfasst werden – sozusagen als ‚Gewebe im Kopf'. Dieser Charakter einer inneren, gleich- und nicht nachzeitig vorhandenen Struktur ist zwar für den Text kennzeichnend, betrifft aber nur einen Teil seiner Besonderheit, denn der Text vollzieht auch einen Ablauf und entsteht in der Zeit: Man braucht Zeit, um zu sprechen, Zeit, um zu lesen. Normalerweise folgt man diesem Verlauf und lässt es damit sein Bewenden haben. Hier wäre an eine Linie zu denken, an jenen ‚roten Faden‘, der sich, um das Verstehen zu ermöglichen, durch den Text hindurchzieht.

Doch ein Text kann auch mehr sein als sich im Verlauf der Lektüre, im bloßen Durchgang durch sein Wortmaterial zeigt. Reicht es bei einem gesprochenen Text aus, dem Verlauf der Rede, dem ‚Diskurs‘, zu folgen, eröffnen geschriebene oder gedruckte Texte weitere Möglichkeiten des Verstehens und der nachvollziehenden Aufarbeitung. Wir können geschriebene Texte zweimal oder öfter lesen und damit den Verlauf verdoppeln oder vervielfachen, wir können beim Lesen innehalten und zurück- oder vorblättern, einen Begriff oder eine sprachliche Wendung auf andere Stellen des Textes beziehen und auf diese Weise den Verlauf des Textes durchkreuzen. Ein Text kann im besten Fall mehr sein als ein solcher Verlauf und vermag, mit Hilfe interner Entsprechungen oder Wiederholungen, durch diesen Ablauf noch ein Netzwerk zu legen, das bestimmte Aussagen besonders akzentuiert und zwischen den einzelnen Gedanken Verbindungen knüpft, die den Verlauf durchkreuzen. Eine verstehende Lektüre ist zumeist nicht nur ein lineares, sondern auch ein flächiges Geschehen: Die Abfolge der Sätze, durch eine syntagmatische, dem Textverlauf folgende Lektüre nachvollzogen, wird nicht selten von Beziehungen innerhalb des Textes begleitet (oder auch in gewisser Weise ‚durchkreuzt‘), die man als paradigmatisch bezeichnet. Was das genau bedeutet, braucht hier nur angedeutet zu werden, weil es sich bei den Textanalysen verdeutlichen wird. Jedenfalls ist die Zeitlichkeit, die generell den Text ausmacht, bei gesprochenen und geschriebenen Texten von jeweils unterschiedlicher Art. Während das Hören dem Zeitverlauf folgt, ist dieser durch das Lesen zu durchkreuzen, so dass sich neben horizontalen Bezügen, wie sie auch im gesprochenen Text vorkommen, im geschriebenen Text verstärkt vertikale Bezüge ergeben. Dieser Befund ist, wie sich noch genauer erweisen wird, für das Verstehen literarischer Texte von erheblicher Bedeutung.

Die bisher gewonnenen Bestimmungen des Begriffs ‚Text' lassen sich folgendermaßen zusammenfassen:

1. Ein Text besteht aus einer Folge von Sätzen, die grammatisch und/oder gedanklich miteinander verbunden sind. Er weist neben horizontalen (syntagmatischen) auch vertikale (paradigmatische) Bezüge auf. (Der Text bildet eine ‚Struktur'.)
2. Ein Text macht Aussagen über Sachverhalte. (Er ist ‚semantisiert'.)
3. Ein Text folgt einer Aussageabsicht (ist ‚intentional').
4. Ein Text teilt seitens des Sprechers dem Hörer oder Leser etwas mit. (Er ist ein Akt der Kommunikation und damit ein soziales Faktum).
5. Ein Text hat eine Dauer, einen Verlauf in der Zeit.

Texte sind auf Verstehen hin angelegt, auch dann noch, wenn sie diesem Hindernisse in den Weg stellen, was bei ungeübten Sprechern, aber auch bei künstlerischen Texten geschehen kann, die bewusst ‚verdunkelt' sind. Das Verstehen von Texten ist oft nicht allein auf das Entschlüsseln der dargelegten Sachverhalte ausgerichtet, sondern kann sich auch auf Momente beziehen, die interpretiert werden müssen. Ein Beispiel soll dies verdeutlichen:

> Der Postbote klingelte. Nachdem ich die Tür geöffnet hatte, übergab er mir einige Briefe. Ich öffnete sie sofort.

Diese Minimalfolge von nur drei Sätzen ist ein Text entsprechend den oben angeführten Kriterien. Es gibt darin grammatische Verbindungen (Postbote / er; Briefe / sie; Ich / ich), einen Zeitverlauf vom Klingeln bis zum Übergeben der Briefe an mich und eine nachvollziehbare Handlung in einem gedanklich verständlichen Rahmen: Es muss nicht eigens gesagt werden, dass der Postbote an der Tür klingelt, wenn ich sie kurz danach öffne. Auch ist das Öffnen der Tür nach einem Klingelzeichen normal und entspricht dem üblichen Verhalten. So weit ist der Text verständlich, muss, damit Verstehen sich bilde, die Handlung nur nachvollzogen werden. Anders verhält es sich mit dem Satz „Ich öffne sie (die Briefe) sofort." War an dem bis dahin Gesagten nichts zu deute(l)n, lässt sich nun dieser Satz interpretieren: Warum öffne ich die

Briefe sofort? Weil ich von Natur aus neugierig bin, weil ich meine Zeit gut organisiere und deshalb sofort antworten möchte, weil ich die Briefe schon länger erwarte und endlich wissen will, was es mit dem Inhalt auf sich hat. Aus diesem einfachen Beispiel mag folgen, dass Texte oftmals mehr zum Ausdruck bringen als die benannten Sachverhalte, dass dem eigentlich Gesagten ein mehr oder minder klar Gemeintes beigegeben sein kann: Texte öffnen sich nicht nur, ihrer Bestimmung nach, dem Verstehen, sondern auch der Interpretation. Eben hierin liegt, das sei schon im Hinblick auf die kommenden Textanalysen angedeutet, das besondere Interesse literarischer Texte.

Trotzdem sind auch Alltagstexte von solchen interpretatorischen Signalen nicht frei. Aus der Lektüre eines Leserbriefes in einer Zeitung erfahren wir nicht nur die Meinung dieses Lesers zu einem bestimmten Sachverhalt, sondern können uns unter Umständen indirekt auch – durch den Stil und die Art des Ausdrucks – ein Bild von der Person des Schreibers machen. Ebenso kann sich der Zeitungsbericht über ein Rockkonzert nicht nur auf die Musiker und das Programm beziehen, sondern auch etwas über die Reaktion des Publikums und über die Atmosphäre enthalten, die im Saal herrschte. Schildert eine Schauspielerin den Auftritt einer Kollegin und kritisiert ihn heftig, kann dies sowohl ein berechtigtes Bedenken als auch Ausdruck von Kollegenneid sein – je nach Interpretation. Aus diesen Beispielen folgt, dass Texte nicht nur Sachlagen darstellen, sondern auch Interpretationen dieser Sachlagen vornehmen können, die vom Leser wiederum interpretiert oder bewertet werden. Interpretationen entfalten gegenüber der Darstellung von Sachverhalten sekundäre Sinnebenen. Damit zeigen sich einerseits die Wahrnehmungs- und Verstehensprozesse, die in den Texten selbst vollzogen werden, andererseits aber auf einer weiteren Ebene auch jene Interpretationen, die nun den Texten ihrerseits zuteil werden. Um auch dies schon vorweg zu nehmen: Die Analyse literarischer Texte umfasst beides, das Verstehen und die Interpretation, und man könnte die Frage anschließen, warum ein literarischer Text interpretiert werden muss. Man würde diesen Begriff der Interpretation auf ‚normale' Texte des alltäglichen Sprechens oder Schreibens kaum oder nur ausnahmsweise anwenden. Interpretieren muss man einen Text dann, wenn er über seinen unmittelbaren Wortsinn ('Literalsinn') hinaus noch weitere Bedeutungen hat.

Die Analyse literarischer Texte, um die es uns zu tun ist, führt
den Leser nicht in völlig unbekannte Räume. Nicht nur deshalb,
weil er vermutlich schon über Erfahrungen mit Literatur verfügt,
sondern auch, weil ihm die Verstehensprozesse, die allgemeinsprachlicher und nicht nur literarischer Natur sind, bereits vertraut sind. In Bezug auf die Art der Texte, an denen sich diese Verstehensprozesse vollziehen und 'abarbeiten', muss noch eine
letzte Überlegung angestellt werden.

Im lebenspraktischen Alltag haben gesprochene Texte, was ihre Menge anbelangt, Vorzug und Vorrang gegenüber geschriebenen. Meist tauschen wir uns mündlich aus, seltener schriftlich
(was sich freilich im Zeitalter der e-mails etwas relativiert ...), und
unsere Texte haben eher den Charakter der gesprochenen als der
'literarischen' Sprache. Der Begriff 'literarisch' mag an dieser Stelle überraschen, denn er bezeichnet offenbar doch mehr als nur
die schriftliche Erscheinungsweise von Texten. Dem Worte nach
aber bedeutet 'literarisch' zunächst nur 'geschrieben' – von lateinisch 'littera', Buchstabe. Im ursprünglichen Sinne sind literarische Texte solche, die schriftlich niedergelegt und damit dauerhaft sind über den Moment des Sprechens hinaus. Literarische
Sprache ist Schriftsprache, und diese Bestimmung meint mehr als
nur die Technik der Verschriftlichung. Wir reden anders, je nachdem, ob wir mündlich von unserem Urlaub berichten oder den
Urlaub in einem Brief schildern, und ein Referat, das wir im Unterricht halten, unterscheidet sich in der Art, wie wir vortragen,
von einer schriftlichen Hausarbeit. Ein geschriebener Text fordert
mehr Sorgfalt in der Formulierung als ein gesprochener, der jedoch durch höhere Spontaneität ausgezeichnet ist.

Die Leser eines Buches haben es ausschließlich mit einem
schriftlichen Text zu tun, was gegenüber einem gesprochenen einige Vorteile hat. Man kann innehalten, langsamer oder schneller lesen, zurück- oder vielleicht auch vorblättern, das Buch beiseite legen, bestimmte Passagen überschlagen oder sie und das
ganze Buch mehrmals lesen. Statt wie ein Jogger einem bestimmten Weg kontinuierlich zu folgen, was der Hörer eines Textes automatisch und gewohnheitsmäßig tut, gleicht der Leser eher ei

nem zerstreuten Fußgänger, der öfter stehen bleibt, auch schon einmal, auf der Suche nach neuen Eindrücken, im Kreise läuft oder sich gedankenverloren völlig verirrt. All das entfällt bei einem gesprochenen Text, dem der Hörer, will er ihn verstehen, im selben Tempo kontinuierlich folgen muss. Einen geschriebenen Text hingegen lesen, rezipieren wir nach unserem Rhythmus, unseren speziellen Interessen gemäß und ohne räumliche Beschränkung: Ein Buch kann man an viele Orte mitnehmen, eine sprechende Person nicht. Wenn im Hörer, der einer Rede beiwohnte, der Wunsch entsteht, den Text danach zu lesen, signalisiert dies ein großes Interesse und das Bestreben, sich mit dem Thema intensiver auseinander zu setzen, als es in der kurzen Dauer des Hörens möglich war. Kurz, die Beziehung zwischen Leser und Text ist anders als jene zwischen Hörer und Sprecher: sie ist zugleich enger, weil sie eine intensivere Auseinandersetzung ermöglicht, und freier, weil der Leser einen Text nicht nur rezipiert, sondern seinen Leseakt auch gleichsam gestaltet.

Die Unterscheidung von gesprochenen und geschriebenen Texten betrifft nicht eine bloß zufällig verschiedene Art des Auftretens, sondern bezeichnet zugleich einen durchaus unterschiedlichen Umgang mit ihnen. Literarische Texte sind, ihrer Bezeichnung nach, verschriftlichte Texte, was Konsequenzen für die Art und Weise hat, in der wir ihnen begegnen. Doch die Etymologie allein macht noch keine hinreichende Definition des Literarischen aus, das offenbar mehr ist als bloße Schriftlichkeit: Ein Brief, den wir schreiben, ist dem allgemeinen Verständnis nach zumeist noch keine Literatur. So wäre das Literarische gleichsam ein Mehrwert gegenüber der reinen Schriftlichkeit. Worin dieses ‚Mehr‘ besteht, soll nicht jetzt schon vorweg genommen, sondern an der Analyse jener Texte aufgewiesen werden, die, so viel ist klar, als literarisch gelten können.

Es ist schon mehrfach gesagt worden: Texte appellieren an unser Verständnis, setzen die Fähigkeit zum Verstehen voraus und schaffen dafür auch ihrerseits die Bedingungen. Am Schluss dieser Überlegungen zum Textbegriff sei auf ein Problem verwiesen, das, wenn es auch im gegebenen Rahmen nicht lösbar ist, dann doch in unserem Bewusstsein gegenwärtig sein sollte: Was ist eigentlich Verstehen, was spielt sich in unseren Köpfen ab (und vielleicht nicht nur dort), wenn Verstehensprozesse ablaufen? Und, im Weiteren: Ist Verstehen immer nur sprachlicher Art? Die letzte Frage ist einfacher zu beantworten als die erste. Sicher gibt es auch nicht-sprachliche Verstehensprozesse. Ein Mensch, der trauernd am Grab eines nahen Angehörigen steht, ist – durch den Ort, an dem er sich befindet, durch seine Haltung, durch seinen Ausdruck – verständlich, und jeder, der ihn sieht, wird ihm sein Befinden nachfühlen können, ohne dass darüber ein Wort zu verlieren wäre. Verstehen basiert auf einer Ähnlichkeit zwischen mir selbst und dem Gegenstand/dem Menschen, dem ich Verständnis entgegenbringe. Sympathie (Mitfühlen) wäre ein geeignetes Wort, um diese Verbindung zu benennen, Affinität (Nahesein) ein anderes. Auch wenn in Sprache Gedanken formuliert werden, die uns nicht einleuchten, müssen wir, um zu diesem Ergebnis zu kommen, doch erst ihren Verlauf nachvollzogen, die Argumentation verfolgt haben.

Verstehen ist, am Anfang, immer ein Sich-Einlassen, das eine Nähe schafft, die durch weitere Überlegungen bestätigt und bestärkt oder aber relativiert und schließlich ganz aufgegeben wird. Wer im Ausland eine Sprache lernt und mit den Menschen spricht, weiß aus Erfahrung, dass Verstehen nicht nur das Entschlüsseln der Sprache zum Inhalt hat, sondern dass man auch besser versteht, wen man schätzt und mag. Die verwendete Sprache ist in allen Fällen dieselbe, das unterschiedliche Verstehen eine Frage der persönlichen Affinität. So ist ein Verstehensprozess immer auch ein Lernprozess, der um so leichter gelingt, je näher uns der vermittelte Sachverhalt, je sympathischer uns der Mensch ist, der spricht oder schreibt (oder auch nur außersprachliche Botschaften kundgibt wie lächeln oder weinen). Im Prozess des Verstehens ist man einer Sache oder einem Menschen (durchaus auch: Tieren, die ja ebenfalls kommunizieren) nahe, wobei diese Nähe vergrößert oder verkleinert, schließlich ganz hergestellt oder aber definitiv zerstört werden kann – je nachdem, ob man sich dem Sinnangebot, das diesem Prozess zugrunde liegt, anschließt oder sich ihm verweigert; aber das ist eine Frage des Gelingens von Verstehensprozessen, die in ihrem Verlauf wie auch in ihrem Ergebnis immer etwas sehr Persönliches sind.

Das Verstehen und Interpretieren von Texten ist keine Aufgabenstellung mit eindeutiger Lösung. Vielmehr macht der Text ein Sinnangebot, auf das der Leser in verschiedener Weise mit seinen Einsichten und Möglichkeiten reagiert. In einem Text kann man vieles erkennen, denn er ist nur selten eindeutig, in der Literatur noch seltener als in der Alltagskommunikation. Auch die fiktionalen Texte, mit denen es die Literaturwissenschaft in den meisten Fällen zu tun hat, sind sozusagen Angebote und Einladungen und schließen die Freiheit ein, das Angebot auszuschlagen und die Einladung abzusagen. Trotzdem sollte sich, wer literarische Texte interpretieren will, wie der Spaziergänger auf einen teilweise ungerichteten, oft auch zurücklaufenden Gang durch die Texte einstellen: Das Verstehen verläuft hier als ein Akt von besonderer Komplexität. Es gehört zu den unabdingbaren Voraussetzungen unserer Handlungsmotivationen, das, was wir tun, auch für wichtig zu halten. Dennoch muss ein ehrlicher Literaturwissenschaftler, der natürlich sein Tun für sinnvoll hält, einräumen, dass wir alle auf Literatur und Kunst keineswegs angewiesen sind und dass man auch ohne sie leben könnte; ob ein solches Leben angenehmer wäre, mag jeder für sich selbst entscheiden.

Über das Künstlerisch-Ästhetische als besondere Qualität von Texten wurden in diesen allgemeinen Bestimmungen des Textbegriffs allenfalls andeutende Aussagen gemacht. Was literarische Texte von Gebrauchstexten unterscheidet, soll aus den Textanalysen hervorgehen und wird am Ende, die dann schon vollzogene Praxis des Lesens zugleich resümierend und reflektierend, noch einmal als Frage gestellt werden, wenn es heißt: „Was ist das ‚Literarische' an literarischen Texten?"

Für die Methodik der Textanalyse sind durch die Überlegungen zum Textbegriff einige Schwerpunkte gewonnen, die in Form von Fragen sowohl das nun endende Kapitel resümieren als auch auf die kommenden Textanalysen vorausweisen sollen:

1. Text als Aussage über einen Sachverhalt: Was ist das Thema des Textes, welche Sachlage entfaltet er?
2. Welche Aussagen macht er über den Sachverhalt? Wird er ausführlich dargelegt, beschrieben, bewertet oder nur kurz benannt? Ist der Text in seiner Aussage, gemessen an unserer

Wirklichkeitserfahrung, vollständig oder entstehen ,Lücken'
in der Information?

3. Text als Sinnsystem: An welchen Textstellen befinden sich und
   welcher Art sind jene Verknüpfungen, die für den Textbegriff
   bestimmend sind?

4. Text als Zeitverlauf: Wodurch ist dieser Verlauf vom Anfang
   zum Ende charakterisiert und woher gewinnt er seinen Impuls, seine Dynamik, seine Dauer?

5. Text als Kommunikation: Wer spricht mit wem? Welche Stim-
   men/Personen gibt es?

Nach diesen einleitenden Überlegungen, die entsprechend ihrem
Thema etwas nüchtern und theoretisch anmuten mögen, kann
der Leser mit der ,Vorstellung' Hugo von Hofmannsthals fortfahren, derweil sich das Gesagte etwas ,setzt' – oder er widmet sich
sofort dem Kapitel über die Lyrik – ganz wie's beliebt, würde wohl
auch der flexible und liberale Hofmannsthal gesagt haben.

Gestatten: Hugo von Hofmannsthal

Hofmannsthals Leben und Schreiben steht im Zeichen der Vollendung am Anfang, der Fragmentarität am Ende. Aus jüdischer Glaubens- und Bildungstradition stammend – obgleich sein Vater zum Katholizismus konvertierte –, verfügt schon der Schüler über eine stupende Belesenheit, die jedoch kein bloß äußeres Bildungsgut darstellt, sondern Verstehen und Aneignung umfasst. In vielen fremden Sprachen zu Hause, bewältigt der junge Mann scheinbar mühelos die schwierigsten Texte der Weltliteratur und verfasst, Gymnasiast noch, Gedichte und kleine Dramen, welche die Wiener literarische Szene in Erstaunen versetzen. Hinter dem Pseudonym Loris Mendelkow, mit dem Hofmannsthal die Besprechung eines Dramas von Hermann Bahr, dem Altmeister der Wiener Moderne, zeichnet, vermutet der Autor des Stückes eine weltmännische Persönlichkeit höheren Alters, begabt mit einem aus langer Denk- und Schreiberfahrung gespeisten sicheren Urteil. Als es im Literatencafé Griensteidl zu einer Begegnung zwischen Autor und Rezensent kommt und der Gymnasiast Hofmannsthal sich als Loris zu erkennen gibt, ist die Überraschung auf Seiten Bahrs kaum zu beschreiben – nie im Leben, so Hermann Bahr selbst, habe er ein dümmeres Gesicht gemacht. Trotz ihres heiteren Aspekts hat diese Anekdote eine düstere Kehrseite: Was soll im Leben noch lernen, wer schon in seiner Jugend alles kann? Hofmannsthal, der viele Sprachen und literarische Schreibweisen souverän zu handhaben versteht, ist auch ein Zweifler und Skeptiker, der sich, jung noch, von der Lyrik lossagt und eine Sprachkrise durchlebt; kaum nötig hinzuzufügen, dass er ihr (in dem berühmten *Chandos-Brief* von 1902) beredten Ausdruck verleiht. Es mag noch hingehen, dass Hofmannsthal mit seinen zahlreichen Entwürfen, Annotationen und Überarbeitungen, von denen die kritische Ausgabe zeugt, der Schrecken der Philologen ist; hinter dem Zögern und Schwanken aber ist eine geistige Unrast und ein immer erneuertes Bemühen um Ausdruck bemerkbar, das sein Werk begleitet, prägt und problematisiert. Hofmannsthal, der sprachgewandte Dichter, bewegt sich immer auf der Schwelle des Schweigens, lässt im Sagen das Ungesagte oder Unsagbare ahnen.

Dabei ist der Weg des äußeren Lebens eher einförmig und wenig spektakulär – sieht man von seinem Ende ab. Die Matura besteht Hofmannsthal brillant, das Studium der Rechte, auf Wunsch der Eltern begonnen, wird zugunsten des Studiums der Romanischen Philologie aufgegeben, dieses durch Promotion abgeschlossen; ein Habilitationsgesuch bei der Universität Wien zieht er, aus böser, aber wohl unberechtigter Vorahnung ob des Ausgangs, zurück. Mit einem für eine angemessene Lebensführung ausreichenden, aber nicht üppigen Vermögen ausgestattet, lebt Hofmannsthal als freier Schriftsteller, gründet eine Familie, pflegt zahlreiche, darunter sehr enge und vertraute Freundschaften mit den berühmtesten seiner Zeitgenossen und unternimmt ausgedehnte Reisen – obwohl ihm, wie er selbst bemerkte, das Reisen eigentlich nicht zusagt – ... Was wäre über ein solches Leben zu berichten? Dieser ‚Ballade des äußeren Lebens‘ jedoch läuft sozusagen eine Elegie des inneren Lebens parallel – das kaum vernehmliche Klagelied eines Menschen, der sich mit dem Geleisteten nie bescheiden, mit dem Erreichten nie zufrieden sein kann; man mag es ein stark ausgeprägtes, übersteigertes Problembewusstsein nennen, das jedwedes Zur-Ruhe-Kommen verhindert: Vermag Hofmannsthal die Vielfalt seiner Begabungen und Interessen nicht zu bündeln, ist sein Problem nicht der Mangel, sondern im Gegenteil die Fülle? So zeichnet sich in diesem Leben ein Paradox ab, schwer verständlich, aber doch unübersehbar.

Die große Zahl der überlieferten autobiographischen Dokumente – Briefe, Tagebuchaufzeichnungen, Erinnerungen von Freunden – kann als ein Glücksfall der Literaturgeschichte gelten, gestattet uns aber kaum den Blick in den Innenraum des Autors, geschweige denn in die Problematik des Menschen: Der gesellige Anschein dieses Lebens vermag dessen Einsamkeiten kaum zu überdecken. Mit den Ereignissen des Ersten Weltkrieges, an denen das alte Europa nicht nur politisch, sondern auch kulturell zerbricht, ist dem Leben Hofmannsthals der Boden entzogen – die historische Zäsur ist ebenso eine individualgeschichtliche. Fortan arbeitet Hofmannsthal, eher verzweifelt als erfolgreich, an der Restauration jener kulturellen Traditionen, mit denen der Krieg gebrochen hatte; sie hatten seinen Lebens- und Erfahrungsraum ausgemacht, und ihre Auslöschung bewirkt einen tiefen, nicht mehr zu heilenden Riss in seiner Existenz. Den Beginn einer neuen Zeit aus der alten – die Explosivkraft der Avantgarden, die Entstehung der Moderne bei Proust, Joyce und Kafka, die Experimente der Wiener Schule in der Musik – hat Hofmannsthal, enttäuscht und gebrochen, nicht mehr wahrgenommen: Fortan entzieht sich ihm die Zeit, und dem lichten, vielversprechenden Anfang steht, beklemmend, die Düsternis eines Endes entgegen, das den einst Vielbewunderten in die Einsamkeit treibt. Nachdem Hofmannsthals ältester Sohn seinem Leben ein Ende gesetzt hatte, verstirbt auch der Vater, am Tag der Beerdigung, an einer Apoplexie: Es traf ihn buchstäblich der Schlag, er starb am Tod eines anderen. Seine letzten Worte: „Es sind nur die Nerven" suchen dem Anfall die Schärfe zu nehmen, haben aber auch einen künstlerischen Beiklang. ‚Nervenkunst' war eine Bezeichnung für den Ästhetizismus … Hofmannsthal starb am Tod seines Sohnes in Erinnerung an seine eigene Jugend, die im Zeichen des Ästhetizismus stand.

Dieser Bogen vom strahlenden Anfang bis zum düsteren Ende eines Lebens umspannt in jener sanften Bewegung, die ihm, dem differenzierten und sprachgewaltigen, aber doch menschlich und schriftstellerisch ‚leisen' Dichter ideal zu entsprechen scheint, ein Werk von ganz besonderer Subtilität. So gehören die Gedichte des jungen Hofmannsthal zum Suggestivsten und Klangvollsten, das die Lyrik in deutscher Sprache seit Goethe hervorbrachte. Die schwierigste aller literarischen Gattungen beherrscht Loris mit Präzision und Vollendung, jedoch ohne jede Bemühtheit. Als erste Veröffentlichung erscheint im Juni 1890 (in der Zeitschrift *An der schönen blauen Donau*) das Sonett „Frage", sodann im August das Gedicht „Was ist die Welt?", das als eine der Grundlagen für unsere Einübung in die Textinterpretation dienen wird. Zu seinen berühmtesten Gedichten gehört „Manche freilich …", dessen letzte Verse Hofmannsthals Grabstein als Inschrift trägt:

> Und mein Teil ist mehr als dieses Lebens
> Schlanke Flamme oder schmale Leier.

Die Lyrik gehört fast nur dem Frühwerk an, so als hätte Hofmannsthal später, durch weitere, vielleicht weniger vollendete Texte, ihren Rang nicht in Frage stellen wollen. Wenn er als Lyriker verstummt, trennt er sich damit jedoch nicht vom Lyrischen insgesamt; vielmehr setzt sich die Besonderheit seines lyrischen Sprechens außerhalb der Gattung selbst in Wellenbewegungen über weite Teile seines Werkes fort. So inspiriert die Lyrik nicht nur die für das Fin-de-siècle typische Gattung des lyrischen Dramas, sondern beherrscht auch das essayistische Werk, aus dem zwei frühe Beispiele (die Rezension zu Bahrs Drama *Die Mutter* und der erste von insgesamt drei Essays über D'Annunzio) genauer zu betrachten sein werden; mit *Die Bühne als Traumbild* von 1903 ist schon die mittlere Schaffensperiode erreicht, mit *Wert und Ehre deutscher Sprache* die späte: Ob der lyrische Duktus bis hierher trägt?

Es gehört zu jenen Überraschungen, von denen Hofmannsthals Werk zahlreiche bereit hält, dass schon der junge Mann ein Thema gestaltet, dessen Brisanz wohl eher älteren Menschen einsichtig ist – den Tod. Gegenüber seinen Freunden äußerte Hofmannsthal mehrfach (und zu deren aller Verwunderung), dass ein Dichter sich eigentlich nur aufhängen könne – er sagte es gleichsam leichthin, ,wienerisch' und ohne Pathos. Kaum etwas bildet in seinem Werk ein solches Kontinuum wie der Tod, der doch seiner Natur nach alle Kontinuität zunichte macht. Von der Lyrik führt ein direkter Weg zu den ,kleinen' lyrischen Dramen – er wird uns auch zum ,großen' Drama, der Tragödie *Elektra* und der Komödie *Arabella* geleiten. In das lyrische Drama *Der Tod des Tizian* ist ein früheres Gedicht eingelassen – doch nicht nur dies macht die Verbindung zur Lyrik aus: Der Text ist eine ausgedehnte Metapher; was diese rätselhafte Charakterisierung im einzelnen heißt, wird sich bald entschlüsseln. Zu den größten Erfolgen des jungen Dichters gehört das lyrische Drama *Der Tor und der Tod*, das zwar die alte Tradition des Totentanzes wieder aufnimmt, in dem sich aber trotzdem eine ganze (junge) Generation wiedererkannte. Doch ist dieser Rezipientenkreis, wenn sich auch in ihm die Crème des Jungen Wien wiederfand, noch immer ein zahlenmäßig eingeschränkter und sozial genau vermessener; Hofmannsthal aber treibt es mit Macht auf die großen Bühnen und zu jenen klassischen Stoffen, in denen nicht das Subjektiv-Individuelle, sondern das Allgemeine und Verbindliche des Mythos zum Ausdruck kommt. Schon als Gymnasiast übersetzt er Sophokles, von dem die schwierigsten Texte stammen, die uns die griechische Antike überlieferte: seine *Elektra*, seinen *Ödipus*. Hofmannsthals in vielfachem Sinne ‚eigene' *Elektra* wird uns als Beispiel für die Dramenanalyse dienen, die, so steht zu hoffen, das Stück nicht seziert und damit ‚tötet', sondern es zu vollem Leben erweckt – trotz seines eigenartigen Endes; doch davon mehr in der Analyse.

Hofmannsthals späte Jahre – wiewohl er, nach heutigem Maßstab, relativ jung an Jahren, mit fünfundfünfzig, starb – sind solche der Hinwendung zu einem größeren, bildungsbewussten Publikum, das es freilich in dem Maße, wie Hofmannsthal es wünschen mochte, nach den Erschütterungen des Krieges gar nicht mehr gab. In der Gattung Komödie setzt er nun, mit dem *Schwierigen*, der auch ihn selbst charakterisieren mag, und dem *Unbestechlichen*, unverwechselbare Akzente, und seine gleichwohl schon ermattete schriftstellerische Energie gilt, neben dem Mysterienspiel, der Komödie als dem ‚wiedergewonnenen Sozialen'. Wie weit er, der Sprachkünstler, auch in der Komödie die Sprache herauszufordern vermag, wird am Beispiel *Arabellas* zu fragen sein – einer Komödie des Wortes, genauer: der Briefe.

Hofmannsthals *Elektra* fand mit der Musik von Richard Strauss Zugang zu den großen Opernhäusern der Welt und ist bis heute dort präsent. Kaum anders verhält es sich mit der *Frau ohne Schatten*, von der Hofmannsthal sagte, sie könnte die schönste aller Opern werden. Ihr Stoff ist eine Erzählung, die Hofmannsthal zum Zweck der Vertonung durch Strauss dramatisierte. Jener Erzählung hätte ein Platz gebührt in der Anthologie *Deutsche Erzähler*, die Hofmannsthal in seiner späten Phase des Kulturkonservatismus herausgab; dass sie dort fehlt, versteht sich angesichts der Bescheidenheit Hofmannsthals von selbst. Sie wird – zu komplex, allzu tiefgründig für die didaktischen Belange des vorliegenden Buches – *nicht* Gegenstand der Analyse sein; ein weniger umfangreicher Text, das *Märchen der 672. Nacht*, wurde statt ihrer gewählt. Eine weitere vollendete Erzählung im Kontext des vielfach Fragmentarischen wird, als Aufgabe gestellt, zur Darstellung kommen: *Reitergeschichte*. Sie verweist zurück auf die Jugendzeit Hofmannsthals,

als dieser in Gödingen seinen Militärdienst ableistete: zunächst enthusiastisch, bald aber von Melancholie erfasst. Eine weitere Erzählung bildet den Vorwurf für die Analyse (und das Selbststudium, das den Lesern dieses Buches angesonnen wird): *Lucidor*. Dieser Text hat eine bemerkenswerte zukunftsweisende Strahlkraft, bildet er doch den Vorwurf für die späte Oper *Arabella* sowie für ein 1924 geplantes Filmszenario: Diesem durchaus modernen Genre, das seinen Ursprung in der Populärkultur hatte, stand Hofmannsthal sehr aufgeschlossen gegenüber – eine Überraschung, zumal in der späten, konservativen Epoche seines Schaffens.

Dieser kurzen Skizze, die Hofmannsthal nicht nur als Autor, sondern auch als Person zu charakterisieren versucht – wobei sich jene beiden Aspekte als Wesenszüge durchdringen, das eine das andere wechselseitig spiegelnd –, sind ein erst seit kurzem bekanntes Porträt und die Abbildung eines Autographen beigegeben: Das von Hofmannsthal Geschriebene verweist zurück auf das ‚Bild' seines Autors, obwohl es längst seinen Weg nahm in und durch die Literaturgeschichte. Hofmannsthals Handschrift, das beweist schon ein kurzer Blick darauf, ist schwungvoll und behende, von Eile angetrieben, dabei aber niemals flüchtig, obwohl aus ihr ein Werk von imposanten Ausmaßen, Vollendetes (oder zumindest zu Ende Geführtes) und Fragmentarisches umfassend, erwuchs. Auch seine Rede, über die er ähnlich souverän verfügt wie über die Sprache, in der er schreibt, wird von seinen Freunden und Zeitgenossen ganz ähnlich beschrieben – flink, dynamisch, von treffsicherem Ausdruck, in hoher Stimmlage geäußert, mit einer Stimme jedoch, die, wenn er sehr konzentriert sprach oder eigene Texte verlas, sonor klang und über eine subtile Modulationsfähigkeit verfügte. Er, eher klein von Wuchs, wusste durch die Sprache zu faszinieren – nicht minder durch ihren Duktus und Rhythmus als durch ihre Inhalte.

Doch Hofmannsthal war kein Mann der bloßen Sprache, er war auch nicht dem esoterischen, vom ‚Leben' sich abwendenden Dichtertum zugetan, wie es in Stefan George, mit dem ihn eine frühe Freundschaft verband, mächtig auf den Plan trat. Während George sich in seinem ästhetischen Sendungsbewusstsein von den einfachen Menschen abwandte, war Hofmannsthal, kommunikativer und geselliger, ihnen zugetan. Seine Freunde wissen von der Leichtigkeit und Heiterkeit seines Auftretens, von der Schnelligkeit und Präzision seiner Rede, von untadeligen Manieren und weltmännischer Großmut zu berichten. Sensibel, rücksichtsvoll und vielen Eindrücken aufgeschlossen, hat Hofmannsthal nichts von der starren Strenge Georges, freilich auch nichts von dessen künstlerischer Konsequenz. Wie viele bedeutende Autoren, ist auch Hofmannsthal ein Leser von kaum je gesättigtem Interesse, vieler Sprachen mächtig und in vielen Literaturen zu Hause – so weit, dass nicht selten Fremdes, Übernommenes das Eigene zu überdecken droht. Dass er nur ein genialer Kompilator wäre, der übernehmen, nicht aber selbst erfinden und gestalten könne, trifft gleichwohl nicht auf ihn zu: zu eigenartig ist selbst das noch, was er umgestaltet.

Zu (fast) allem begabt, in den meisten literarischen Gattungen gewandt, in vielen Themenbereichen zu Hause, verfasst Hofmannsthal ein Œuvre von bestechender Vielfalt, in dem als ‚große‘ Werke die Erzählung *Die Frau ohne Schatten* (auch, wie gesagt, Vorlage für die Oper von Richard Strauss), die Tragödie *Der Turm* und das Lustspiel *Der Schwierige* herausragen; aber auch die kleineren Formen und selbst das, was nicht vollendet ist – vieles neben dem Romanfragment *Andreas oder die Vereinigten* –, zeigen Größe: im Entwurf, vor allem aber in der souveränen Beherrschung der Sprache. Dieser jedoch stand er – anscheinend undankbar –, ebenso wie dem Dichterberuf insgesamt, nicht ohne Skepsis gegenüber: Das Wort sollte zur Tat streben, die Dichtung ins Leben hineinreichen. Wer auf die Bruchstellen, das Fragmentarische und Fragwürdige dieses Werkes hinweist, sollte die Konstanz nicht verschweigen, mit der sich Hofmannsthal lebenslang *einem* Medium besonders intensiv zuwandte: der Bühne. (Weshalb als Beispiel für die Textinterpretation von Essays „Die Bühne als Traumbild" gewählt wurde.) Hier wird, wenngleich nur in einem Kunstraum, das Wort zur Tat, und wenn es sich dann noch der Musik verbindet (in der Zusammenarbeit mit Strauss: *Elektra*, *Ariadne auf Naxos*, *Der Rosenkavalier*), ist ein klassisch-antikes, die Lyrik noch in der heutigen Benennung (von gr. Lyra) prägendes Ideal erneuert: die Vereinigung von Wort und Klang.

Kaum ein anderer als Hofmannsthal beherrschte so gründlich wie leichthin die Kunstmittel der Décadence und des Ästhetizismus, die ihm nicht aus der deutschsprachigen Literatur, sondern aus England und vor allem aus der Romania, deren Sprachen er beherrschte, zuwuchs. Dieses Erbe wusste er zu handhaben und sich zu eigen zu machen; das eigene an ihm aber war es nicht. Im Gegenteil war für ihn das scheinbar Dekadente seines Frühwerks nichts als ein Gestus autobiographischer Art; er sprach von dem ‚furchtbar Autobiographischen‘, um damit anzudeuten, wie sehr ihn das Überkommene im Inneren betraf. Doch dabei blieb er nicht stehen. Fragt man heute, auf der Basis der Erfahrungen von Moderne und Postmoderne, nach der auch aktuell noch gültigen Leistung Hofmannsthals, so wird gerade das, was ein Problem war, die von Skepsis gespeiste Fragmentarität seines Werkes, zur Signatur seines Künstlertums, zur Botschaft dessen, was er als seine sittliche Aufgabe verstand. Der Ästhetizismus ist der Kult der ‚happy few‘ – dies aber war ganz und gar nicht das Ideal Hofmannsthals, der im sozialen Raum wirken wollte; Ausdruck dieser Intention sind (auch heute noch) die Salzburger Festspiele, die von ihm initiiert wurden und die alljährlich mit einem Drama von ihm eröffnet werden: *Jedermann.*

Kaum ein Autor jener Zeit hinterließ so viele ‚offene‘ Texte: unvollendet in sich, weil ihr Autor an ihre Vollendbarkeit nicht mehr glauben mochte, sich aber eben deshalb öffnend für eine Fülle von Interpretationen, die die Virtualität des Werkes aufgreifen und auf ihre Weise fortschreiben. Was an Hofmannsthal auch heute noch fasziniert, ist seine souveräne Kunstfertigkeit, das kompromisslose Sich-Einlassen auf Probleme der Existenz und der Identität. Kaum etwas bildet in seinem Werk ein solches Kontinuum wie etwas, das alle Kontinuität zunichte macht: der Tod. Dieser düstere Grundakkord begleitet das Werk. Gefährdungen der Existenz zeigen sich selbst dort, wo jener Akkord leiser wird – in den Komödien. So hätte Hofmannsthal durch die fundamentale und existentielle Bedeutung seiner Thematik, zu der auch, noch nicht genannt, der Traum und, im emphatischen Sinne, der dem Wort seinerzeit anhaftete, das ‚Leben‘ zählen, allem Anschein nach die Chance auf eine lang dauernde und weit ausgreifende Wirkung gehabt. Der Konjunktiv deutet schon an, dass es sich nicht so verhält. Zwar taucht Hofmannsthal nicht selten in den Lehrprogrammen der Schulen und Hochschulen auf; einen Platz im Bewusstsein einer

Hugo von Hofmannsthal

lesenden Öffentlichkeit aber wusste er sich nicht zu verschaffen – und eine ‚place de choix‘ schon gar nicht. Auch die Bühne, der lebenslang seine Sympathie und seine – bis hin zu Balletttexten reichende – schriftstellerische Aktivität galt, ja seine Liebe, kommt heute ohne ihn aus, und nur der Oper verdanken wir eine Relativierung dieses Sachverhalts. Wer wie die Autorin dieses Buches gelegentlich mit Vorträgen über Hofmannsthal ins Ausland reist, muss feststellen, dass es zunächst einmal gilt (durch Anschreiben an die Tafel), den Namen Hofmannsthal beim fremden und ihm fremd gegenüber stehenden Publikum einzuführen. Man hätte es sich anders gewünscht.

Hugo von Hofmannsthal wurde vieles, aber nicht alles von dem zuteil, was er sich wünschen mochte. Er, dem das Wort gehorchte wie kaum einem anderen, wollte die Tat, die Gutes leistet und Schlechtes in seine Grenzen verweist – Hofmannsthal war ein Ethiker der Kunst. Er, der Individualist, sehnte sich nach dem Sozialen, noch über die Formen der Freundschaft und Geselligkeit hinaus, die ihm zuteil wurden. Er wollte mit dem Wort viele, wenn nicht alle Menschen erreichen, durch Sprache Taten herbeiführen ... Ist es ihm gelungen? Wohl nur teilweise, denn was Hofmannsthal ersehnte, durch die Kunst Veränderungen im Sozialen, im Politischen herbeizuführen, ist der Kunst kaum gegeben. Wie von sich selbst, verlangt er auch von seinem Medium ein wenig zuviel. Kunst verändert nicht die Welt, wohl aber kann sie unser Bewusstsein verändern. Und so mag das in Sprache gefasste Bewusstsein von der vielfältigen Problematik der Kunst und des Lebens das Vermächtnis Hugo von Hofmannsthals sein; die Auflösung dieser Problematik (wenn sie denn überhaupt möglich ist) hat er sich und uns versagt.

Hugo von Hofmannsthal an Eduard Korrodi 11.04.1927 Rückseite

Lust auf Lyrik?

Die Lyrik Hugo von Hofmannsthals entstand vorwiegend in seinen jungen Jahren und steht, zusammen mit den lyrischen Dramen, am Anfang seines Schaffens. Doch ist nicht das der Grund, weshalb unsere Textanalysen mit der Arbeit an den Gedichten beginnen. Die ‚Textualität‘, wenn das Kunstwort denn den spezifischen Kunstcharakter der Lyrik zu fassen vermag, die Dichte des Text-‚Gewebes‘ ist bei Gedichten besonders hoch, und kaum eine andere literarische Gattung ist der Etymologie des Text-Begriffs so nahe, kaum eine andere ist aber auch – eben deshalb – so schwierig zu analysieren. Lyrische Texte sind kurz und eben deshalb besonders komprimiert. Die Kürze ist erforderlich, weil die sprachliche Dichte Überblick erfordert und der Text während der Analyse in seiner Gesamtheit mental gegenwärtig sein, gleichsam vor Augen stehen muss. Nun mag es eine pädagogische Sünde sein, ausgerechnet mit dem zu beginnen, was dem Lernen die größten Hindernisse entgegensetzt und die Gefahr in sich birgt, den Schüler schon am Anfang zu entmutigen. Doch bei den kommenden Textanalysen wird niemand den Mut verlieren, der bereit ist, sich konzentriert auf die Texte einzulassen und der Darstellung mitdenkend zu folgen – wodurch zu beweisen wäre, dass wir das Schwierige schon zu Beginn bewältigen und damit für alles weitere gut gerüstet sind.

Der Aufbau dieses Kapitels trägt dem in besonderer Weise Rechnung, was Absicht und Ziel unserer Einführung ist: Es kommen im folgenden jeweils zwei Gedichte ähnlicher Art zur Darstellung; das eine wird in gemeinsamer Arbeit betrachtet, die Analyse des anderen als Aufgabe gestellt. Gegen Ende wird, gleichsam als Nachklang, der Blick auf eine nur in der Moderne existierende, hier aber nicht selten auftretende Gattung gerichtet, für die sich auch einige Beispiele in Hofmannsthals Werk finden: das Prosagedicht. Ganz am Schluss soll es dann um die Frage gehen, mit welcher Art von Text, was die poetische Organisation des Sprachmaterials anbetrifft, wir es bei der Lyrik zu tun haben.

Die Beschäftigung mit lyrischen Texten bietet Anlass, eine Unterscheidung noch einmal aufzurufen, die schon im Kapitel über den Textbegriff eingeführt wurde: die Unterscheidung von syntagmatisch und paradigmatisch. Ein Syntagma bezeichnet, ausgehend von dem diskursiven Verlauf des Satzes, die Bewegung des Textes in der zeitlichen Abfolge seiner Elemente. Ein Paradigma hingegen stellt diesen Verlauf gleichsam still; paradigmatische Beziehungen finden sich, wie schon oben erläutert, immer dort, wo gleichartige Elemente (im grammatischen Sinne, aber auch in bezug auf die Bedeutung der Begriffe oder ihre Stellung im Diskurs) zueinander in Beziehung treten. Was diese Unterscheidung genau bedeutet und inwiefern sie die Textanalyse nicht etwa kompliziert, sondern im Gegenteil vereinfacht, soll aus der Betrachtung der Texte selbst möglichst anschaulich hervorgehen.

Der erste Beispieltext, das Gedicht „Wolken", wurde 1892 in den von Stefan George herausgegebenen *Blättern für die Kunst* veröffentlicht, geht aber wahrscheinlich schon auf das Jahr 1891 zurück und steht somit ganz an jenem reichen Anfang des Hofmannsthalschen Werkes, der von der Lyrik geprägt ist. Bei der Analyse kommt das Schema zum Tragen, das im Zusammenhang mit unseren Überlegungen zum Textbegriff erstellt wurde; doch zunächst der Text:

WOLKEN

Am nächtigen Himmel
Ein Drängen und Dehnen,
Wolkengewimmel
In hastigem Sehnen,

In lautloser Hast
– Von welchem Zug
Gebietend erfaßt? –
Gleitet ihr Flug,

Es schwankt gigantisch
Im Mondesglanz
Auf meiner Seele
Ihr Schattentanz,

Wogende Bilder,
Kaum noch begonnen,
Wachsen sie wilder,
Sind sie zerronnen,

Ein loses Schweifen ...
Ein Halb-Verstehn ...
Ein Flüchtig-Ergreifen ...
Ein Weiterwehn ...

Ein lautloses Gleiten,
Ledig der Schwere,
Durch aller Weiten
Blauende Leere.

Die Frage nach dem Thema des Textes (Punkt 2 des Analyseschemas oben S. 9) ist leicht zu beantworten, denn es ist mit dem Titel identisch: Wolken. Es handelt sich bei diesem Gedicht um eine Studie über Wolken und um einen Beitrag zum größeren
Themenbereich der Naturlyrik; wir werden im Unterschied dazu
später zwei Gedichte betrachten, die der Gedankenlyrik zugehörig sind. Im Verlauf der sechs Strophen von „Wolken" vollzieht
sich eine Beschreibung der Wolken am Nachthimmel, die unter
einem besonderen Gesichtspunkt betrachtet werden. Die Wolken
befinden sich in schneller, drängender Bewegung, so dass die Beschreibung weniger das Aussehen der Wolken erfasst als ihren raschen Zug über den Himmel. Damit ist schon (entsprechend
Punkt 2 unseres Analyseschemas) die Art der Aussage über den
betreffenden Sachverhalt gekennzeichnet.

Bei der Frage nach der Art und Weise der Verknüpfungen
(Punkt 1) müssen wir, entsprechend dem eingangs schon skiz-
zierten Charakter der Lyrik, länger verweilen; ihre Beantwortung
wird deshalb zurückgestellt. Anders verhält es sich mit Punkt 5,
den Zeitverlauf und die Dauer des Textes betreffend. Der Diskurs
gewinnt seine Dynamik aus der Sicht auf seinen Gegenstand: Er
stellt die Bewegung der Wolken dar und zeichnet sie nach. Auf
diese Weise entsteht eine Entsprechung von Text und Thema, ein
abbildendes Verhältnis. Zumeist ,spricht' in der Lyrik – um nun zu
Punkt 5 zu kommen – ein Subjekt in der ersten Person Singular,
das deshalb auch als ,lyrisches Ich' bezeichnet wird. Es ist in die-

sem Text nur einmal durch das Possessivpronomen „mein" benannt; eine unmittelbar angesprochene Person, etwa ein ‚Du',
ruft der Text nicht auf. Die Kommunikation ist, grammatisch zumindest, auf die ‚Sender'-Seite beschränkt, während die Adressaten-Seite ‚leer' bleibt.

Wir kommen zurück zu Punkt 2 und zu der Darstellung der
Wolken in ihrer Bewegung; man sieht, dass diese besondere Perspektive mit der Frage nach Verlauf und Dauer des Textes verbunden ist. Die Bezeichnungen der Bewegung durchziehen den Text:
Drängen, Dehnen, Wolkengewimmel, hastig, Hast, Zug, Flug,
schwanken, Tanz, wogen, wachsen, zerrinnen, Schweifen, Weiterwehn, Gleiten – eine große Zahl von Wörtern ähnlicher Bedeutung, gemessen an der relativen Kürze des Textes. Den Eindruck einer drängenden Bewegung vermittelt der Text auch
dadurch, dass das Gedicht nur aus *einem* langen Satz besteht, der
durch sämtliche Strophen hindurchläuft. Dauer entsteht ebenfalls durch die Verwendung des in der Alltagssprache eher selten
benutzten Partizip des Präsens: gebietend, und, sehr ungewöhnlich, blauend. Diese poetische Konstruktion eines Verbums aus einem Farbadjektiv überträgt eine sichtbare Eigenschaft in einen
Verlauf und stellt diesen als dauerhaft dar: Sollte es sich hier um
ein Verfahren handeln, dem für das Gedicht insgesamt sinnstiftende Funktion zukommt? Der Eindruck von Raschheit entsteht
auch durch die kurzen, *abab* gereimten Verszeilen im Dreierrhythmus des Daktylos, der eine tänzerisch-schwebende Bewegung verliehen. Dem Text wird damit der Charakter eines Volksliedes, genauer: eines Tanzliedes, verliehen. Kommt das Gedicht
wie jeder Text notwendig zu einem Ende, so wird in seinem Verlauf signalisiert, dass dieser Schluss dem Thema in gewisser Weise entgegengerichtet ist. Die Auslassungspunkte in der vorletzten
Strophe, zumal in der letzten Zeile „Ein Weiterwehn ...", weisen
auf eine Fortführung der Bewegung hin, so dass der Text als zugleich abgeschlossen und unabschließbar erscheint. Es eignet ihm
so wie auch seinem Gegenstand etwas Drängendes; hätte dieses,
entgegen den am Himmel ziehenden Wolken, ein Ziel?

Die Verknüpfungen innerhalb des Textes, auf die wir nun zurückkommen, sind in der Lyrik besonders dicht. Vor allem der
Reim oder auch die ähnliche Stellung von Wörtern innerhalb des

Metrums schaffen paradigmatische Verbindungen, welche die Alltagssprache im allgemeinen nicht kennt. Allein achtzehn substantivische Reime kennt das Gedicht, so dass sich entgegen dem Eindruck einer Bewegung, der eher mit dem Verb als mit dem Substantiv verbunden ist, eine gewisse Statik einstellt. Diese aber ist von besonderer Art, denn zahlreiche Wörter in Endreim-Position sind substantivierte Verben: Dehnen, Sehnen, Schweifen, Verstehen, Ergreifen, Weiterwehn, Gleiten. Besonders die zweitletzte Strophe, durch ihre Auslassungspunkte am Ende der Zeilen ohnehin schon hervorgehoben, macht aus dieser Substantivierung von Verben geradezu ihr Prinzip. Doch was bedeutet sie? Eine Handlung bedarf, um vollzogen zu werden, immer auch eines Handelnden: Die Wolken gleiten, zum Beispiel. Im Substantiv Gleiten hingegen fallen Subjekt und Prädikat zusammen, so dass das entsprechende Substantiv beides enthält, die Komponente des Handelns und des Handelnden. Indem zum Beispiel aus ‚Ich spreche‘ ‚mein Sprechen‘ wird, kann dies zum Subjekt einer weiteren Handlung werden: „Mein Sprechen erreicht die Zuhörer.“ Das Gleiten der Wolken vermag auf diese Weise etwas zu bewirken, und an dieser Stelle ahnt der Leser, warum er in diesem Gedicht ausdrücklich gar nicht vorkommt: Soll er das Gleiten gleichsam aufnehmen und zum Träger einer Handlung machen, die sich nun in ihm vollzieht?

Vor dem Hintergrund der Vermutung, dass die Gestalt des Gedichts sinnsetzend ist und dass sich aus der Analyse der Verknüpfungen, die wir nun fortsetzen, Einsichten in die Bedeutung des Textes ergeben, ist das Klangbild von besonderem Interesse. Wie der Titel ‚Wolken‘ schon vermuten lässt, kommt dem Konsonanten ‚W‘ ein besonderer Rang zu: Wolkengewimmel (das allein eine Zeile ausmacht), welchem, wogend, wachsen, wilder, Weiterwehn (gleich doppeltes ‚W‘ wie in Wolkengewimmel), Weiten. An weniger hervorgehobener Stelle findet sich das ‚W‘ auch in schwanken, Schweifen, Schwere – Wörter, die wiederum durch ihren Anlaut miteinander verbunden sind. Das ‚D‘, schon anfangs in Drängen und Dehnen, legt gleichsam eine leere Spur und wird nicht weitergeführt, außer im Weiterdenken durch den Leser. Das ‚L‘ hingegen findet sich in lautlos gleich zweimal, sodann in ledig, Leere und lose. Damit schafft der Text eine Kohärenz von Klängen, ein Zusammenklingen von Wörtern, die so dicht sind, dass beim lauten Lesen der Inhalt zu verschwimmen droht: Man erhält ein Klangbild. Der Laut wird zwar in lautlos negiert, hat aber durch das Gedicht selbst Bestand, so dass die nächst dem ‚W‘ häufigste Alliteration (so nennt man das Auftreten von gleich anlautenden Wörtern) auf den Text selbst verweist. Dem ‚W‘ indes scheint eine solche Verweisungsfunktion nicht zuzukommen; doch das muss nicht das letzte Wort sein …

An einer Stelle wird das sonst streng befolgte Reimschema, ja wird der Reim überhaupt durchbrochen. Die dritte Strophe enthält mit gigantisch und Seele zwei Wörter, die nicht reimen, und Seele ist zudem mit dem einzigen Signal des lyrischen Ich, dem Possessivpronomen ‚mein‘, versehen. Diese Wendungen fallen aus dem Duktus des Diskurses gleichsam heraus und stehen in einer Umgebung höchster Verdichtung vereinzelt. Was vollzieht sich an dieser Stelle? „Gigantisch“ ist das einzige Fremdwort im Text, und es ragt, vom Inhalt her wie ebenso durch seine Endposition im Vers, fremd und erratisch aus dem Text heraus. Womit nun ist „gigantisch“ verbunden? Adverbial mit ‚schwanken‘, sachlich mit dem Schattentanz. Dieses Wort steht ebenfalls fremd im Text – nicht seiner Herkunft nach, sondern wegen seiner Bedeutung, denn ‚Tanz‘ meint immer eine – manchmal populäre, manchmal hoch artifizielle – Kunstform. Mit „Schattentanz“ verlässt der Text sein naturhaftes Thema und erreicht die Seele dessen, der spricht. „Schattentanz“ ist auch in diesem liedhaft klingenden Text, der häufig sehr einfache Wörter in fast volksliedhafter Weise verwendet, die einzige Metapher. „Schattentanz“ verweist als Metapher, als ‚Sprach-Bild‘, auf die ‚wogenden Bilder‘ der folgenden Zeile. Nun mögen Bilder durchaus in allen Bereichen des Lebens vorkommen und keineswegs nur in der Kunst. Da aber die Landschaftsmalerei, besonders häufig in der Romantik, den Himmel geradezu als Wolkenstudie (etwa bei John Constable) gestalten kann, ist der Begriff ‚Bild‘ durchaus doppeldeutig. Um die Aussage zusammenzufassen: Die Bilder des Schattentanzes der Wolken bewegen sich gigantisch auf der Seele des lyrischen Ich und erreichen eben dort, so wie es die folgende Strophe darstellt, ihre höchste Dynamik: „kaum noch begonnen, / Wachsen sie wilder, / Sind sie zerronnen.“

Sodann folgt, was im Kontext des Gedichts besonders befremdlich wirkt: die nur aus substantivierten Verben mit dem unbestimmten Artikel bestehende vorletzte Strophe. Das Ich, so viel lässt sich festhalten, ist mit dem Verlauf des Textes gewonnen worden, auch die Metapher wurde gefunden, das ‚Bild‘ in seiner Doppeldeutigkeit herausgestellt. Doch was bedeuten diese quasi abgerissenen Aufzählungen? „Ein Halb-Verstehen" bringt uns auf die Fährte, dass hier weniger die Bewegung der Wolken als die Bewegung der Reflexion nachgezeichnet wird. Kann „(e)in loses Schweifen", ebenso wie „(e)in Weiterwehn" noch auf die Wolken bezogen werden, ist das „Halb-Verstehn" und „Flüchtig-Ergreifen" auf den Betrachter, den Sprecher gerichtet? – Nur er könnte verstehen, nur er ‚ergreifen‘. Nur er oder vielleicht auch der Leser? Das schon genannte „Weiterwehn" muss nicht allein die Wolken meinen, sondern vermag auch den Leser aufzurufen, der das „Halb-Verstehn" in das ‚Ganz-Verstehn‘ verwandeln und den Text im Prozess der Lektüre und des Nach-Denkens nachwirken, ‚weiterwehen‘ lassen soll. In einem Moment der Negation, als nämlich die Bilder zerronnen sind, kommt, quasi in die Leerstelle eintretend, das reflektierende Subjekt gleich zweimal ins Spiel: als lyrisches Ich und als angesprochener Leser. Dieses Ich ist so flüchtig wie das nicht genannte ‚Du‘, und doch sind beide für den Text von entscheidender Bedeutung. Sie können nämlich das „Weiterwehn" in einen Vollzug übersetzen, es seiner Art nach realisieren. Auf diese Weise erlangt die letzte Strophe wiederum eine doppelte Bedeutung – wie schon die „Bilder" vorher. Das ‚lautlose Gleiten‘ kann sich ebenso auf die nun beruhigte Szenerie der Wolken beziehen oder aber, schlüssiger, auf die Fortsetzung der Bewegung ohne „Hast" in der nächtlichen Ruhe der Phantasie. „Ledig der Schwere" wäre dann der sich fortschreibende Text, wäre auch die Vorstellung des Lesers, die dort fortwirkt, wo das Gedicht endet.

Vor dem Hintergrund dieses Ergebnisses ist die Frage nach dem ‚Thema‘ des Textes noch einmal aufzuwerfen. Wie oft in der Literatur, ergibt sich auch hier ein Spannungsverhältnis zwischen dem unmittelbar Gesagten (‚Thema‘ bedeutet eigentlich ‚das Festgestellte‘ und ist mit ‚These‘ sprachlich verwandt) und dem auf einer höheren Ebene hergestellten Sinn. Das Gedicht handelt von Wolken, zeigt aber an ihrer Bewegung die Dynamik der Phantasie und der Reflexion auf, so dass der ‚Schattentanz', die einzige Metapher des Textes, auch auf den Innenraum des Menschen – des Sprechers und des Lesers / Hörers – beziehbar wird und sich im Gang des Textes verwirklicht. Einem normalen Vorgang, der Bewegung der Wolken, wird eine höhere Bedeutung abgewonnen, die nun den Bereich der Natur mit dem Innenleben des Menschen verbindet, und dieser ist ‚Kunst' wie der Tanz. Obwohl die Wolken konkret gegeben sind, wohnt ihnen eine Symbolik inne, die über die geschilderte Situation hinauswächst. Und auf dieser Symbolebene treffen sich die Thematik und die Bedeutung des Textes.

Die Analyse des folgenden Gedichts, das, ebenso wie „Wolken", 1892 in den *Blättern für die Kunst* veröffentlicht wurde, soll nun als Aufgabe gestellt werden.

Aufgabe 1:
Bitte interpretieren Sie, nach dem Muster der Analyse von „Wolken", dieses Gedicht in einzelnen Analyseschritten. Versuchen Sie zunächst, die Aufgabe selbständig zu lösen! Im Anschluss an das Textzitat finden Sie diese Schritte in Frageform aufgeführt und kommentiert; die Antworten, mit denen Sie Ihre Ergebnisse vergleichen können, werden dann in der Folge gegeben.

VORFRÜHLING

Es läuft der Frühlingswind
Durch kahle Alleen,
Seltsame Dinge sind
In seinem Wehn.

Er hat sich gewiegt,
Wo Weinen war,
Und hat sich geschmiegt
In zerrüttetes Haar.

Er schüttelte nieder
Akazienblüten
Und kühlte die Glieder,
Die atmend glühten.

Lippen im Lachen
Hat er berührt,
Die weichen und wachen
Fluren durchspürt.

Er glitt durch die Flöte
Als schluchzender Schrei,
An dämmernder Röte
Flog er vorbei.

Er flog mit Schweigen
Durch flüsternde Zimmer
Und löschte im Neigen
Der Ampel Schimmer.

Es läuft der Frühlingswind
Durch kahle Alleen,
Seltsame Dinge sind
In seinem Wehn.

Durch die glatten
Kahlen Alleen
Treibt sein Wehn
Blasse Schatten.

Und den Duft
Den er gebracht,
Von wo er gekommen
Seit gestern Nacht.

Entsprechend dem Vorgehen bei der Analyse von „Wolken" wird auch hier zunächst nach dem Thema gefragt, das wiederum relativ leicht zu benennen ist. Die nächste Frage wäre, welchem Genre der Lyrik das Gedicht zuzuordnen ist. Die Art der Darstellung aber verlangt, ähnlich wie bei dem schon analysierten Gedicht, genaueres Hinsehen, wie ja generell bei der Lyrikanalyse mehrere Textdurchgänge erforderlich sind. Zunächst ist eine weitere themenbezogene Frage zu beantworten: An welchem speziellen Phänomen, welchem ‚Gegenstand', wird das Thema anschaulich gemacht? Welche weiteren Möglichkeiten (bringen Sie dabei Ihre Erfahrung und Ihre Phantasie ins Spiel!) hätte es gegeben, das Thema zur Darstellung zu bringen? Was folgt aus der Beobachtung, dass Hofmannsthal das Thema gerade an diesem Phänomen aufzeigt?

Wenn Sie, was sich bei jeder Gedichtanalyse empfiehlt, den Text laut lesen: Fällt Ihnen dann am Klangbild (etwa: eher vokalisch / eher konsonantisch) etwas auf?

Wir werfen sodann einen Blick auf die äußere Form: Wie verhält es sich mit der Länge der Verse, wie ist das Reimschema beschaffen, wie würden Sie den Rhythmus charakterisieren? Welchen Charakter erlangt das Gedicht durch dieses Vorgehen: Erinnert es Sie an lyrische Formen, die Sie schon kennen? Vergleichen Sie den Aufbau der Strophen mit dem Verlauf der Sätze: Gibt es hier Übereinstimmungen oder Abweichungen? Ist dieser Aufbau generell der gleiche?

Kennzeichnen Sie nun die Wortwahl: Ist der Text in seiner Wortwahl gelehrt oder eher schlicht? Begründen Sie Ihre Entscheidung für das eine oder das andere!

Betrachten Sie jetzt die Verben: Welcher Art sind sie, in welchem Tempus / welchen Tempora werden sie verwendet?

Sie haben beim Durchlesen bemerkt, dass der Text eine Strophe wiederholt (die übrigens in der Erstveröffentlichung in den *Blättern für die Kunst* von der Redaktion getilgt wurde). Finden Sie Argumente für die Streichung einerseits, für die Beibehaltung dieser Strophe andererseits! Gibt es dabei eine Verbindung zum besonderen ‚Einsatz‘ der Verben in den jeweiligen Zeitformen?

Es war schon zu Anfang unserer Textbetrachtung deutlich geworden, dass das Gedicht durchgehend gereimt ist; kennzeichnen Sie die Art der Wörter im Reim und stellen Sie die auch hier (wie in „Wolken") vorhandenen Alliterationen (gleiche Anlaute) heraus! In welchen Strophen wird das Reimschema durchbrochen? Können Sie diese Unregelmäßigkeit interpretieren? Und als letzte Frage zum Reim: Welches Wort steht am häufigsten im Reim und: warum? Denken Sie zurück an den Anfang, die Darstellung des Themas: Worauf ist jenes Wort bezogen?

Einiges ist an diesem Text sonderbar und führt beim Lesen zum Innehalten: Was ist Ihnen als sonderbar aufgefallen? Gibt es für dieses Sonderbare im Text einen Begriff?

Betrachten Sie den Verlauf des Textes vom Anfang bis zum Ende: In welcher Weise würden Sie die Beziehung zwischen Anfang und Ende kennzeichnen?

Was wird im Text an einzelnen Stationen benannt? Kennzeichnen Sie diese und vergleichen Sie sie miteinander! Auf welche Erfahrungsbereiche sind diese Stationen bezogen?

Wir hatten im Gedicht „Wolken" eine symbolische Ebene beschrieben. Finden Sie solche oder ähnliche Symbole auch in diesem Text?

Es ist nun, nach diesen zahlreichen Fragen, Zeit für die Auflösung und die gemeinsame Interpretation des Textes. Dabei werden alle Fragen in der Reihenfolge, wie sie gestellt wurden, noch einmal aufgegriffen, damit wir unsere Eindrücke abstimmen und für die Analyse des Textes nutzbar machen können.

Das Thema ist mit dem Titel identisch: „Vorfrühling". Mit Titel und Thema hängt auch die Zuordnung des Gedichts zum Genre der Naturlyrik zusammen. Der Vorfrühling wird an einem einzigen Naturphänomen, dem Wind, zur Anschauung gebracht. Es wäre leicht vorstellbar, den Vorfrühling auch an anderen Erscheinungsformen der Natur und des Menschen darzustellen: Man könnte auf die wärmere Sonne, die aus dem Boden sprießenden jungen Pflanzen oder auf die Vorfreude der Menschen auf den bald kommenden Frühling hinweisen. Nichts davon bei Hofmannsthal. Es ist hier allein der Wind, an dem die Atmosphäre des Vorfrühlings aufgezeigt wird. Insofern handelt es sich um die extreme Reduktion des Themas auf faktisch nur ein Motiv. Doch die Besonderheit dieses Motivs wird durch den Verlauf des Gedichts erst entwickelt: Der Wind weht sozusagen in verschiedene Erfahrungsbereiche hinein, ist kein statisches, sondern ein dynamisches Phänomen. Diesen Befund gilt es für die weiteren Analyseschritte festzuhalten.

Zum Klangbild ist zu sagen, dass sich der Text durch eine hohe Klangfülle auszeichnet, die vor allem durch den Vokalismus entsteht: Alle Vokale, auch die umlautenden, kommen zum Einsatz. Dadurch ist dem Gedicht ein besonderer Klangcharakter eigen, der die Bedeutungen auf der Inhaltsebene tendenziell sogar übersteigt. Man bemerkt beim lauten Lesen, wie man sich gleichsam in den Klang hineinsteigert – so weit, dass die Bedeutung der Wörter hinter deren musikalische Qualität zurücktritt.

Ein Blick auf die äußere Form stellt zunächst die relative Kürze der Verszeilen fest, die mit einer hohen Frequenz des Reims verbunden ist, was wiederum zum musikalischen Charakter des Textes beiträgt. Der Rhythmus ist unregelmäßig, mal dem daktylischen Dreier-, mal dem jambischen Zweierschema zugehörig (vergleichen Sie etwa die erste Zeile mit der dritten). Daraus folgt, dass die Bewegung des Windes als eine sehr variable, das Gedicht insgesamt als bewegt erscheint.

Beim Lesen wird Ihnen wohl der Charakter des Gedichts als volksliedähnlich aufgefallen sein; hier ergibt sich eine Verwandtschaft mit der Naturlyrik generell, die, häufig dem Muster der Romantik folgend, ebenfalls in eher schlichter Weise gestaltet ist. Dazu passt der Befund, dass die Sätze mit den Strophen beginnen und enden, also eine Übereinstimmung von Satz- und Versstruktur entsteht. Für die letzte Strophe ist in gewisser Weise eine Ausnahme zu machen, denn es handelt sich hier um einen mit „Und" beginnenden, grammatisch an die vorherige Strophe anschließenden elliptischen Satz. Mit dem Schluss scheint es etwas Besonderes auf sich zu haben, auf das wir noch zurückkommen werden.

Die Wortwahl ist, entsprechend der Zugehörigkeit des Textes zur Naturlyrik und seinem volksliedhaften Charakter, von eher schlichter Art und vermeidet gelehrte Begriffe. In den Kontext der Beobachtungen, die äußere Erscheinungsweise des Textes betreffend, gehört auch ein Blick auf die Verben. Sie bezeichnen vorrangig Bewegungen und werden (in fünf Strophen) im Präteritum wie auch (in vier Strophen) im Präsens verwendet. Auf diesen Unterschied ist noch zurückzukommen. Die zweimal verwendete Strophe (als erste und als siebte) mag im Verlauf des Gedichts eine Hemmung, eine Retardierung, bedeuten; auch lässt sich generell feststellen, dass Wiederholungen nicht eben elegant wirken – es sei denn, sie wären mit einer besonderen, auf die Bedeutung des Textes gerichteten Signalwirkung ausgestattet. Eben dies ist der Fall, denn die siebte, mit der ersten identische Strophe leitet den zweiten Teil des Gedichts ein, in dem nun nicht mehr von der Vergangenheit, sondern von der Gegenwart die Rede ist; diese wiederum, ganz am Ende, verweist auf die Vergangenheit zurück. Und auf das Ende des Gedichts wird ebenfalls zurückzukommen sein.

Im Hinblick auf die Reimwörter ist auffallend, dass sie grammatisch verwandt sind: Mit wenigen Ausnahmen (wach; vorbei; glatt) stehen entweder Verben oder Substantive im Reim. Diese

Beobachtung lässt darauf schließen, dass die Verbindung von Handlungen zu Gegenständen, die Begegnung des Aktiven und Veränderlichen mit dem statisch Gegebenen ein besonderes Anliegen der Darstellung ist. Auch dies wird im weiteren zu bedenken sein. Alliterationen treten im Text vermehrt auf; sie betreffen zum Beispiel das „W" (Er hat sich gewieget / Wo Weinen war), das „S" (Seltsame Dinge sind / In seinem Wehn), das „L": „Lippen im Lachen" sowie das „Sch": „schluchzender Schrei". Anklänge enthält der Text auch im Bereich des Vokalismus: „kahle Alleen"; „Durch die glatten / Kahlen Alleen"; „blasse Schatten"; „Fluren durchspürt".

Die Frage, wo das Reimschema durchbrochen wird, führt uns zum Ende des Textes. Die vorletzte Strophe reimt abba, die letzte abcb: Hier steht also eine Zeile, „Von wo er gekommen", als einzige des ganzen Gedichts *nicht* im Reim. Kommt der Wind gleichsam aus einer anderen, mit der gegebenen nicht im Zusammenhang stehenden Welt? Die Frage, auf die Sie schon im Vorlauf eine Antwort versuchen können, ist ein einfaches ‚Warum?' – Ein Wort steht dreimal im Reim: „Wehn". Diese Häufigkeit wird einerseits durch die Wiederholung der ersten Strophe herbeigeführt, andererseits durch die erneute Verwendung des Wortes in der vorletzten. Ist hier das Wehn, das die Tätigkeit des Frühlingswindes bezeichnet, von anderer Art gegenüber dem Anfang?

Auf die Frage, was an diesem Text sonderbar sei, mag es verschiedene Antworten geben. Die eine betrifft die relative Enge und Begrenztheit der Darstellung, die ihr Thema nur an *einem* Naturphänomen, dem Wind, erfahrbar macht. Sonderbar in der Sprachgebung ist das ‚zerrüttete' Haar, denn dieses Adjektiv wird eher auf Familienverhältnisse oder auf die Gesundheit angewandt als auf das Haar: Wovon wäre es (nicht zerzaust, sondern:) zerrüttet – vom Wind oder nicht eher von einem langen Krankenlager? Man kann die Frage nur stellen, aber nicht definitiv beantworten. Bei der Darstellung dessen, was der Wind mit seinem Wehen erreicht oder durchläuft, findet diese rätselhafte Wendung ansatzweise Aufschluss. Hält man bei ‚zerrüttet' bereits erstaunt inne, so ist der Ausdruck „flüsternde Zimmer" wiederum sonderbar oder ‚seltsam'. Hier liegt eine bestimmte rhetorische Figur vor, die Metonymie. Dieser Ausdruck bedeutet, dass benachbarte Phä-

nomene aufeinander gespiegelt werden, etwa: ,Der ganze Saal
applaudierte'. Natürlich applaudiert nicht der Saal, sondern das
Publikum, das sich hier befindet. Ähnlich müsste man sagen, dass
nicht die Zimmer flüstern, sondern dass in ihnen geflüstert wird
– weil jemand schläft, jemand krank ist?

Wir haben das Thema und seine besonderen Darstellungsweisen betrachtet, einen ersten Blick auf die Verknüpfungen innerhalb des Textes geworfen und dabei schon einen Einblick in die
Bedeutungsebene gewonnen. Die beiden letzten Fragen aus dem
oben erstellten ,Katalog' beziehen sich auf den Textverlauf und
die in ihn eingelassenen Symbole. Der Verlauf des Gedichts vom
Anfang zum Ende ist zunächst durch eine Anzahl von Beschrei-
bungs-,Stationen' gekennzeichnet. Der Wind trifft auf Kum-
mer (Weinen), schüttelt die Blüten von Akazien, kühlt ,glühen-
de' Glieder, begegnet Lachen, gleitet durch die Flöte und fliegt
schließlich durch die flüsternden Zimmer. Bemerkenswert ist
dabei die Verschiedenheit der einzelnen Bereiche, die sowohl
Menschliches als auch Naturhaftes betreffen. Der thematischen
Einschränkung auf den Wind einerseits entspricht andererseits eine Ausdehnung der Bereiche, in die er vordringt. Paradoxerwei-
se führt hier Reduktion zu Erweiterung. In den Bereichen, die der
Wind nacheinander durchläuft, deutet sich zu dem Gegensatz
zwischen menschlichen Leben und der Existenz der Natur ein
weiterer an: auch das Aufbauend-Heitere (Lippen im Lachen, die
weichen und wachen Fluren) steht in einem gegensätzlichen Verhältnis zum Negativen und Schmerzlichen: dem Weinen, dem
schluchzenden Schrei. Die Zeilen „Und löschte im Neigen /
der Ampel Schimmer" sind mehrdeutig; in Anbetracht des Strophen-
anfangs aber („Er flog mit Schweigen") kann das Auslöschen des
Lichts nicht nur als Signal nächtlicher Ruhe, sondern auch als Zeichen des Todes verstanden werden, so dass sich von hier aus eine
Beziehung zur vorletzten Strophe ergäbe, die dann wiederum eine Vorahnung von Tod enthielte: Die kahlen Alleen, schon bekannt aus der ersten Strophe und ihrer Wiederholung in der sieb-
ten, könnten sich insofern nicht, wie zunächst anzunehmen, in
einem Park, sondern auf einem Friedhof befinden. Für diese Interpretation sprechen auch die ,blassen Schatten'. Der Verlauf des
Textes enthält hauptsächlich eine Aufzählung, die, so gar nicht

frühlingshaft, zum Teil auf Krankheit und Tod bezogen ist. Am Ende wird die Darstellung der Vergangenheit zum Präsens hin verschoben, eingeleitet von der wiederholten ersten Strophe, die nun eine andere, deutlichere Präsenz enthält als zu Anfang.

Aufgabe 2:
Bitte versuchen Sie, die Beobachtungen zum Gedicht „Vorfrühling" zu bündeln und im Hinblick auf die Aussage des Textes zu systematisieren; benutzen Sie dabei das Schema zur Textanalyse von Seite 9!

Nach den beiden Beispielen zur liedhaften Naturlyrik Hofmannsthals sollen nun, im abschließenden Teil dieses Kapitels, zwei Beispiele aus dem Bereich der Gedankenlyrik betrachtet werden. Das erste, „Manche freilich ...", wurde schon bei der Vorstellung des Autors mit dem Hinweis erwähnt, dass seine letzten beiden Zeilen sich als Inschrift auf dem Grabstein Hofmannsthals finden. Das Gedicht, jünger als die beiden vorigen, entstand 1895 und wurde 1896 in den *Blättern für die Kunst* veröffentlicht.

MANCHE FREILICH ...

Manche freilich müssen drunten sterben,
Wo die schweren Ruder der Schiffe streifen,
Andre wohnen bei dem Steuer droben,
Kennen Vogelflug und die Länder der Sterne.

Manche liegen immer mit schweren Gliedern
Bei den Wurzeln des verworrenen Lebens,
Andern sind die Stühle gerichtet
Bei den Sibyllen, den Königinnen,
Und da sitzen sie wie zu Hause,
Leichten Hauptes und leichter Hände.

Doch ein Schatten fällt von jenen Leben
In die anderen Leben hinüber,
Und die leichten sind an die schweren
Wie an Luft und Erde gebunden:

Ganz vergessener Völker Müdigkeiten
Kann ich nicht abtun von meinen Lidern,
Noch weghalten von der erschrockenen Seele
Stummes Niederfallen ferner Sterne.

> Viele Geschicke weben neben dem meinen,
> Durcheinander spielt sie alle das Dasein,
> Und mein Teil ist mehr als dieses Lebens
> Schlanke Flamme oder schmale Leier.

Was das Thema sei, ist hier weniger leicht zu bestimmen als in den beiden anderen Beispielen und kann jedenfalls dem Titel nicht entnommen werden. Vorläufig ist festzustellen, dass es sich um Aussagen über das menschliche Leben handelt; Genaueres soll dem später hinzugefügt werden.

Der Titel „Manche freilich …", zugleich der Beginn des Textes, ist für sich genommen wenig aussagekräftig und zudem syntaktisch ein Problem. Worauf sich ‚manche' beziehen mag, ist zunächst unklar; ‚freilich' ist ein rückbezügliches Wort, mit dem ein Anschluss hergestellt wird – ein wie durch ‚indes' oder ‚hingegen' sich inhaltlich abgrenzender Anschluss. Deshalb klingt der Anfang wie ein Abschnitt, der sich auf etwas Vorhergehendes bezieht: Doch was geht voraus?

Beim Blick auf die Versstruktur fällt zunächst die eine längere Strophe auf, die zweite, sodann das Fehlen des Reims bei einem durchgehend trochäischen Metrum. Ferner ist auf der Sinnebene des Gedichts ein Gegensatz bemerkbar: zwischen unten und oben, schwer und leicht. Die längere zweite Strophe markiert zugleich eine Zäsur. Waren vorher die beiden Bereiche getrennt und gegensätzlich bezeichnet worden, stellen die dann kommenden drei Strophen Verbindungen zwischen oben und unten, schwer und leicht her.

Worum es in diesem Text gehen könnte, wird bei der Betrachtung der Begrifflichkeit deutlicher. Ein semantischer Schwerpunkt liegt auf Wörtern wie Leben, Geschick und Dasein; allein ‚Leben' kommt viermal vor, davon dreimal in Zeilenendposition. Sollte es sich um eine Art ‚Lebenslied' handeln? (Ein Gedicht dieses Titels schrieb Hofmannsthal 1896.) Die Verwendung von ‚Geschick' weist in diese Richtung, und nimmt man Sterne (2 x) und Vogelflug dazu, erweitert sich das Begriffsfeld um den Gedanken der Schicksalhaftigkeit.

Das Gedicht ist ‚gelehrter' als die beiden vorher betrachteten Beispiele und verweist auf die Antike. Ein Hinweis darauf ist zunächst das Fehlen des Reims, sodann das Motiv des Schiffes, das offenbar, wie in der Antike üblich, von Ruderern bewegt wird. Auch die Ausrichtung der Navigation an Vogelflug und Sternen war in der Antike gängig, wobei die Deutung des Vogelflugs auch prophetischen Zwecken diente. Dieses Motiv wird an die Sibyllen, die Prophetinnen angeschlossen, die nach antiker Vorstellung Orakelsprüche ausgaben (deshalb verwendet man noch heute den Begriff ‚sibyllinisch' für ‚rätselhaft') und sehr alt wurden – angeblich tausend Jahre. Die Schifffahrt wird traditionell seit der Antike als Metapher für den Lebensweg verwendet, die Navigation für das Schicksal. So verdichten sich die Hinweise darauf, dass „Manche freilich ..." das menschliche Leben darstellt.

Die Menschen nun werden, wiederum nach antikem Vorbild, in zwei Klassen eingeteilt – die (Arbeits-)Sklaven und die Herrschenden; den einen ist die Schwere und das Dasein ‚unten' zugeordnet, den anderen die Leichtigkeit (leichten Hauptes und leichter Hände) und das Leben ‚oben' – beim Steuer des Schiffes oder bei den Sibyllen und den Königinnen. Die formale Entgegensetzung wird hergestellt durch die Opposition von ‚manche' vs. ‚andere'. Kann die Betrachtung der ersten beiden Strophen hier zunächst innehalten, so ist doch noch eine Frage anzuschließen: Sie betrifft den ‚Ort', den Status der dargestellten Szenerie. In den beiden vorher betrachteten Gedichten wurden die thematisierten Naturerscheinungen, die Wolken und der Wind, als real gesetzt. Es war anzunehmen, dass beide gegeben waren und die Gedichte das Ziel verfolgten, Wind und Wolken zu beschreiben (wobei sich, wie wir wissen, auch die größere Aufgabe stellte, diesen Phänomenen Bedeutung zuzuweisen). Eine solche Funktion kommt den Schauplätzen in „Manche freilich ..." nicht zu. Weder das Schiff noch das anzunehmende Festmahl im Hause der Herrschenden sind in jenem Sinne als real gesetzt. Sie werden auch nicht, ähnlich den Wolken oder dem Wind, beschrieben, sondern bilden den Hintergrund für ein Geschehen von allgemeiner Bedeutung. Sie illustrieren beispielhaft das ‚Unten' und das ‚Oben' und treten insofern als eigenständige reale Erfahrungsbereiche gar nicht in den Blick.

Die Oppositionen der ersten beiden Strophen sind deutlich markiert. Um so mehr fällt im weiteren auf, dass die Strenge der

Entgegensetzung in den drei letzten Strophen (eingeleitet durch das ‚doch' der mittleren dritten Strophe) relativiert wird, bis sie, am Ende, ganz in sich zusammenfällt: „Viele Geschicke weben neben dem meinen, / Durcheinander spielt sie alle das Dasein". Nach dem Doppelpunkt am Ende der dritten Strophe, der wiederum eine Zäsur markiert, spricht ausdrücklich das lyrische Ich – in den Zeilen: „Ganz vergessener Völker Müdigkeiten / Kann ich nicht abtun von meinen Lidern". Das Ich steht im Bann einer Geschichte, die Fremdes, Vergangenes, Vergessenes hervorholt, und diese ‚Geschichte' ist es auch, die das Thema des Textes bildet. Insofern das menschliche Leben in seiner historischen Dauer, im Zusammenhang mit anderen Völkern und Schicksalen gesehen wird, verliert es einen Teil seiner Individualität und gewinnt einen weiteren, höheren Wert. Der Textverlauf ist der Darstellung eines Prozesses der Entindividualisierung gewidmet, die das Menschlich-Allgemeine erfasst und selbst die ‚schmale Leier' des Endes noch übersteigt. Zusammen mit dem Gebrauch des Verbums ‚weben', das ja auf ‚Leben' reimt, enthält die letzte Strophe einen weiteren Hinweis auf das Dichtertum, denn die Leier (gr. Lyra) ist nicht nur namengebend für die entsprechende literarische Gattung, sondern auch das Instrument Apolls, des Herrn der Musen.

Damit wird ein Anspruch formuliert, der aus dem Munde des eben zwanzigjährigen Hofmannsthal, der sich in seinen jungen Jahren dem Ästhetizismus verbunden wusste, überraschen mag. Das Leben in seinen historischen und schicksalhaften Verflechtungen reicht über das einzelne Individuum, über die sozialen Unterschiede und sogar über die Dichtung weit hinaus. So betrifft das Erschrecken („Längst vergessener Völker Müdigkeiten / kann ich nicht abtun von meinen Lidern / Noch weghalten von der erschrockenen Seele / Stummes Niederfallen ferner Sterne") vor allem die Einsicht, dass die Schicksale der Menschen miteinander verwoben sind. Für jemanden, der sich ‚oben' auf der Ebene des ‚Leichten' wähnt, sind die dunklen, schweren Schicksale durchaus als Bedrohung erfahrbar, und das stumme Niederfallen ferner Sterne wirkt wie ein lautloser Schlag. Dem Gedicht haftet insgesamt eine Schwere an, die auch in der Wahl des Metrums zum Ausdruck kommt: Gegenüber dem ‚leichten', auftaktigen Jambus hinterlässt der Trochäus mit der betonten Silbe am Anfang den Eindruck von Schwerfälligkeit – verständlich, denn der ‚Teil' des sprechenden Ich ist nicht nur das eigene Leben als ‚schlanke Flamme', sondern auch das Leiden und Sterben anderer.

Lyrik wurde in der Antike weniger gelesen als gesprochen, wahrscheinlich sogar, wie die Bezeichnung suggeriert, gesungen. Die deutliche Betonung der Antike in Gedanken und Motivik erhält an einer Stelle des Textes besonderes Gewicht. *Ein* Wort nämlich kann, wenn es nicht in geschriebener, sondern in gesprochener Form verwendet wird, eine andere Bedeutung erhalten: Lider. Passen einerseits die „Müdigkeiten", ein vom normalen Sprachgebrauch abweichender Plural, zu den (Augen-)Lidern, sind sie andererseits auf die Schwere des Gedichts selber anzuwenden – die wären dann die Müdigkeiten der ‚Lieder'. Diese nicht gesicherte, wohl aber mögliche Deutung lässt sich durch ein anderes Bedeutungssignal stützen. In der zweiten Zeile der letzten Strophe wird das Verbum ‚spielen' verwendet, das durch einen griechischen Philosophen, der den Beinamen des ‚Dunklen' trägt, in das europäische Denken eingebracht wurde: Heraklit. Er vergleicht die Welt einem spielenden Kind, kann also den Sinn des Daseins nur in eine Metapher fassen, die sich diesem selbst widersetzt. Dem Spielerischen nun kommt eine besondere Bedeutung für die Kunst, ja für die Ästhetik allgemein zu, denn im Umgang mit den künstlerischen Werken bewegen wir uns nicht in den Grenzen des Wirklichen, sondern im Freiraum des Möglichen. Wenn es keinen Sinn und keine Gerechtigkeit im Schicksal des Menschen gibt, ist damit die Kunst, als Spiel betrachtet, dem Leben ähnlich. Auch der Dichter ist nicht nur ein Mensch unter anderen Menschen; vielmehr ist er mit allen Menschen und deren Schicksalen verbunden, selbst über die eigene Zeit hinaus. Welch ein Anspruch, möchte man meinen; und doch begründet er in diesem Gedicht einen humanitären Gedanken, der, wie der Anfang gezeigt hatte, nicht mit dem Text beginnt und endet, sondern einen Anschluss an Ungesagtes bildet und in dieses zurückläuft. Denn was sein Teil ‚mehr' ist, kann angesichts der Unwägbarkeiten des Schicksals nicht benannt werden.

Bevor wir uns, dieses Kapitel abschließend, einem Prosagedicht von Hofmannsthal zuwenden, soll noch, als Aufgabe gestellt, ein weiteres Stück Gedankenlyrik zur Darstellung kommen. Das Gedicht „Was ist die Welt?" ist von allen betrachteten Gedichten das früheste und erschien schon 1890 unter dem Pseudonym Loris Melikow in der Zeitschrift *An der schönen blauen Donau*.

WAS IST DIE WELT?

Was ist die Welt? Ein ewiges Gedicht,
Daraus der Geist der Gottheit strahlt und glüht,
Daraus der Wein der Weisheit schäumt und sprüht,
Daraus der Laut der Liebe zu uns spricht

Und jedes Menschen wechselndes Gemüt,
Ein Strahl ists, der aus dieser Sonne bricht,
Ein Vers, der sich an tausend andre flicht,
Der unbemerkt verhallt, verlischt, verblüht.

Und doch auch eine Welt für sich allein,
Voll süß-geheimer, nievernommner Töne,
Begabt mit eigner, unentweihter Schöne,

Und keines Andern Nachhall, Widerschein.
Und wenn du gar zu lesen drin verstündest,
Ein Buch, das du im Leben nicht ergründest.

Die Aufgabenstellung folgt dem bewährten Schema. Zunächst ist die Frage zu beantworten, was das Gedicht darstellt, sodann die sich sachlich anschließende, aus welchen Motiven das Thema besteht. Was die im Gedicht gestellte Frage anbelangt: Fühlen Sie sich in der Lage, sie für sich zu beantworten? Über die lyrische Form, der das Gedicht zuzurechnen ist, muss nicht viel gesagt werden, denn es handelt sich um eine, die Sie vermutlich kennen: Welche? Betrachten Sie nun das Reimschema. Es ist gegen Ende des Textes anders als bei dieser Form gewohnt: Inwiefern? Bei einem Blick auf die Zeilenanfänge bemerkt man, dass sich einige Wörter wiederholen; was lässt sich daraus schließen?

Nach der Thematik und der äußerlich-formalen Erscheinungsweise gilt unsere Aufmerksamkeit nun den Verbindungen innerhalb des Textes. Wenn Sie auf den Klang der Worte und die bei Hofmannsthal schon mehrfach angetroffenen Alliterationen achten: Welche Wörter werden auf diese Weise miteinander verbunden? Betrachten Sie unter diesem Aspekt vor allem die erste Strophe! Hier wird auch gleich die Eingangsfrage beantwortet: Von welcher Art ist, grammatisch gesehen, der lange Satz, welcher der Frage als Antwort folgt? Die Antwort ist inhaltlich gleichsam zweigeteilt, da dem Gedicht zwei unterschiedliche Eigenschaften zugeschrieben werden, die auch den gesamten weiteren Verlauf des Textes bestimmen; um welche handelt es sich dabei? Zeigen Sie nun auf, welche grammatische Struktur die letzten beiden Zeilen aufweisen! Können Sie diesen Befund interpretieren? Welche Zeile nimmt genau die Mitte des Textes ein? Nun wiederum die Bitte: Interpretieren Sie diesen Vers und erläutern Sie die Besonderheit seiner Position!

Im Zusammenhang mit dem Verlauf des Textes ist der Anfang zu betrachten. Bei einer eingangs gestellten Frage ist die Dauer des Gedichts von besonderer Art: Was wird mit dem Verlauf des Textes erreicht?

Zum Schluss, noch immer dem Frageschema folgend, ein Blick auf die Art der Kommunikation: Gibt es ein lyrisches Ich, gibt es ein angesprochenes Du? Wie lässt sich dieser Befund deuten?

Aufgabe 3:
Bitte beantworten Sie die aufgeworfenen Fragen schriftlich (schreiben Sie also Ihre *Interpretation nieder), bevor Sie mit der Lektüre der folgenden ‚Anleitung' fortfahren!*

Die relativ geringe Anzahl der Fragen und die (nach meinem Dafürhalten) kaum problematische Weise der Antworten führen zu der Vermutung, dieses Gedicht sei leichter zu verstehen als die drei anderen, die bisher analysiert wurden. Deshalb ist auch der nun gemeinsam zu betrachtende ‚Rücklauf' der Antworten weniger kompliziert als bei der entsprechenden Analyse des Naturgedichts „Vorfrühling" – ein durchaus merkwürdiges Ergebnis, denn angesichts der tiefsinnigen Frage „Was ist die Welt", die einen sechzehnjährigen Autor überfordern könnte, wäre ein äußerst komplexer Text zu erwarten. Die Thematik ist mit der Eingangsfrage identisch, das Gedicht gibt in seinem Verlauf eine Antwort darauf (und ist gleichermaßen selbst die Antwort). Das Gedicht, das die Welt ist, hat bestimmte Inhalte: aus ihm strahlt der Geist der Gottheit (wobei in der Alliteration das anlautende „G" von „Gedicht" aufgenommen wird), schäumt der Wein der Weisheit, spricht der Laut der Liebe und strahlt „jedes Menschen wechselndes Gemüt". Doch ist jenes Gedicht auch nur ein Vers, „der sich an tausend andre flicht", kleiner Teil eines weitaus grö-ßeren Textes ist und „unbemerkt verhallt, verlischt, verblüht." Das dreifache ‚Vergehen' relativiert jenen Vers, zu dem ein Ge-dicht in der größeren Perspektive dieses Textes zusammen-schmilzt. Die beiden Terzette des Sonetts – denn um ein solches handelt es sich hier – schlagen einen anderen Ton an, indem sie die Aussage ‚die Welt ist ein Gedicht' umkehren: Das Gedicht ist eine Welt von eigener Art mit ‚nievernommenen' Tönen, „mit eigner, unentweihter Schöne." Die Welt wird durch (Sprach-) Kunst repräsentiert, die Kunst wiederum ist eine Welt.

Die Frage nach der Gedichtform war schon beantwortet wor-den: Es handelt sich um ein Sonett. Im Reimschema ergibt sich indes eine Abweichung vom Gewohnten, denn das erste Terzett (die vierte Strophe also) reimt cddc und greift damit auf die erste Zeile des zweiten Terzetts über. Die beiden dann noch folgenden Zeilen reimen untereinander ee, bilden also einen Refrain. Hof-mannsthal übernimmt damit nicht die in Italien, dem Ursprungs-land des Sonetts übliche Form, sondern schreibt mit drei Quar-tetten und einem Refrain ein ‚Shakespeare-Sonett'. Auch die Thematik verweist in diese Zeit. Ist das Sonett der Renaissance von der Liebesthematik beherrscht, erschließt sich zur Zeit des Barock, der Shakespeare als eine Gestalt des Übergangs schon teilweise zuzurechnen ist, der strengen Form des Sonetts die all-gemeine Reflexion auf die Befindlichkeit der Welt; das Sonett wird zur Erscheinungsform von Gedankenlyrik. Die Frage nach der Thematik des Sonetts im allgemeinen muss uns hier nicht weiter beschäftigen; wichtiger ist der Hinweis darauf, dass entge-gen der Struktur, die durch das Reimschema entsteht, der Unter-schied von Quartetten und Terzetten gewahrt bleibt. Durch das zumindest typographische Ende des Satzes nach dem zweiten Quartett (hier steht ein Punkt) wird der Perspektivwechsel be-tont, der nun wiederum, vor den letzten beiden Zeilen, eine Wandlung erfährt: Hier wird, während das lyrische Ich gramma-tisch nicht zum Ausdruck kommt, der Leser angesprochen, und zwar mit der ihm eigenen Aufgabe des Lesens: „Und wenn du gar zu lesen drin verstündest."

Die zunächst noch formale Betrachtung stellt, was die Zeilenanfänge betrifft, Wiederholungen fest: „Daraus" dreimal, „Und" viermal, „Ein" dreimal. Das Gedicht verfährt aufzählend, beschreibend und verfolgt weniger einen Bewegungsverlauf wie in „Wolken" und „Frühlingswind": Es stellt etwas fest – die Befindlichkeit, das Wesen der Welt, und hierzu passt die Betonung der männlichen Reime gegenüber den weiblichen. Gewann in den beiden Beispielen aus der Naturlyrik, nicht zuletzt bedingt durch die Dynamik der Texte, der Rhythmus einen eigenen Charakter und eine besondere Ausdrucksqualität, tritt hier diese Komponente hinter ein regelmäßiges jambisches Metrum zurück. Der Klang der Sprache erscheit weniger bedeutsam als die Vermittlung ‚geistiger' Inhalte, und so eignet dem Gedicht kaum jene sinnliche Komponente, welche die beiden Naturgedichte auszeichnete.

Bei der Betrachtung der textuellen Verknüpfungen fällt zunächst schon in der ersten Strophe auf, dass es sich bei den durch Alliterationen verbundenen Begriffen um Substantive und Abstrakta handelt: Geist, Weisheit, Liebe. Der als Antwort auf die Eingangsfrage sich anspinnende lange Satz ist grammatisch nicht vollständig – ein elliptischer Satz. Das gilt auch für seine Fortführung in den beiden Terzetten; selbst der letzte Satz ist noch elliptisch. Die Antwort auf „Was ist die Welt?" setzt zwei inhaltliche Schwerpunkte: einen optischen (strahlen, glühen, Strahl) und einen akustischen (Laut der Liebe, sprechen, Töne), die sich in der unverbundenen Zusammenstellung von „Nachhall, Widerschein" (man spricht bei solchen direkten Verbindung ohne ‚und' und/oder ‚oder' von einem Asyndeton) am Ende noch einmal wiederfinden. Eine leicht zu übersehende, aber wichtige Verbindung entsteht durch den unreinen Binnenreim von „lesen" und „Leben" in der vorletzten und der letzten Zeile: Das Lesen ist in einem Leben nicht abzuschließen und zu vollenden, denn das Buch der Welt reicht über den Erfahrungsraum, die Erfahrungszeit des einzelnen und sogar über dessen Verstehensfähigkeit hinaus. Auch die letzten beiden Zeilen bestehen aus einem elliptischen Satz, weil dieses ‚Lesen' nicht abschließbar, die Welt letztlich nicht zu ergründen ist. Mit der zentralen Zeile „Ein Vers, der sich an tausend andre flicht" stellt sich das Gedicht in den Zusammenhang vieler anderer Texte und relativiert damit zugleich seine eigene Bedeutung: Es ist, obschon eine Welt für sich allein (weil es ein individueller Text ist), doch nur Teil eines großen Weltgedichts, das man zwar lesen soll, aber nicht ausschöpfen kann.

Mit dem Verlauf des Textes wird somit zweierlei erreicht: Zum einen führt der Diskurs die Frage, was die Welt sei, einer Antwort zu; zum anderen aber ist das schließlich erreichte Ziel nichts weniger als ein Abschluss, denn jenes Buch der Welt, von dem das vorliegende Gedicht nur ein Teil ist, kann der Leser im Leben nicht ergründen. Zwar vollzieht sich das Entschlüsseln der Welt als Schreiben und Lesen, doch führen diese Handlungen immer nur zu Näherungswerten. Die eingangs geäußerte Skepsis, ob ein so junger Autor denn in der Lage sei, diese schwerste aller Fragen zu beantworten, findet zugleich Bestätigung und Widerstand, denn der Text beantwortet die Frage, indem er die Antwort wiederum in Frage stellt. Ein subtiles Ende, das immerhin den eigenen Text als Antwort begreift – als eine relative, versteht sich.

Aufgabe 4 (als zusätzliche Übung):
Versuchen Sie nun, wie schon bei der Analyse von „Vorfrühling", die Ergebnisse zu systematisieren und zusammenzufassen; bitte beziehen Sie sich dabei erneut auf das bekannte Schema der Textanalyse!

Es bleibt in diesem Kapitel die Zeit (und hoffentlich auch die Kraft) für einen Blick auf ein Prosagedicht von Hofmannsthal. Zur Erleichterung des Lesers sei gleich angefügt, dass nun die Zeit der Aufgaben vorbei ist und wir uns entspannt dem Text widmen können.

DIE ROSE UND DER SCHREIBTISCH

Ich weiß, daß Blumen nie von selbst aus offnen Fenstern fallen. Namentlich nicht bei Nacht. Aber darum handelt es sich nicht. Kurz, die rote Rose lag plötzlich vor meinen schwarzen Lackschuhen auf dem weißen Schnee der Straße. Sie war sehr dunkel, wie Samt, noch schlank, nicht aufgeblättert, und vor Kälte ganz ohne Duft. Ich nahm sie mit, stellte sie in eine ganz kleine japanische Vase auf meinem Schreibtisch und legte mich schlafen.

Nach kurzer Zeit muß ich aufgewacht sein. Im Zimmer lag dämmernde Helle, nicht vom Mond aber vom Sternlicht. Ich fühlte beim Atmen den Duft der erwärmten Rose herschweben und hörte leises Reden. Es war die Porzellanrose des alt-wiener Tintenzeuges, die über irgend etwas Bemerkungen machte. „Er hat absolut kein Stilgefühl mehr", sagte sie, „keine Spur von Geschmack". Damit meinte sie mich. „Sonst hätte er unmöglich so etwas neben mich stellen können." Damit meinte sie die lebendige Rose.

Es ist unmittelbar augenfällig, dass dieser Text in Prosa verfasst ist; die Analyse muss sich deshalb darauf ausrichten, den ‚Gedicht'-Charakter des Textes herauszuarbeiten. Zu Beginn treten drei Verneinungen auf – durch „nie" im ersten, sodann durch „nicht" im zweiten und dritten Satz. Diese Verneinungen scheinen zu nichts zu führen, denn der Beginn eines Textes mit der Aussage, was *nicht* sei, worum es sich *nicht* handelt, wird scheinbar gar nicht wieder aufgegriffen: Oder kommt der Rede der Porzellanrose, die dem Ich unterstellt, es habe kein Stilgefühl mehr, eine besondere Bedeutung zu? Auch das Adverb „unmöglich" gegen Ende enthält eine Verneinung. „Darum handelt es sich nicht", wurde zu Anfang gesagt, doch worum handelt es sich? Der Text enthält einige Hinweise auf kostbare Dinge: die besonders eleganten Lackschuhe, die japanische Vase, und auch die Rose, die im Schnee liegt, wird als kostbar und schön dargestellt – sie ist „wie Samt, noch schlank". Freilich fehlt ihr etwas: der Duft. Im vom Sternenlicht dämmrigen Zimmer nimmt das Ich den Duft der Rose wahr, den sie nun, in der Wärme, entfalten kann.

Doch was hat es mit diesem Duft auf sich? Der Beschreibung nach, welche die Rose im Schnee liegend darstellt, hätte es sich um eine künstliche handeln können, die jedoch, und hier liegt der Unterschied (das, worum es sich handelt), nicht duftet. Die Lebendigkeit der Rose, mit dem Duft und seiner Bewegung („herschweben") verbunden, erregt Anstoß und, in der Personifizierung der sprechenden Porzellanrose, Neid. Was das Ich, inzwischen wieder aufgewacht, mithört, beleidigt ihn selbst und die natürliche Rose gleichermaßen: Es ist die Rede der künstlichen Rose aus Porzellan, die nicht einmal als schöner Gegenstand für sich selbst steht, sondern auf dem Schreibtisch einen Tintentopf schmückt. So entsteht ein Gegensatz zwischen dem ästhetischen Stilgefühl und dem Sinn für die Schönheit der Natur, der indes zugunsten der lebendigen Rose ausgeht, die respektlos und wie ein bloßer Gegenstand als „so etwas" tituliert wird. Wenn vorher gesagt wurde, die Porzellanrose mache „über irgend etwas" Bemerkungen, ist damit auch die Rede, die ihrerseits abwertend verfährt, abgewertet. Bei der Schönheit einer lebendigen Rose geht es nicht mehr um Stil und Geschmack (eben darum handelt es sich nicht), sondern um einen Sinn für Ästhetik, der dem Ästhetizismus, der Verehrung des Kunstschönen gegen die Schönheit der Natur, entgegengerichtet ist.

Der Text scheint nicht harmonisch zu enden, sondern im Gegenteil einfach abzubrechen: Bedarf die Geschmacklosigkeit einer künstlichen Rose keines Kommentars? Diese kennt ihre Grenzen nicht, und eben diese Grenzen sind es, die der Leser am Ende einsehen und reflektierend erschließen soll. – Das Prosagedicht „Die Rose und der Schreibtisch" zeichnet sich nicht durch jene Dichte und Konzentration der Textgestaltung aus, die wir aus den lyrischen Gedichten kennen. Ist dies einerseits typisch für das Prosagedicht, so ist andererseits, gleichsam zu seiner Ehrenrettung, auf die auch hier vorhandenen Verknüpfungen hinzuweisen. Jener merkwürdige Satz des Anfangs, darum (wie die Rose auf die Straße kam) handle es sich nicht, wird durch den Text hindurchgetragen und kennzeichnet schließlich die Bemerkungen der Porzellanrose, die gleichsam neben der Sache, um die es sich handelt, operieren. Nicht Geschmack und Stil des Ich sind von Bedeutung, sondern es ist seine Geste, die eine ‚frierende' Rose rettet und ihr den Duft zurückgibt. Der Text feiert den Sieg der Natur über die Künstlichkeit des Ästhetizismus. Dass er in lyrischer Prosa verfasst ist, in einer Zwitterform also zwischen Prosa und Lyrik, ist insofern selbst schon ein Programm, das mit seiner Thematik eng verknüpft ist. Er verneint jene Künstlichkeit, die lyrischem Sprechen allemal anhaftet und stellt das Schöne der Natur in lyrisch gefärbter Prosa dar.

Am Ende dieses Kapitels, das als erstes der konkreten Textanalyse gewidmet war, mögen Sie die Textbeispiele als kompliziert, die Ergebnisse als komplex erfahren haben. Der Umgang mit Texten, besonders den lyrischen, muss geübt, die Lektüre immer wieder trainiert werden; dafür wurde das Fundament gelegt, damit der Anfang gemacht. Bei der Arbeit an den Texten ergaben sich auch, für den auf die Sprachform der Gedichte konzentrierten Leser vielleicht weniger als in der Perspektive der Autorin, Einblicke in die Besonderheit lyrischen Sprechens.

In der Lyrik wird ein Moment, eine Situation aufgerufen und sozusagen mit Sprachmaterial angefüllt: Der Text erläutert, was Vorfrühling, was die Welt ist. Dabei wird der syntagmatische Verlauf des Textes immer wieder paradigmatisch durchkreuzt: Im Ergebnis lässt sich feststellen, dass ein lyrischer Text seine Aussagen eher additiv anhäuft als in der Zeit und deren Veränderungen entfaltet; er ist unter diesem freilich wesentlichen Aspekt eher der Beschreibung verwandt als der Erzählung. Wer im Sinne von ,discurrere' den Text zu durchlaufen versucht, wird bei der Lyrik immer auf Fußangeln stoßen, denn das Syntagma wird durch ein Paradigma ergänzt oder anders gesagt: der lyrische Text spiegelt ein Paradigma auf ein Syntagma. Dem Leser wird deshalb eine doppelte Perspektive abverlangt, nämlich sich einmal auf den diskursiv-syntagmatischen Verlauf des Textes, sodann aber auf dessen paradigmatische Struktur einzurichten; man könnte auch sagen: Es wird ihm in der Lyrik eine doppelte Anstrengung angesonnen – nicht ohne dass eine Belohnung winkte, denn das Ineinandergreifen von Sinndimension und Sprachklang macht Bedeutungen hörbar: ein fast musikalisches Erlebnis in der vermeintlich nüchternen Begriffssprache.

Die Lyrik als Textmodus ist durch das Hin und Her von Kette und Schuss (syntagmatisch – paradigmatisch) im Sinne des textuellen ,Gewebes' bestimmt; sie enthält eine Vielzahl von Komponenten, in die auch, deutlicher als in anderen Gattungen, der Sprachklang mit einbezogen ist. Lyrik besteht aus dem Sprechen *einer* Figur und richtet sich an *einen* Leser oder einen sehr kleinen Kreis von Lesern. Sie ist, zumindest in der neueren Zeit, die Gattung der Individualität und steht damit in ausdrücklichem Gegensatz zu den dramatischen Gattungen, die sich ihrer Natur nach an ein Publikum im Theaterraum richten (und denen die Analysen des folgenden Kapitels gelten werden).

Was ein *Text* sei und im höchsten Sinne sein kann, wird an keiner Gattung so anschaulich wie an der Lyrik, und deshalb steht dieses erste Analyse-Kapitel in der Nähe der einleitenden Überlegungen zum Textbegriff. Der bei seiner Arbeit vielleicht seufzende Analytiker wird am Ende nicht nur für seine Mühen belohnt, sondern erfährt auch bei seiner Arbeit, was – im strengsten Sinne des Wortes – ein Text ist und was er (die grammatische Ambivalenz: Text oder Leser – ist beabsichtigt ...) zu leisten vermag. Mag sein, dass gerade bei einer ‚kleinen‘ Form wie der Lyrik besonders deutlich zutage tritt, dass die gedanklichen Dimensionen lyrischer Texte weitaus größer sind, als es deren Umfang vermuten lässt. Von allen literarischen Texten sind die lyrischen die kunstvollsten; deshalb kommt, was künstlerische Texte zu leisten vermögen (und welche Anstrengungen sie uns bei ihrer Analyse abverlangen) an der Lyrik am deutlichsten zur Anschauung. Das heißt umgekehrt aber auch, dass lyrische Texte sich am weitesten von der Alltagskommunikation entfernen und deshalb auch unser Analyseschema gerade bei dieser Gattung revidiert und verfeinert werden musste. Ausdruckskraft und Bedeutungsdimension werden bei der Lyrik dem Sprachklang und der hohen Frequenz uneigentlichen, ‚bildlichen‘ Sprechens abgewonnen. Dabei ergibt sich oftmals eine Überdeterminiertheit, das heißt: ein Element ist mit mehreren Sinndimensionen versehen, kann durch seinen Sprachklang, die Stellung im Reim zusätzliche Bedeutungen über die übliche Semantisierung hinaus erlangen. Die sprachlich komplexeste Gattung ist die Lyrik, die handlungsmäßig komplexeste der Roman. Da dieser aber in unserer *Einführung* nicht vorkommt, haben wir schon jetzt, am Anfang, die höchste Hürde im Umgang mit literarischen Texten genommen.

Wie wir wissen, verstummte Hofmannsthal als Lyriker und gab das Gedicht als Gattung fast ganz auf. Er trug aber den Gestus lyrischen Sprechens in seine übrigen, späteren Werke hinein, so dass wir nicht der Lyrik, wohl aber einer dem Klanglichen und der sprachlichen Konzentration gewidmeten Schreibweise auch weiterhin – bis zur Analyse des Essays am Ende – noch vielfach begegnen werden.

Spielarten des Dramas

In einem (für manchen Leser vielleicht:) etwas heftigen Hiatus setzt nach der Analyse lyrischer Texte die Interpretation von Dramen ein; auf die Kleinform folgt die Großform, sogar, da der Roman nicht behandelt wird, die ‚größte‘ im vorliegenden Band. Sprachlich und konzeptionell weniger konzentriert als die Lyrik, mag das Drama einfacher, nachvollziehbarer und bis zu einem gewissen Grade auch lebensnäher sein, wobei man freilich bei der Tragödie eher von ‚Todesnähe‘ sprechen müsste. Jedenfalls: Gesprächssituationen, wie sie das Drama kennt, kennen wir alle, und auch Konflikte, wie sie das Drama speisen, sind uns nicht fremd. Im Vergleich zur Lyrik ließe sich verkürzt sagen: Die Lyrik ist die Gattung des erfüllten Augenblicks, das Drama die Gattung der auszufüllenden Dauer. Schon die Zeit der Darstellung eines Dramas umfasst meist weit mehr als eine Stunde, die dargestellte Zeit, die Dauer der Handlung umfassend, mag weitaus länger sein. Vom Drama ist somit zu erwarten, wenn nicht zu verlangen, dass es die Zeit in ihrem Verlauf sinnvoll, nachvollziehbar und ‚spannend‘ ausfüllt. Das Drama setzt Konflikte ins Werk, die im Verlauf der Handlung aufgelöst werden. Dies geschieht in der Tragödie durch die finale Katastrophe, in der Komödie durch den glücklichen Ausgang. Dem Drama ist also aufgetragen, den Zeitverlauf durch Handlung(en) zu erfüllen und die Dauer des Handlungsverlaufs durch verschiedene Spannungsmomente auszugestalten. Dauer allein schafft noch kein Drama, ‚Dramatisches‘ für sich genommen noch keine Dauer.

Die verschiedenen Situationen und Personenkonstellationen halten die Handlung in Gang, können sie beschleunigen oder, die Spannung erhöhend, verlangsamen: Auch dies sind Faktoren des Zeitverlaufs. Für das Verständnis eines Dramas ist das jeweilige Verhältnis von Situation und Handlung (wobei diese auch in den Plural zu setzen sind) von entscheidender Bedeutung: Situationen können durch Handlungen verändert werden, wodurch neue Situationen entstehen; umgekehrt können auch geplante Handlungen durch neue Situationen modifiziert oder ganz aufgegeben werden, wobei dann neue Handlungen entstehen. Wie dem auch sei: Dieses geschieht so lange, bis am Ende (in der Tragödie:) kein Handeln mehr möglich oder (in der Komödie:) kein Handeln mehr nötig ist und das Drama aus innerer Notwendigkeit an sein Ende kommt.

In beiden Fällen, der Tragödie wie der Komödie, entstehen Situationen von besonderer Prägnanz: solche, in denen das Entsetzen kulminiert, solche aber auch, in denen die komischen Verwicklungen zum Vergnügen des Lesers / Zuschauers ihren Höhepunkt erreichen. Anders als lyrische Texte sind dramatische auf bestimmte Zeitpunkte und, definitiv, auf ihr Ende hin ausgerichtet. Der Verlauf eines Dramas kennt aber auch Ruhe- und Haltepunkte, bei denen jenseits der jeweils konkreten Handlung das Tragische, das Komische momenthaft erfahrbar werden. Auf beides, den Ablauf der Handlung und deren Haltepunkte, hat eine Dramenanalyse ihr Augenmerk zu richten.

Ein solcher Stillstand in bestimmten Augenblicken mag hinführen auf ein weiteres Charakteristikum des Dramas im Unterschied zu allen anderen literarischen Gattungen. Das Drama spielt sich nicht nur in der Zeit ab, sondern auch im Raum – egal ob die Bühne, wie im Theater, konkret gegeben ist oder beim Lesen nur als Vorstellungsbild aufgerufen wird. Obwohl die ‚Ausfüllung‘ dieses Raumes vor allem die Inszenierung (und damit nicht in erster Linie die Literatur-, sondern die Theaterwissenschaft) betrifft, ist sie doch dem Dramentext, und sei es nur gedanklich, hinzuzufügen. Die Figuren handeln nicht nur in der Zeit; sie spielen auch im Raum. Dabei erfährt die Bühne gleichsam eine Ausdehnung in den Zuschauerraum hinein, denn das Spiel vor leeren Rängen ergibt keinen Sinn. Entsprechend sitzen wir auch bei der Lektüre und Analyse eines Dramas nicht nur zu Hause, in der Schule oder der Universität, sondern immer auch in einem Theater unserer Vorstellung.

1) Lyrisches Drama: *Der Tod des Tizian*

Die Gattung des lyrischen Dramas wird dem Leser nicht eben häufig begegnen, ist sie doch auf die Wende des 19. zum 20. Jahrhundert (das Fin-de-siècle) beschränkt (obschon ihre Folgen bis in die moderne Dramatik hin spürbar sind). Daraus kann, wer mag, folgern, dass die Methodik zur Analyse dieser kurzlebigen Gattung verzichtbar sei. Das lyrische Drama bietet aber, als eine Zwittergattung, Einsichten in Lyrik und Dramatik zugleich, so dass es die Chance eröffnet, beide Rede- und Darstellungsweisen in ihrem Zusammenwirken zu verstehen. Für unsere Analysen gewinnt es damit eine Schwellen- und Vermittlungsposition zwischen den jeweils der Lyrik und dem Drama gewidmeten Kapiteln. Wegen der Besonderheit dieser Gattung, die auch mit besonderen Schwierigkeiten des Verstehens verbunden ist, wird auf eine über den Text hinaus gehende Aufgabenstellung verzichtet. Der Leser ist aber eingeladen, die verschiedenen Analyseschritte mit dem ,Text'-Modell, das im Anschluss an das entsprechende Kapitel entwickelt wurde, nachzuvollziehen.

Unser Beispieltext, *Der Tod des Tizian*, entstand 1892 in unmittelbarer zeitlicher Nachbarschaft zu den im vorigen Kapitel besprochenen Gedichten und wurde in der von Stefan George herausgegebenen Zeitschrift *Blätter für die Kunst* publiziert. Dabei deutschte die Redaktion den ursprünglichen Untertitel „Fragment" in „Bruchstück" ein, was nun vollends eigenartig und wie ein Fremdwort klingt ... Eigenartig ist auch im Weiteren manches an diesem Text; darüber wird noch zu sprechen sein. Die Annäherung an den Text kann zunächst auf sehr einfache Weise erfolgen, mit Überlegungen zum Titel und zum Personenverzeichnis. Der Titel *Der Tod des Tizian* wird bei der Bezeichnung von Handlungszeit und Schlauplatz wieder aufgenommen: „Spielt im Jahr 1576, da Tizian neunundneunzigjährig starb. Die Szene ist auf der Terrasse von Tizians Villa, nahe bei Venedig." Die Angaben sind, wie schon ein kurzer Blick in ein Lexikon belehrt, historisch korrekt: Zu dieser Zeit und an diesem Ort starb der Maler. Was läge näher als anzunehmen, dass Hofmannsthals lyrisches Drama den Tod des Tizian darstellt und daraus nicht nur sein Thema, sondern auch seine Dramatik gewinnt? Im Personenverzeichnis sind Tizianello, der Sohn des Meisters, und dessen Tochter Lavinia aufgeführt, beide ebenfalls historisch verbürgt. Des Weiteren besteht das Personal des Dramas aus Schülern Tizians, die offenbar bei seinem Tod anwesend sind. Dieser Tod des Tizian scheint etwas besonders Nennens- und Darstellenswertes zu sein, so schließt man, denn er ist nicht nur Thema des Dramas, sondern auch Gegenstand lyrischen Sprechens, so dass sich aus beidem das lyrische Drama zusammenfügt. So weit die ersten Vermutungen.

Doch ein erneuter Blick auf das Verzeichnis der *dramatis personae* macht stutzig: Der Name Tizian taucht hier gar nicht auf – Tizian wird, so vermutet man zunächst, wohl jenseits der Bühne sterben. Was ist aber der befremdliche Befund in Kenntnis des Stückes? Es wird zwar vom Tod des Tizian gesprochen, jedoch tritt er faktisch gar nicht ein. Hat das Drama damit sein Thema verfehlt, oder sollte der Tod des Tizian am Ende doch nicht Gegenstand der Dramenhandlung sein? Lockt uns der Titel auf eine falsche Fährte? Der Analyse ist mit der Beantwortung dieser Frage ihre erste Aufgabe gestellt: Was ist – wenn nicht der Tod des Tizian – das Thema des Textes?

Durch den erneuten Blick auf das Personenverzeichnis treten weitere Merkwürdigkeiten zutage. Am Anfang vermerkt es: „Der Prolog, ein Page." Ein Prolog ist eine Rede (wörtlich: Vor-Rede) und keine Person! Hätte es vielleicht mit dem Verhältnis dieser Person zur Sprache, hätte es allgemeiner mit der Sprache in diesem Stück eine besondere Bewandtnis? Einige Fragen sind gestellt, weitere werden bald hinzukommen. Neben den beiden Kindern Tizians wird eine Figur besonders hervorgehoben: Gianino „ist sechzehn Jahre alt und sehr schön". Was hat es mit diesem jungen Mann auf sich? Durch den Zusatz hinter dem Namen wird die Aufmerksamkeit gerade auf diese Person gelenkt, der, wie man bereits beim Blättern bemerkt, auch der größte Textanteil zugedacht ist. Um den Bogen zur Lyrik zu schlagen, deren Verständnis, so wurde versprochen, die Analyse des lyrischen Dramas erleichtern soll, ist es ratsam, bei Gianino anzusetzen, dem etwa in der Mitte des Textes eine sehr lange, sehr lyrische Passage anvertraut wird: Hätte diese besondere Art des Sprechens etwas mit dem Tod des Tizian zu tun? Es empfiehlt sich, die Hinweise auf das Verhältnis von Person und Sprache im Auge zu behalten,

denn im Gegensatz zur Lyrik besteht das Drama aus Personenre-
de und speziell aus der Wechselrede, den Dialogen, der Personen.
Das Prinzip des Dramas ist dabei, dieses Sprechen nicht nur geschehen zu lassen, sondern das ‚Sagen‘ auch zu ‚zeigen‘: Sprache,
in Personen eingelassen, auf die Bühne zu bringen. Als Vor-
Augen-Stellen führt das Szenische zu einer besonderen, geradezu
sinnlichen Präsenz der Handlung.

Unser spezielles Augenmerk gilt nun, wie schon angekündigt,
Gianino. Nachdem zunächst eingangs des Dramas von Tizian die
Rede war – aus dem Mund seiner Schüler, die wartend auf die
Nachricht vom Tod des Meisters eingerichtet sind – tritt, wie die
Regieanweisung vermerkt, eine Pause ein, die Gianino mit den
Worten beendet: „Ich bin so müd." Dies führt weg vom Thema und
leitet jene lange Passage ein, in der Gianino von seiner durchwach-
ten Nacht spricht und mehr noch: sie geradezu lyrisch evoziert –
gleichsam ein ‚Nachtstück‘, wie man es aus der Malerei oder aus
der Musik (‚Nocturne‘) kennt. An diesem Text lässt sich erneut he-
rausarbeiten, in welch markanter Weise lyrisches Sprechen von
‚Dichte‘, von Bezugnahmen und Rekurrenzen bestimmt ist.

Entgegen der Erwartung Gianinos ist nirgends „ein Schlaf in
der Natur"; vielmehr geschehen ‚geheime Dinge‘ in einer Natur,
die als Person vorgestellt, ‚allegorisiert‘ wird: von „Atemholen" ist
die Rede, von „feuchten Lippen", von ‚horchen‘ und ‚lauschen‘ –
alles Tätigkeiten und Attribute, die eine Person und nicht das
Abstraktum ‚Nacht‘ auszeichnen. Mit den beiden Verben ‚horchen‘ und ‚lauschen‘ wird der Bereich der Klänge in das Tableau,
das ‚Nachtstück‘, eingeführt, der durch „Harmonien", „Laut",
„Tönen", die Flöte und die Geigen, das Plätschern der Brunnen
und das „leise" Niederfallen der Akazienblüten noch weiter entfaltet wird. Kurz bevor Antonio die Rede Gianinos durch einen
Einwurf unterbricht, wird von den ‚stummen‘ Sinnen und den
‚sinnlosen Worten‘ gesprochen; hier ist wiederum der Bereich des
Klanges, teils negativ, gegenwärtig: Worte, zumal auf der Bühne
gesprochen und nicht nur im Text gelesen, haben eine Lautge-
stalt, doch werden sie durch das vorher berichtete Erlebnis „sinnlos" – warum? Wir schieben die Antwort auf, weil es über den
ersten Teil der lyrischen Rede von Gianino noch weitere Beobachtungen mitzuteilen gilt.

Neben den Klängen werden auch andere Sinneseindrücke der Nacht angesprochen: Sie schläft nicht, so viel ist sicher, sondern vermittelt ‚ästhetische' (ursprünglich: sinnliche) Erfahrungen. Der Glanz des Mondes, in den Brunnen reflektiert, leitet eine Serie von Farben ein, die den optischen Eindruck vervielfachen: das Weiß des Marmors, das Schwarz des Lorbeers (dessen dunkles Grün in der Nacht so erscheint), das Lila der Nachtviolen, das Rot der Granaten, der weiße Glanz des Teiches, die unbestimmten Bezeichnungen „silbrig-blau" für die Luft, „seidig-weiß" für das Mondlicht. Das Weiß des Teiches könnte (es bleibt ungewiss) Schwäne meinen oder auch die Haut von badenden Najaden (= Wassernymphen): Die Natur ist belebt mit mythischen Figuren. Die Najaden sind als Nymphen Halbgöttinnen, die Schwäne sollen, so übermittelt es die griechische Mythologie, im Tode einen betörenden Gesang, den ‚Schwanengesang', anstimmen. Auch der Geruchs- und der Tastsinn werden in diesem Nachtstück angesprochen: Vom Duft der Granaten und der Aloe, verglichen mit dem ‚süßen' Duft von Frauenhaaren, ist die Rede; und als der Duft des Gartens den Sprechenden umgibt, ist es ihm wie bei der „Berührung einer warmen Hand." Olfaktorische (Geruchs-) und taktile (Berührungs-)Qualitäten gehen ineinander über und verweisen damit schon auf den späteren Eindruck: „Und was da war, ist mir in eins verflossen".

Die Verflechtungen sind dicht innerhalb dieses Textes, und die beschriebenen Bereiche werden rekurrent benannt (man spricht auch von ‚Isotopien'). Doch was bedeutet dieser Aufwand bei der Schilderung von Sinneseindrücken, wozu dient das üppige Aufgebot ästhetischer Impressionen? „Das rosenrote Tönen" führt uns auf die Spur eines poetischen Verfahrens, das verschiedene Sinneseindrücke nicht nur isoliert und nacheinander, sondern auch in ihrer Verschmelzung zur Darstellung bringt: Das Tönen hat eine Farbe, rosenrot. Wenn kurz zuvor das Verb ‚vermischen' gebraucht wird, ist damit erneut ein Signal gesetzt. Der Text stellt eine Mischung verschiedener Sinneseindrücke dar – mit dem Fachwort: eine Synästhesie (= gleichzeitiges Wahrnehmen von Sinneseindrücken). Wenn Gianino später zusammenfassend sagt: „Es war so viel in dieser einen Nacht" und damit seinen Bericht beschließt, so hatte sich schon vorher der Eindruck von Fülle eingestellt, ja geradezu aufgedrängt. Doch was wird durch die Vielfalt der Sinneswahrnehmung dem jungen Mann vermittelt? Gibt es ein Zentrum, auf das die verschwommenen und verstreuten Impressionen verweisen?

Die genannten weißen Glieder badender Najaden, obwohl nur in Frageform bezeichnet, weisen – neben der Berührung einer weichen Hand, dem Duft von Frauenhaar, der Begattung der Granaten durch die Bienen, dem Niederkommen des Sterngefunkels „auf die weiche, wache Flur" – auf eine erotische Grundstimmung des Textes hin, die in Anbetracht der Jugend des Sprechers wohl die Qualität einer ersten Begegnung, eines sexuellen Erwachens besitzt – oder, mit dem Fremdwort, den Charakter einer ‚Initiation' hat. Die Natur schläft nicht, sondern ist in der Nacht voll geheimen Lebens. Damit wird auch verständlich, warum sie eingangs allegorisiert wurde: Als Frau dargeboten, fügt sie sich in den erotischen Kontext ein, ja ist sogar seine erste Begründung. Indes: Das Drama trägt den Titel *Der Tod des Tizian*, und in welchem Zusammenhang jene Beobachtungen zur Thematik des Stückes stehen könnten, bleibt noch immer ungeklärt. Dem nächtlichen Leben der Natur, der erotischen Bedeutung des Erlebnisses in jener Nacht fehlt nicht nur jeder Bezug zum Thema des Todes, sondern ist ihm sogar deutlich entgegengerichtet: der Tod des Tizian als Erfahrung erotischer Initiation?

Das Befremden setzt sich fort, als Gianino von einem Blick auf Venedig berichtet. Während er zunächst das aufruft, was von jenem Standort aus („Wo man die Stadt sieht, wie sie drunten ruht") auch sonst sichtbar ist – die schlafende Stadt, die sich in ihr kostbares Kleid aus „Prangen" schmiegt, die flüstert und lispelnd leise Klänge herübersendet (man sieht: erneut eine Allegorie) –, hat er jetzt einen anderen Blick auf die Stadt, ein anderes Gefühl bei ihrem Anblick. Obwohl Venedig schweigt, ahnt Gianino „(d)es roten Bluts bacchantisch wilden Reigen": jene ekstatischen Tänze, von Rausch und Erotik beherrscht, denen sich Bacchus, der Gott des Weines, mit seinem Gefolge hingibt. Während die Stadt schläft, wacht in ihr „der Rausch, die Qual, / Der Haß, der Geist, das Blut: das Leben wacht." Ähnlich wie die Natur in der Nacht, schläft auch die Stadt nur scheinbar, doch während die Natur nicht vom Menschen hervorgebracht wurde, ist die Stadt

Menschenwerk; deshalb enthält ihr Wachen die Präsenz des Humanen. In Venedig ist das menschliche Leben selbst bei Nacht im Wachzustand. Was heißt das? Das Leben wirkt auch dann, wenn man es nicht vermutet, fort, es beherrscht einen Ort, der scheinbar nur aus leblosem Stein besteht, und bleibt selbst dann gegenwärtig, wenn man es vergisst: „Das Leben, das lebendige, allmächtige – / Man kann es haben und doch sein vergessen! ..."

Im *Tod des Tizian* sind wir bei einer preisenden Rede auf das Leben angelangt; haben wir uns damit vom Thema des Textes endgültig entfernt? Jedenfalls ist hier ein ähnliches Paradox erreicht wie zuvor bei der Schilderung des ‚Lebens‘ der Nacht, als alles in eins verfloss: „In *eine* überstarke, schwere Pracht / Die Sinne stumm und Worte sinnlos macht." In gleichsam glühender Rede, die sogar dem hier verwendeten, oft als ‚Klappervers‘ gebrandmarkten Jambus einen harmonischen, schwebenden Rhythmus zu verleihen vermag (man bemerkt es, wenn man den Text laut liest), wird hier die Sinnlosigkeit der Worte, der Unsinn des Sprechens proklamiert. Die Wendung ist gewiss übertrieben, mit dem Fachwort: hyperbolisch (was wörtlich ‚überschießend‘ bedeutet). Doch was macht die Worte ‚sinnlos‘? Man muss die Wendung beim Wort nehmen. Wir wissen, dass Worte einen Sinn, eine Bedeutung haben, doch dieser Sinn wird in Gianinos Rede durch den Sprachklang gleichsam überdeckt, so dass beim Sprechen die alltägliche Bedeutung der Worte verschwimmt, mit Hofmannsthal: ‚verfließt‘. Wie die geschilderte Situation, ist auch die Begegnung mit diesem ‚nächtlichen‘ Text eine Synästhesie-Erfahrung, ist nicht einschichtig auf die Wortbedeutung gerichtet, sondern in mindestens demselben Maße auf den Klang der Sprache und auf eine nächtliche Bilderwelt, die sich der alltäglichen Sprache mit ihren abgenutzten Begriffen nicht erschließt.

Zur Schilderung dessen, was sich in jener Nacht ereignete, bedarf es besonderer Begriffe jenseits der Alltagssprache und deren Verwendung. Das noch nicht kommentierte Wort „Harmonien" („Und es erwachten schwere Harmonien") ist ein mehrschichtiger Begriff. Es bezeichnet zugleich die Entsprechung und Überlagerung von Klängen als ‚Wohlklang‘ *und* den Gedanken einer kosmischen Ordnung, wie sie in der alten Lehre des Pythagoras von der Sphärenharmonie angelegt war. Der Text steht auf diese

Weise in Übereinstimmung mit dem, was er darlegt, und ist selbst in ‚Harmonie' mit der Natur. Da diese besondere Qualität des Sprechens die normalen Funktionen der Sprache übersteigt, ihr einen Doppel-, Hinter- oder Nebensinn verleiht, ist sie geeignet, dem Worte zu verleihen, was sich der Sprache entzieht „und Worte sinnlos macht".

Bis hierher ist der Eindruck entstanden, wir hätten uns, auf dem Weg durch den Text Gianinos, vom Thema des Dramas und dessen ‚Dramatik' immer weiter entfernt. Von Tizian war gar nicht mehr die Rede, geschweige denn von seinem Tod. Der offensichtlich umherirrende Interpret ist scheinbar nicht klüger als zuvor. Doch eine Interpretation braucht Geduld und kann Voreiligkeit nicht vertragen. Die soeben analysierte Rede Gianinos steht im (sogar arithmetischen) Zentrum des Dramas und ist zudem der weitaus längste zusammenhängende Text, der noch dazu jener Person in den Mund gelegt wird, die im Personenverzeichnis eigens herausgehoben wurde. Die Zentralstellung ermöglicht es, diese Passage nun als eine Art Scharnier zu betrachten, um das sich die Texte des Anfangs und des Endes klappen oder drehen lassen – vielleicht, um bei der Malerei zu bleiben, wie die beiden Flügel eines Diptychons.

Die Eingangsszene zeigt die Schüler Tizians in einer Wartesituation: Sie warten, ungeduldig und verstört, auf Nachrichten von Tizian, eigentlich sogar schon auf die Nachricht von seinem Tode. In kurzen Dialogen, die rasch einander folgen, wird das Schreckliche evoziert; auf die Frage des Paris: „Nicht gut?" antwortet Gianino (Regieanweisung: *mit erstickter Stimme*): „Sehr schlecht", woraufhin Tizianello, der Sohn, in Tränen ausbricht. Der Dialog beginnt mit nicht vollständigen (‚elliptischen') Sätzen, die fortgesetzt werden: „Er darf uns länger, sagt er (sc. der Arzt) nicht verhehlen ..." Mit „Der Tizian sterben, der das Leben schafft!" folgt bald wieder ein elliptischer Satz, der durch ein Paradox eine Wende im Gespräch der Tizianschüler einleitet. Denn mit dem Gedanken, dass der Tod des lebenschaffenden Malers unvorstellbar sei, steht Desiderio ebenso im Widerspruch zu der Situation und ihren vermuteten Folgen wie Paris mit seiner Einlassung: „Nein, sterben, sterben kann der Meister nicht!" Diese Reden sind merkwürdig in mehrfacher Hinsicht. Auf die gleichsam abgerissene Redeweise in elliptischen Sätzen wurde schon hingewiesen; sie bewirkt zusammen mit der Schnelligkeit des Redewechsels (mit dem Fachwort: Stichomythie von gr. stichos = Zeile und mythos = Rede) den Eindruck höchster Erregung und Anspannung, die im weiteren erklärt, warum die Tizian-Schüler zu der wiederholten paradoxen Aussage gelangen, der Meister könne nicht sterben, denn er schaffe das Leben. Soll damit gesagt sein, dass mit dem Tode Tizians auch kein Leben mehr sei, da er es schaffe? Das wäre wohl überzogen, hyperbolisch. Oder ist mit Leben, mit Tod etwas anderes gemeint als eine natürliche, kreatürliche Wirklichkeit? Eigenartig ist auch, dass sich Tizian, wie berichtet wird, keineswegs verhält wie ein Sterbender, sondern dass er nach seiner Staffelei verlangt hat, fieberhaft an einem neuen Bild malt und seine alten Bilder zu sehen wünscht – „die alten, die erbärmlichen, die bleichen". Die bleichen? Tizian gilt als der Meister des Kolorits und gab sogar einer Farbe, dem ‚Tizianrot', seinen Namen: Und er sollte ‚bleiche' Bilder gemalt haben?

Wie lassen sich diese Beobachtungen erklären, und was ist ihr gemeinsamer Nenner? Im Drama befinden sich die verschiedenen Stimmen im Dialog; die Figuren sprechen miteinander im Wechselspiel. Doch von ‚Sprache' und gegenseitiger Verständigung kann hier kaum die Rede sein. Die Schüler, stockend, eilig, unvollständig redend, verfügen nicht über die Sprache, die, statt poetisch zu klingen, wie verstümmelt wirkt. Die heftige Erregung der Tizianschüler zeigt sich in der schnellen Folge des Dialoges, die ein Sprechen miteinander, ein Aufeinander-Eingehen, gar nicht ermöglicht. Und dies obwohl die Nachrichten von Tizians Befinden gar nicht auf dessen bevorstehenden Tod hinweisen. Der scheinbar moribunde Künstler ist in seinem hohen Alter ein Neuerer der Kunst: „Es komme ihm ein unerhört Verstehen, / Daß er bis jetzt ein matter Stümper war ..." Der große Tizian ein matter Stümper? Mit einigem Recht hält Antonio diese neue Entwicklung für das Ende: „Wie fürchterlich, dies letzte, wie unsäglich ... / Der Göttliche, der Meister, lallend, kläglich ..." In diesem ‚Lallen' Tizians und seiner Schüler – das eine berichtet, das andere auf der Bühne vollzogen – verfügt Gianino als einziger über die wohlgesetzte Rede. Er erinnert daran, dass Tizian schon vorher unverständlich gesprochen und den rätselhaften Satz geäußert hatte: „Es lebt der große Pan." Dieses Sprechen Tizians – wie auch jenes, von dem aktuell berichtet wird – scheint wiederum übertrieben, hyperbolisch zu sein, so dass man es am besten dem schwindenden Verstand und dem nahenden Tode zuschreibt. Nicht nur durch sein Verhalten, sondern auch durch seine Reden steht Tizian offenbar ganz im Gegensatz zu jener Situation, die seine Umwelt für das Herannahen des Todes hält – eines Todes, der sich, da Tizian das Leben schafft, eigentlich gar nicht ereignen kann. Dennoch sei erneut betont: Das Drama heißt *Der Tod des Tizian,* und es hat sich offenbar schon zu Beginn in eine ausweglose Situation, eine Aporie, hineinmanövriert. Wie soll sich ereignen, was gar nicht stattfinden *kann*? Ist deshalb das Drama, selbst eine Aporie, Fragment geblieben?

Das Fragmentarische des Stückes zeigt sich verstärkt am Ende, auf das nun ein Blick zu werfen ist. Im unmittelbaren Anschluss an die ‚Scharnier'-Rede Gianinos, in der dieser ein zweifaches Bild von Venedig entworfen hatte (einmal seiner üblichen Erscheinungsweise gemäß, sodann als ‚Bild' jener Nacht), wird die Stadt von Desiderio ein drittes Mal beschrieben und auf die unmittelbare Aktualität bezogen: „Siehst du die Stadt, wie jetzt sie drunten ruht?" Erneut werden Farben aufgezählt, wird das Lockende, Verlockende (wie Gianino gesagt hatte) genannt, doch mit einem anderen Ziel. Das Eigentliche der Stadt soll dabei hervortreten: ihre Dekadenz und ihr moralischer Verfall: „Und bei den Tieren wohnen dort die Tollen" – ein klarer Fall von Sodomie. Venedig, schon vorher in äußerer Entfernung situiert, rückt nun auch in eine innere Distanz, denn es ist bewohnt „(v)on Wesen, die die Schönheit nicht erkennen / Und ihre Welt mit unsren Worten nennen ..." Erneut ist – nachdem Tizian durch seine Aussprüche gegenwärtig war, nachdem Gianino die Sinnlosigkeit der Worte dargelegt hatte – von Worten die Rede; sollte auch das im Titel neben dem Namen zentrale Wort ‚Tod' in diese Problematisierung mit einbezogen sein? Gleiche Worte passen nicht auf verschiedene Welten; Venedigs ‚Wonne oder Pein' ist, bei gleichen Worten, von jener der Tizian-Schüler ganz verschieden. Deren besondere Befindlichkeit, die Tizian selbst durch die Entfernung seiner Villa von der Stadt und durch die Abgrenzung seines Gartens zum Ausdruck gebracht hatte, verlangt nach einer anderen

Sprache; sonst droht es nicht nur, zu Missverständnissen, sondern auch, schlimmer noch, zur Vermischung des qualitativ Verschiedenen zu kommen.

Doch wo lässt sich eine solche Sprache auffinden? Oder muss man sie *er*finden? Weder das eine noch das andere ist erforderlich, denn man braucht sie nicht einmal zu suchen; man findet sie im Text des Dramas selbst und in dessen Zentrum, der lyrisch dichten Rede Gianinos. Diese hatte unter außergewöhnlichen Bedingungen (das ist hier nicht zu wiederholen) und in Kontrast zu dem anfänglichen Gestammel der übrigen Tizian-Schüler eine Sprache geschaffen oder eher: entdeckt, die das Attribut ‚poetisch‘ verdient. Eine solche Sprache setzen die Schüler fort, nachdem ihnen die Besonderheit ihrer Lage (dies auch im rein topologischen Sinne, den Garten meinend, verstanden) zum Bewusstsein gekommen ist. Die „große Kunst des Hintergrundes" fördert die Schönheit des Dichterwortes zutage, wobei die „dunklen Worte toter Dichter" eine sowohl akustische als auch optische Qualität haben, und in der Folge setzt, konsequent, ein poetisches Sprechen der anderen Tizian-Schüler ein. Unmittelbarer Impuls hierfür sind die ‚alten‘ Bilder, die nun vorüber getragen werden, wobei sich die Schüler ehrerbietig erheben, wie beim Vorübergehen einer bedeutenden Persönlichkeit oder in dem Augenblick, da ein Sarg die Kirche verlässt: In gewisser Weise stehen die Bilder für ihren Schöpfer. Der dann einsetzende Hymnus der Schüler braucht nicht mehr in allen Einzelheiten betrachtet zu werden, denn seine Botschaft ist recht einhellig: Tizian hat aus der Natur „(e)in Menschliches gemacht, das wir verstehen": „Er hat den regungslosen Wald belebt", „(e)r hat den Wolken, die vorüberschweben, den wesenlosen, einen Sinn gegeben". Hofmannsthals eigene Wolkenstudie, das schon in anderem Zusammenhang interpretierte Gedicht, mag in Erinnerung kommen: Wäre auch dies die noch unklare „große Kunst des Hintergrundes", in der ein eigener Text die Folie bildet? Der Gedanke ist an anderer Stelle weiter zu verfolgen.

Das Stück endet mit einer wiederum hymnischen Rede Desiderios, nachdem die drei Mädchen, darunter die Tizian-Tochter Lavinia (die der ‚historische‘ Tizian oft auf seinen Bildern darstellte), das letzte Bild des Meisters, an dem er so fieberhaft malt, beschrieben haben: Es bildet Lisa mit einer Puppe in den Händen ab, die Pan darstellt, „(d)er das Geheimnis ist von allem Leben". Erneut wird, im Bild einer antiken Naturgottheit, des Hirtengottes Pan, das Leben evoziert. Doch lässt dieses Bild die Größe dessen erkennen, was jenen neuen ‚Stil', dem sich Tizian fieberhaft zuwendet, ausmacht? Eine Puppe? Was sie darstellen soll, ist kaum mit den Mitteln der Malerei zu verdeutlichen, sondern muss wohl in Sprache benannt werden: ein Bild, das zu seinem Verständnis einer Beschreibung (oder zumindest einer Benennung: „Pan als Puppe") bedarf. In diesem letzten Bild Tizians, das gleichsam auch das letzte Bild jenes tableauhaften Dramas darstellt, verbinden sich Malerei und Dichtung. Das Bild, noch nicht vollendet, gewinnt in Sprache Gegenwart und bedarf im weiteren zu seinem Verständnis des Kommentars – ein Verfahren, das an die Emblematik, die wechselseitige Erhellung von Dichtung und Malerei erinnert. Mit der Nennung und Darstellung Pans greift das Drama auf den eigenen Text zurück, denn was Pan bedeutet, war schon vorher gesagt worden: Wenn er lebt (wie Tizian ausrief), dann lebt das Leben. An diesem Punkt hat, so mag es scheinen, nicht die Lyrik des lyrischen Dramas ihren höchsten Grad erreicht, sondern die scheinbar sinnlose Wiederholung (mit dem Fachbegriff: Tautologie). Tizian spricht im Tod vom Leben, stellt sterbend das Leben dar, in einer Weise, die offenbar tautologisch die Lebendigkeit besonders betonen muss: „Indem er so dem Leben Leben gab".

Wenn an dieser Stelle der Computer, auf dem ich schreibe, eine Fehlermeldung gibt, hat er damit zugleich recht und unrecht. Die bloße Doppelung von ‚Leben' ergibt keinen Sinn, es sei denn, das ‚Leben' hätte im einen und anderen Fall eine jeweils verschiedene Bedeutung. ‚Leben' kann als physisch, aber auch als geistig-seelisch verstanden werden, als ‚Leben' der Natur und, metaphorisch, als Leben und Nachleben der Kunst. In eben diesem Sinne eines Lebens der Kunst *kann* Tizian nicht sterben – während er als Lebewesen sterben *muss*. Mit dem Begriff ‚Leben' ist zugleich die eigentliche, kreatürliche und die übertragene, künstlerische Bedeutung verbunden. ‚Leben' ist ebenso eigentlich verwendetes sprachliches Zeichen, wie es auch eine Metapher ist. Wenn Tizian auch heute noch ‚lebt', meint dies den Künstler und nicht den

Menschen, der allenfalls in seiner Kunst ‚weiterlebt'. Nachdem das Leben als Metapher entdeckt wurde, ist noch einmal an den Tod zu denken. Das Sterben kann sich kreatürlich und damit im eigentlichen Sinne vollziehen, es kann aber auch im übertragenen Sinne als Metapher verwendet werden: zum Beispiel kann durch eine bestimmte Erfahrung eine Illusion ‚sterben'. Wenn eingangs des Stückes Paris verzweifelt ausruft: „Nein, sterben, sterben kann der Meister nicht!" hat er damit, je nachdem, ob man ‚sterben' im eigentlichen oder uneigentlichen Sinne versteht, recht oder unrecht; am Ende des Dramas weiß man, dass die Wahl als Entweder-Oder den Sachverhalt gar nicht trifft, denn beides ist richtig – und nicht beides falsch, wie man anfangs meinte. Sterben und leben können gleichermaßen im eigentlichen wie im übertragenen Sinne verwendet werden: Diese Doppelbödigkeit zeigt sich im *Tod des Tizian*.

Die Frage nach dem fragmentarischen Charakter des Stückes, eingangs schon am Wort ‚Bruchstück' kurz angedeutet, lässt sich nun mit einiger Schlüssigkeit beantworten. Durch den Gang des Diskurses, durch die Dialoge der Schüler und die Reden Tizians hat sich der Tod nicht nur als relativ, sondern auch als metaphorisch erwiesen: Er steht, wie Pan, für jene Form erhöhter Vitalität, die sich in Tizians Schaffen gerade an seinem Ende Bahn bricht. Auch sind am Schluss die Schüler, die zunächst hilflos und stammelnd in bloßer Warteposition angetroffen wurden, zu seiner Nachfolge bereit und in der Lage: „Die aber wie der Meister sind, die gehen, / Und Schönheit wird und Sinn, wohin sie sehen." Am Ende und in diesen letzten Zeilen lebt Tizian fort. Wie soll dieser vertiefte und erweiterte Sinn des Wortes ‚Tod', das nun eigentlich Leben, Fortleben bedeutet, am Ende eines Dramas ins Werk gesetzt werden? Dieser Tod ist durch das Sterben auf der Bühne nicht darstellbar, denn dieses könnte sich nur kreatürlich, aber nicht metaphorisch ereignen: Der Tod ein Leben – und die Schüler an der Bahre Tizians? Eine groteske Idee. Unter dieser Fragestellung wird deutlich, dass der Verlauf des Textes sich vom faktischen Geschehen, so wie es auf die Bühne gestellt werden kann, weit entfernt hatte. Es geht auch schließlich weit weniger um Tizian, seine Schüler und die Malerei, als vielmehr um die Dichtung, deren Entdeckung als Einsicht in die Macht des Wortes. Selbst dann, wenn seine Ohnmacht betont wird, steht das Wort (im genannten, doppelbödigen Sinne) im Zentrum des Stückes und wird zu dessen eigentlichem Thema. Neben Tizian als Maler schiebt sich, selbstbewusst, der junge Hofmannsthal als Dichter; nicht der Tod des Tizian ist in letzter Instanz Gegenstand des Stückes, sondern die Erweckung des Dichters, der im Bilde Gianinos zu seiner Sprache findet. In der Entdeckung des lyrischen Sprechens als Ausdrucksmittel thematisiert das Drama sich selbst, reicht das Thema über das rein Stoffliche hinaus.

Ein letzter Blick soll nun dem Anfang gelten, dem Prolog, dessen merkwürdige Doppelexistenz zwischen Redeform und *dramatis persona* eingangs schon angedeutet worden war. Ein junger Page berichtet, das Stück, das man nun sehen werde, habe er selbst gelesen. Danach schildert er seine Begegnung mit dem Autor des Stückes, der in ihm den „Schauspieler (seiner) selbstgeschaffnen Träume" erkannt und ihn als „o mein Zwillingsbruder" tituliert habe. Später dann habe der Dichter ihm sein Stück geschenkt. Der Prolog selbst hatte sich auch gleichsam einen Doppelgänger geschaffen, den auf einem alten Bild dargestellten Infanten, der jung und blass ist und früh verstarb und den der Prolog, seine Haltung imitierend, nachstellt. Die Rede von einem Bild leitet das Drama über den Maler ein, das nun wiederum, wie der Page ausführt, ihm selbst ähnlich ist: „Vom jungen Ahnen hat es seine Farben". Die Übertragung von Farben auf ein Werk der Dichtung ist beim Thema dieses Dramas von besonderer Evidenz, eines Dramas, das „(m)it unerfahrnen Farben des Verlangens" das Leben ‚malt', so wie man sich vorher „in hellen Träumen" eine Sänfte ‚ausgemalt' hatte: Die Bilder, die Farben, das Malen bestimmen, im eigentlichen oder auch übertragenen Sinne, das Dichten sowie die Aktivität der Phantasie und des Traumes.

Nun hat, wie schon angedeutet, der Page als Prolog Textcharakter: Er *ist* selbst der Text, den er spricht, und zugleich einem Bild, dem Dichter und dem Text des Dramas insgesamt ähnlich. In dieser eigenartigen Gemengelage geschieht etwas, das auch dem Drama – um es vorsichtig zu sagen: – nicht fremd ist, die Vermischung des Verschiedenen, ja die Aufhebung der Gegensätze, wie sie sich am deutlichsten bei dem Unterschied von Tod und Leben darstellt. Dieser Prolog ist somit in gewisser Weise das ‚Bild' des Dramas, der Page dessen Verkörperung und sogar selbst ‚Text'. Ursache und Folge verlieren dabei ihre Abgrenzungen. Während normalerweise die Person der Ursprung eines Textes ist – so wie der Dichter der ‚Erzeuger' oder Schöpfer seiner Dichtung –, kommen hier Ursache und Folge zur Deckung. Im Personenverzeichnis, man erinnert sich, war neben dem Prolog eine weitere Figur, durch Jugend und Schönheit, hervorgehoben: Gianino. Auch er ist im Text ‚Ursprung' einer Rede, der längsten, die das Drama kennt. Wird damit analog wiederum ein Unterschied aufgehoben: Ist auch Gianino mit seinem Text identisch? Das mag zu weit gehen, jedenfalls aber verfügt dieser junge Mann über eine vielleicht unbewusste Einsicht in den eigenen Text, indem er an einer Stelle die Gewebemetapher verwendet, von der wir wissen, dass sie für den Text stehen kann: „Das rosenrote Tönen wie von Geigen, / *Gewoben* aus der Sehnsucht und dem Schweigen" (Hbg. A.C.-H.). Die erste Zeile des Zitats war schon als Synästhesie gekennzeichnet worden; durch das ‚Gewebe', den ‚Text', tritt nun auch die Sprache mit in den Kreis dessen, was sich in der Vermischung der Sinneseindrücke verbindet: Gianino ein Dichter?

Wenn im *Tod des Tizian* das Dichterische als etwas verstanden wird, das die Gegensätze als scheinbar erweist, muss auch Gianino, ähnlich dem Prolog / dem Pagen, als ein Dichter bezeichnet werden: Nicht nur deshalb, weil er den Text mit der höchsten poetischen Dichte hervorbringt, sondern auch, weil er selbst einen Gegensatz relativiert. Über Lisa, die auf Tizians letztem Bild Pan als Puppe in der Hand hält, wird in einer Regieanweisung gesagt, etwas an ihr erinnere ans Knabenhafte, wie bei Gianino etwas ans Mädchenhafte. In diesen für das Drama entscheidenden Figuren – Lisa, was das Bild anbelangt, Gianino im Hinblick auf den Text – verbinden sich Weibliches und Männliches. Was bedeutet das? Die griechische Antike kennt die Vorstellung vom Androgyn, einem männlich-weiblichen Mischwesen, das vor der Trennung der Geschlechter die Erde bevölkerte, bis die Götter dem ein Ende machten, weil diese androgynen Menschen hochmütig wurden – nachzulesen im Mythos vom Kugelmenschen in Platons *Symposion* (Gastmahl). Diese geschlechtliche Einheit erinnert bei Hofmannsthal nicht nur an ferne Vergangenheiten, sondern steht vor allem für jene Verbindung der Künste, die im *Tod des Tizian* nicht nur zum Thema, sondern auch zum Darstellungsprinzip wird – deshalb die Bilder, deshalb die Bilder (Metaphern) erzeugende Sprache, die in dieser Komprimiertheit und Konsequenz nur eine lyrische sein kann. Weil sie das Bild in sich einschließt, ist die poetische Sprache der stummen Malerei allemal überlegen. Indem die Kunst Tizians zum Wort findet, Zeitlichkeit und Dauer gewinnt (man denke an die Schichtungen der Erinnerung in der Rede Gianinos), kann der Tod als Ende aller irdischen Dinge gar nicht mehr das Thema sein. Er setzt einen Schlusspunkt, den das Drama lyrischen Sprechens gar nicht verträgt, denn es schreibt sich fort. Auch deshalb kann *Der Tod des Tizian* nicht zuende kommen, ist er – nicht zufällig, sondern notwendig – Fragment, Bruchstück.

Wenn man am Ende noch einmal auf den Anfang, den Prolog, das Lesen zurückblickt und sich die Ergebnisse der Analyse vor Augen hält, stellt sich unabhängig von der Frage der Fragmentarität auch die Frage nach der Aufführbarkeit des Dramas. Gewiss lässt sich vieles auf die Bühne bringen; doch wird es damit auch schon verständlich? Der Text von Hofmannsthals lyrischem Drama erschließt sich kaum dem reinen Hören, das zwar seine Musikalität, nicht aber seine Tiefen, seine ‚Hintergründe‘ zu erfassen vermag, und es kommt noch erschwerend hinzu, dass Hofmannsthal nicht nur ein eigenes, frühes Gedicht ‚verarbeitet‘ („Siehst du die Stadt"), sondern auch auf Gedichte von George und auf Mallarmés „Nachmittag eines Fauns" Bezug nimmt. Das ist Literatur in der Literatur, die Tiefenschicht eines Werkes, das nicht nur ein ‚Bruchstück‘, sondern auch ein Lesedrama ist. Ein letztes Beispiel mag dies verdeutlichen. In Gianinos Bericht der Nacht werden auch Bienen genannt, die, den Nektar der Granaten saugend, „(v)on nächtgem Duft und reifem Safte trunken" werden. Aus dem Nektar produzieren die Bienen den Honig, und dieser Vorgang wird im ‚Bienengleichnis‘ metaphorisch verstanden, indem der Künstler von diesem oder jenem seiner Vorgänger etwas übernimmt, daraus aber Eigenes schafft. Dieses Bienengleichnis ist bei Hofmannsthal nicht nur auf die fremden Quellen anwendbar – wie gesagt: George und Mallarmé hauptsächlich –, sondern auch auf den eigenen, früheren Text. Das Drama enthält an jenem entscheidenden Punkt, da es die Vergangenheit und die Erinnerung entdeckt, ein Selbstzitat. All das lässt sich nicht hören und nicht ‚spielen‘, es lässt sich nur lesen.

Fakultative Aufgabe:

Das lyrische Drama, wurde eingangs schon gesagt, ist eine eher selten vorkommende literarische Gattung; deswegen erschien es mir nicht angebracht, mit der Analyse des Textes auch Aufgaben zu verbinden. Wer sich aber vom Tod des Tizian oder der Gattung besonders angesprochen fühlt, kann, gleichsam außer Konkurrenz, in folgender Weise weiterarbeiten. Zunächst ist es hilfreich für das Verständnis des lyrischen Dramas als Gattung, die in diesem Drama spezifische Redeweise der Figuren genauer zu untersuchen: Welche verschiedenen ‚Diskurse‘ kennt der Text? (Die ‚Auflösung‘ finden Sie in dem entsprechenden Kapitel am Ende.) Im Weiteren mag es Sie interessieren, das berühmt gewordene Jugenddrama Der Tor und der Tod *näher zu betrachten, das ein sehr dankbares Beispiel für die weitere Beschäftigung mit dem lyrischen Drama angibt. Vielleicht haben Sie Lust und Gelegenheit, diesen Text mit dem* Tod des Tizian *als Folie zu lesen? Zwei weitere Schritte, die nun vom Leser in Eigeninitiative begonnen werden können, wären ebenfalls von einigem Nutzen: zunächst die wiederholende Rekonstruktion der einzelnen Analyseschritte nach dem Kriterien-Katalog, wie er am Ende des ‚Text‘-Kapitels aufgestellt wurde (die Auflösung steht ebenfalls im Anhang). Darüber hinaus mag, wer sich speziell für die Eigenart des lyrischen Dramas interessiert, gleichsam kontrastiv die Fassung von 1901 betrachten, die Hofmannsthal mit einem Schluss versah: Was ist dort gegenüber dem ‚Original‘ von 1892 verändert?*

Der *Tod des Tizian* ist so weit der Lyrik anverwandelt, dass sich die Analyse bestimmter Passagen ausnahm wie eine Gedichtinterpretation. Und doch wäre der Text als bloße Addition von Gedichten nur unzulänglich erfasst, denn das lyrische Sprechen Gianinos erscheint hier nicht als einfach gegeben. Vielmehr wird es in seiner Entstehung, seinem Vollzug und in seiner Übertragung auf die anderen Tizianschüler, das heißt: als Geschehen auf die Bühne gebracht. Gegenüber dem historischen Tod des Tizian, der als stoffliche Vorlage zwar aufgerufen, aber nicht als Thema ergriffen wird, vollzieht sich im Drama eine Verschiebung, die diesem Tod nun einen spezifischen Sinn gibt: Der Tod des Malers bedeutet die Erweckung des Dichters, das Ende der gemalten Bilder das Heraufkommen von Sprachbildern. So stellt das Drama nicht eigentlich eine konkrete Handlung auf die Bühne, sondern zeichnet den Prozess einer Einsicht nach. Dem physischen Tod des Künstlers steht das Fortleben seiner Werke entgegen, und diese inspirieren, gleichsam an ihre mediale Grenze getrieben, eine andere Kunst, die Literatur. Das sprachliche Kunstwerk verfügt gegenüber dem Werk der bildenden Kunst über eine Eigenart, die es jenem überlegen macht: Sie stellt nicht einfach Gegenstände oder Situationen dar, sondern ist durch das Kunstmittel der Metapher in der Lage, das Thematisierte auch gleich zu interpretieren und ihm damit gleichsam einen doppelten Boden zu verleihen. Diese Doppelbödigkeit wird an vielen Stellen des Dramas manifest: Der Prolog als Page ist hierauf ein erster Hinweis, die Beschreibung des letzten Bildes von Tizian ein letzter.

Während die Lyrik häufig ,Bild' ist, ist das Drama Handlung, freilich in dem Sinne, dass sie sich aus den Interaktionen der Figuren und aus deren Reden speist. Ein Drama hat viele Stimmen, die Lyrik nur eine. Wenn dieser Befund sich als tragfähig erweist, wird die nun folgende Dramenanalyse den Gesichtspunkt einer Handlung in vervielfachter Rede, einer Polyphonie, aufgreifen müssen.

2) Tragödie: *Elektra*

Nach dem *Tod des Tizian*, der nur sehr bedingt für die Bühne geeignet ist, wenden wir uns einem sozusagen ,richtigen' und reinen Bühnenwerk zu, der Tragödie *Elektra* von 1903. Es war schon bei der ,Vorstellung' Hofmannsthals betont worden, dass er sich zeitlebens zur Bühne hingezogen fühlte, weil er dort dem bloßen Wort, der esoterischen, nur für Eingeweihte bestimmten Rede entkommen und eine breitere Wirkung entfalten konnte. Seine *Elektra* aber, obgleich als sprachliches Drama entstanden, wurde, Ironie des Schicksals, als Musikdrama berühmt und eroberte sich, komponiert von Richard Strauss, die Opernbühnen der Welt. Die Uraufführung des Dramas fand 1903 in Berlin statt, die Oper wurde 1909 unter der Leitung des Komponisten an der Dresdner Semperoper aus der Taufe gehoben. Im Untertitel weist Hofmannsthal ausdrücklich darauf hin, dass seine einaktige Tragödie „frei nach Sophokles" entstand und damit auf eine antike stoffliche Vorlage zurückgeht.

Die Frage nach der Handlung der Tragödie ist relativ einfach zu beantworten, weil die Antwort schon durch den Stoff, den Atriden-Mythos um Agamemnon, Klytemnästra und Orest, vorgegeben ist. Elektra erwartet die Heimkehr des Bruders Orest, damit dieser den Mord an Agamemnon, dem Vater, räche: Klytemnästra, die Gattin, und deren Geliebter Ägisth hatten den aus Troja heimgekehrten Agamemnon im Bad erschlagen. Doch statt von der erhofften Ankunft des Bruders erfährt Elektra von dessen Tod und sucht nun die Schwester Chrysotemis für die Rachetat zu gewinnen. Als diese sich weigert, ist Elektra ohne Hoffnung. Orest jedoch hatte die Nachricht von seinem Tode als Vorwand benutzt, um sich dem Königspaar nähern und den Vater rächen zu können. Er vollbringt die Tat, ermordet die Königin und deren Buhlen. Dies jedoch ist nicht das Ende der Tragödie; vielmehr bricht Elektra am Schluss tot zusammen. Die letzte Szene zeigt die Schwester Chrysotemis, nach Orest rufend, bei der Leiche Elektras. Nach einem Moment der Stille fällt der Vorhang.

Elektra ist, das zeigt die kurze Inhaltsangabe, eine Rachetragödie. Am Ende ist der Mord an Agamemnon gesühnt, die legitime Ordnung im Königreich, das nun freilich keinen König mehr hat, wieder hergestellt. So weit trägt die tradierte, auf dem Mythos um Troja basierende Handlung. Warum Klytemnästra und Ägisth sterben müssen, folgt direkt aus der Geschichte: Sie haben eine Schandtat begangen, für die sie nun zur Rechenschaft gezogen werden und die sie mit ihrem Leben zu bezahlen haben. Doch warum stirbt auch Elektra? Diese Frage ist nur nach einer eingehenden Analyse des Stückes zu beantworten, bei der Elektra als Haupt- und Titelfigur im Zentrum stehen wird. Für den Aufbau der Analyseschritte ist schon jetzt zu sagen (und später zu begründen), dass er jeweils von der ersten zur letzten, von der zweiten zur vorletzten Szene (usw.) blenden wird, so dass am Ende eine Szene im Mittelpunkt steht. Welche das sein wird, ist schon jetzt eine spannende Frage.

Bald nach dem Tode Elektras kommt die Tragödie an ihr Ende; es folgen nur noch die Rufe der Schwester und die schon genannte Stille. Auch am Anfang des Dramas tritt Elektra nach kurzer Zeit auf, zieht sich zwar bald zurück, bleibt aber im Hintergrund und dürfte deshalb die Reden der Dienerinnen, in denen sie selbst das zentrale Thema ist, hören können. Abgesehen von diesen kurzen Zeiträumen ist Elektra während des ganzen Stückes auf der Bühne; sie allein spricht mit allen Hauptfiguren, allerdings immer nur im Zwiegespräch. Andere denkbare Konstellationen, etwa die Begegnung der Töchter mit der Mutter oder die Zusammenkunft der drei Geschwister, bleiben ungenutzt. Erst am Ende, als Elektra tot auf der Bühne liegt und die Schwester nach Orest ruft, wird in Sprache eine Begegnung der drei Geschwister vollzogen, die es vorher nicht gegeben hatte und die von ganz eigener Art ist: Nur Chrysotemis ist leibhaftig auf der Bühne, Elektra liegt als Leiche vor ihr, der Bruder wird herbeigerufen. So als sollte Elektra immer der wichtigste Part zukommen, als habe sie über das ganze Drama hinweg die Regie geführt, als liefen alle Fäden der Handlung bei ihr zusammen, als gäbe es keine anderen Personenkonstellationen außer mit ihr im Mittelpunkt, wird ihr jeweils nur ein Gesprächspartner zugestanden; das Faktum ist auffällig. Und eine weitere Besonderheit ist schon jetzt zu nennen: Der erste Auftritt Elektras nach jener schon genannten Szene mit den Dienerinnen besteht aus einem Monolog. Wäre die solcherart eingeführte Elektra als eine Figur der Einsamkeit angelegt, als ein Mensch, der nicht zum anderen finden will oder finden kann?

Die erste Szene, in der die Dienerinnen auftreten und über Elektra sprechen, gibt für die Antwort auf die gestellten Fragen erste Aufschlüsse. Dass eine Figur, eine Situation zu Beginn eines Dramas vorgestellt wird, ist nichts Ungewöhnliches; auch die Einführung einer Figur aus der Sicht eines Dieners kann Teil der Exposition (der Darstellung der Ausgangssituation) sein, so dass der Anfang der *Elektra* insoweit nicht überrascht. Als überraschend aber kann gelten, *was* über Elektra gesagt wird. Es ist die Stunde, da sie um den Vater „heult"; nach ihrem kurzen Auftritt, nach dem sie „wie ein Tier" in seinen Schlupfwinkel zurückspringt, wird gesagt, sie habe die Dienerinnen „(g)iftig wie eine wilde Katze" angesehen; erst unlängst habe sie gefaucht „wie eine Katze" und die Dienerinnen schreiend als „Schmeißfliegen", die sich auf ihre Wunden setzen, tituliert. Auch habe sie ihre Finger „wie Krallen" gegen sie gereckt und von einem Geier gesprochen, den sie in ihrem Leib nähre, die Dienerinnen schon vorher als „Hündinnen" beschimpft. Alle Äußerungen haben Tierisches zum Gegenstand, das auf Menschen übertragen wird. Offenbar umfasst der Bereich des Animalischen, zu dem auch das Heulen, Schreien und Fauchen gehört, sowohl Elektra als auch – in ihren Augen – die Dienerinnen. Die Schreie finden am Ende, bei der Ausführung der Sühnemorde, ihr schauriges Echo.

Die Königstochter wird zwar durch die Behandlung bei Hofe erniedrigt und gedemütigt, doch scheint sie die niedere Rolle, die ihr zugedacht ist, selbst eingenommen und verinnerlicht zu haben, um damit ein weiteres Motiv für ihre Rache zu gewinnen. Elektras Hass auf die Dienerinnen hat seine Ursache darin, dass diese das Leid der Königstochter nicht respektieren, sondern das Andenken an den ermordeten Vater dadurch auslöschen und vergessen machen wollen, dass sie das Blut von den Dielen waschen und die Schmach „in Winkel fegen". Das Blut ist nur in der Vorstellung Elektras noch vorhanden, und die Schande lässt sich mit dem Besen sicher nicht beseitigen: Elektras Rede ist bildhaft, metaphorisch – gedrängt um das Zentrum einer Bluttat, die nicht in Vergessenheit geraten darf; wer dieses Vergessen dennoch herbeiführt, verdient offenbar nicht, noch als Mensch zu gelten, sondern wird auf das Niveau von Tieren herabgewürdigt. In einem Vorgang der Übertragung erscheint einigen der Dienerinnen Elektra selbst wie ein Tier, obschon sie mit Worten zitiert wird, denen in ihrem biblisch klingenden, an die Zehn Gebote erinnernden Ton Animalisches gar nicht eignet:

> Ihr sollt das Süße nicht
> abweiden von der Qual. Ihr sollt nicht schmatzen
> nach meiner Krämpfe Schaum.

Und weiter: „Eßt Fettes und eßt Süßes / und kriecht zu Bett mit euren Männern". Sollte *Elektra* auch das Drama einer weiblichen Hauptfigur sein, die einen Hass auf Frauen entwickelt? „Und wenn sie uns mit unsern Kindern sieht", berichtet die Aufseherin, „so schreit sie: nichts kann so verflucht sein, nichts, / als Kinder,

die wir hündisch auf der Treppe / im Blute glitschend, hier in diesem Haus / empfangen und geboren haben." Das Haus, in dem
durch eine Frau der Mord geschah, ist lebensfeindlich und belegt
die hier auf einer blutbeschmierten Treppe gezeugten und gebo-
renen Kinder mit einem Fluch.

Aufgabe 5:
Wie lässt sich diese ‚Vorstellung' der Elektra zusammenfassend
charakterisieren, welches Bild ergibt sich von der Person? Was
folgt aus der Haltung der fünften Dienerin?

Das Drama setzt ein zu jener Stunde, in der Elektra, wie die Dienerinnen zu berichten wissen, alle Tage um den toten Vater trau-
ert und dabei „heult, / dass alle Wände schallen." Zu dieser
Abendzeit hält sie auf der Bühne ihren Monolog, der mit den
Worten „Allein! Weh, ganz allein" beginnt und eine Rede der Einsamkeit, aus der Einsamkeit heraus, darstellt. Der Monolog, dem
Worte nach die Rede *einer* Person, hat die Einsamkeit zum Inhalt,
versucht sie aber zugleich zu überwinden. Er ist gleichwohl An-
rede, bezieht er sich doch auf den toten Vater, den Elektra zu erscheinen beschwört: „laß mich heut nicht allein!" Aus der Erinnerung an den Ermordeten ersteht auch, nacherzählt, die
Geschichte dieses Verbrechens – mit der dramaturgischen Funktion, sie dem Zuschauer nachzuliefern, dabei aber auch das eigene Rachebedürfnis zu begründen. Das blutige Bild der Tötung
Agamemnons enthält einen doppelten Hinweis auf das Auge:
„dein Auge / das starre, offne, sah herein ins Haus." „So kommst
du wieder, setztest Fuß vor Fuß / und stehst auf einmal da, die
beiden Augen / weit offen". Das Auge, das nichts mehr sieht, ist
gegen das Haus gewendet, und dorthin, hofft Elektra, werde Agamemnon, mit einer offenen Wunde am Kopf, aus der „ein könig-
licher Reif von Purpur" sich speist, zurückkehren: die Hoffnung
gewinnt visionären Charakter, und der Gedanke an das Blut des
Königs führt zu einer weiteren Vorstellung, einer Vision der blutigen Rache:

> Vater! Dein Tag wird kommen! Von den Sternen
> stürzt alle Zeit herab, so wird das Blut
> aus hundert Kehlen stürzen auf dein Grab.

Die antike Hekatombe, das Blutopfer von hundert Tieren („Von den Sternen / stürzt alle Zeit herab, so wird das Blut / aus *hundert Kehlen* stürzen auf das Grab" [Hbg. A.C.-H.]), bildet das Vorbild für jene Vision, in der, wie im Rausch, der Tod von Menschen, Pferden und Hunden herbeigewünscht wird: „wir schlachten dir die Rosse", „wir schlachten dir die Hunde"; aller Blut muss hinab in Agamemnons Grab, und vom Dunst des Blutes entstehen „Purpurzelte". Doch diese Vision der Gewalt wird noch überboten: „dann tanzen wir, dein Blut, rings um dein Grab." Schon vorher waren in demselben Sinne „dein Blut, dein Sohn Orest und deine Töchter" beschworen worden, Kindschaft und Blut zusammenschließend. Elektra selbst werde „über Leichen hin" „das Knie hochheben Schritt für Schritt". Das Blutopfer der Hundert wird für Elektra zum „Prunkfest" für einen großen König, „und glücklich ist, / wer Kinder hat, die um sein hohes Grab / so königliche Siegestänze tanzen!" Zwei Beobachtungen verdienen festgehalten und weitergedacht zu werden. Die Beschwörung des Tanzes wird am Ende teilweise Wirklichkeit, wenn, nachdem die Morde vollzogen sind, Elektra die anderen zu tanzen und zu schweigen auffordert. Schweigen und tanzen sind ihre letzten Worte, bevor sie tot zusammenbricht: „Wer glücklich ist wie wir, dem ziemt nur eins: / schweigen und tanzen." Das Drama endet, wie wir wissen, mit der Regieanweisung „Stille" – der Tanz und das Schweigen sind am Ende realisiert. Hätte das Drama, das mit dem Wort Stille endet, in einer besonderen Weise mit diesem Wort zu tun? Die Frage ist absichtlich sehr allgemein formuliert und wird erst durch die weiteren Analysen zu beantworten sein.

So freilich, wie es das Ende des Dramas in Szene setzt, hatte sich Elektra die Rache wohl nicht vorgestellt: In ihrer Vision eines Tanzes gleichsam ‚über Leichen' hatte der Tod die anderen ereilt, die Kinder Agamemnons aber feierten ein Freudenfest. Nun aber bleibt sie beim Tanzen allein und tanzt sich, wenn man es so sagen kann, in den Tod; „ein namenloser Tanz", vermerkt die Regieanweisung – in einer Haltung „angespanntesten Triumphes". Eine Vision, so hatten wir gesagt, entfaltete Elektra im konkret ausgestalteten Bild der Hekatombe; eine akustische Halluzination, eine Musik, die aus ihr selbst kommt und sie gleichsam zu einem klingenden Instrument macht, begleitet jetzt diesen letzten

Tanz. In der Verbindung von Tanz und Tod entsteht die – nicht antike, sondern christlich geprägte – Vorstellung vom Totentanz: Der Tod, zumeist mit einer Geige dargestellt, holt den Menschen im Reigen. Nicht der Tanz des Triumphes ereignet sich, an dem alle Geschwister teilhaben, sondern der einsame Tanz der Elektra, der, nach eigener Musik, direkt in den Tod führt. Dieses Ende weicht von der Vorlage des Sophokles ab; die sterbende Elektra am Ende des Dramas ist eine Zutat Hofmannsthals, nach deren Grund schon einmal gefragt wurde; doch auch jetzt muss die Antwort noch hinausgeschoben werden.

Wir haben bisher, was methodisch überraschen mag, den Anfang und das Ende der Tragödie genauer betrachtet; wäre es nicht sinnvoller gewesen, dem Gang des Textes vom Anfang bis zum Ende zu folgen? Ein solches Vorgehen ist nicht ausgeschlossen, doch trägt die andere Methode einer Besonderheit dieser Tragödie Rechung: Sie hat weder Akt- noch Szeneneinteilung und versagt sich insofern dem normalen äußeren Aufbau eines Dramas. Ohne Zäsuren läuft ein ‚Fließtext‘ ab, dessen verschiedene Momente allesamt miteinander kombiniert werden können – ungeachtet der sonst üblichen Einschnitte und Abschnitte. Nie außer am Ende schließt sich der Vorhang, und Elektra ist, von wenigen Momenten am Anfang abgesehen, über die ganze Dauer des Stückes auf der Bühne. Ein sehr subtiles Geflecht von Verweisungen bestimmt den Text und eröffnet damit die Möglichkeit, ihn auch anders zu lesen als in seinem unmittelbaren Verlauf, zumal sich die Analogie des Tanzes zwischen imaginärem Siegestanz zu Anfang und tatsächlichem Totentanz am Ende förmlich aufdrängt. Folgen wir also den Tanzschritten.

Was ereignet sich zwischen Anfang und Ende des Dramas? Die Frage gilt nicht der unmittelbaren, faktischen Handlung, die man kennt, sondern dem, was durch diese Handlung bezeichnet und be-deutet wird. Zwei möglicherweise tragende Gesichtspunkte für die weitere Analyse hatten sich aus der Betrachtung des Anfangs ergeben: die Vorstellung von der ‚tierischen‘ Natur der Elektra, die Akzentuierung der Augen des Agamemnon. Diese letzte, zugleich optische und psychologische Komponente wird am Ende wieder aufgenommen, als Elektra, Ägisth über den wahren Sachverhalt belügend, diesem bis zur Tür leuchtet und ihn dabei „wie in einem unheimlichen Tanz" umkreist – ein Mittel der Täuschung, denn im Haus erwartet ihn, durch das Dunkel schon angekündigt, der Tod, den er schreiend erleidet: „hört mich denn niemand?" Darauf Elektra: „Agamemnon hört dich!" Die Schreie des Anfangs klingen wider, und im Tod, den alle Lebewesen miteinander teilen, kommt deren Kreatürlichkeit zu einem Ausdruck, der die bloße Sprache übersteigt. So schreit, während Elektra allein auf der Bühne ist, Klytemnästra in Todesangst, worauf Elektra ihrerseits „wie ein Dämon" schreit: „Triff noch einmal!" Im Durchgang durch das Drama ergeben sich immer neue Züge der Elektra, die es sozusagen zu sammeln gilt. Als Dämon, als Mänade bezeichnet (Mänaden, die ‚Rasenden', nannte man die Verehrerinnen des Dionysos / Bacchus), hat sie das für die Antike so bedeutsame menschliche Maß überschritten, wie sie ja auch schon vorher auf die niedere Ebene eines Tieres hinabgeglitten war. Wäre Elektra eine Figur der Extreme oberhalb und unterhalb des Menschlichen, die eben deshalb das Humane verfehlt?

Bei der optischen Komponente des Dramas hatten wir innegehalten; diese Beobachtung, die Augen, das Licht, die Blicke betreffend, gilt es nun wieder aufzunehmen. Zwischen Wahrnehmung der Wirklichkeit und dem inneren Erblicken einer Vision schwankt die Spannbreite des Blickens. Vor allem die Szene der Wiederbegegnung zwischen Orest und Elektra ist vom Schauen beherrscht.

Aufgabe 6:
Bitte ‚sammeln' Sie, bevor Sie weiterlesen, die Stellen, an denen in der genannten Szene von Augen / Anschauen die Rede ist, und stellen Sie deren Bedeutungsdimensionen heraus!

Während der herausgeschriene Name des Bruders die Gefahr heraufbeschwört, dass man ihn hört und sich vor der geplanten Tat gewarnt weiß, ist der stumme Blick von solchen Gefahren frei: „O laß deine Augen / mich sehen!" Doch damit ist nicht schon das Blicken harmlos; im Gegenteil: Elektra habe, so sagt sie, alles gesehen, alles sehen müssen. Sie konnte gleichsam den Blick von dem verbrecherischen Tun ihrer Mutter nicht abwenden. Der zu Tötenden, der eigenen Mutter, in die Augen schauen zu müssen ist für Orest das Bitterste an seinem Racheauftrag. Doch solle er, so Elektra, sie selber anschauen und sehen, was die Mutter aus ihr machte. Beim Mord an Agamemnon habe Klytemnästra ihm ein Tuch über den Kopf geworfen und den somit Blick- und Augenlosen erschlagen. Die Blicke der Geschwister, die Aussicht auch, der Mutter in die Augen schauen zu müssen, ersetzen dem in einem weiteren Sinne ‚geblendeten‘ Opfer die Augen: Was er im Tode nicht hatte, die Möglichkeit, den Mörder zu sehen, wird nun den Geschwistern vielfach zuteil; sie üben quasi das Blicken ein, um den Augenblick der Rache überstehen zu können. Elektras Blick, den die Mörder nicht aushalten, ist ein wissender, einer, der die Tat nicht vergessen kann und stumm nach Rache verlangt. Die Augen als Spiegel der Seele vermitteln eine Botschaft; sie sind nicht bloße Körperteile, sondern Ausdrucksmittel der Psyche. Vor dem Mord dem Opfer in die Augen schauen zu müssen bedeutet, in ihm nicht nur den zu tötenden Leib, sondern auch das Menschliche, Seelische zu sehen.

Elektra scheint, wie schon mehrfach vermutet wurde und aus ihrem Monolog des Anfangs erhellte, eine einsame Figur zu sein. Bevor Orest auftaucht – und wir gehen jetzt in dieser Szene ‚zurück‘ –, tut Elektra den Ausspruch: „Nun denn allein!" und beginnt, „lautlos wie ein Tier", für ihre Rachetat das Beil auszugraben, mit dem Agamemnon erschlagen worden war. Nicht wissend, dass sie ihren Bruder vor sich hat, redet sie ihn an: „Was willst du, fremder Mensch?" und vermutet, dass dieser vielleicht ihre Sprache nicht versteht. Ohne dass Orest etwas gesagt oder gefragt hätte, erklärt sie dem ‚Fremden‘, sie grabe etwas aus; nicht ein Kind, das sie vorher verscharrt habe, denn sie habe kein Leben geschenkt: „Wenn der Leib der Erde / einmal aus meinen Händen was empfängt, / so ists woraus ich kam, nicht was aus mir kam." Dem Zuhörer, der nicht ahnt, dass er seine Schwester Elektra vor sich hat, muss diese Rede fremd bleiben. Elektra gibt Rätsel auf wie die Sphinx und redet prophetisch wie Kassandra: „(...) kaum wirst du aus dem Licht sein, / so werd ichs haben und es herzen / und es küssen, so wie wenns mein lieber Bruder / und auch mein lieber Sohn in einem wäre." Bezogen auf das Beil ist die Rede dunkel, bezogen auf die Situation, die soeben beide Geschwister, freilich ohne deren Wissen, zusammengeführt hatte, handelt es sich um eine visionäre Botschaft, eine unbewusste Prophezeiung jener Rachetat, die der Bruder ausführen wird.

Die Rede Elektras – auf die Frage Orests hin: „bist du denn ganz allein?" – wird sogar noch dunkler und einem Fremden, den sie in Orest vermuten muss, noch unverständlicher:

> Ich bin nicht Mutter, habe keine Mutter,
> bin kein Geschwister, habe kein Geschwister,
> lieg vor der Tür und bin doch nicht der Wachhund,
> ich red und stehe doch nicht Rede, lebe
> und lebe nicht, hab langes Haar und fühle
> doch nichts von dem, was Weiber, heißt es, fühlen:
> kurz, bitte geh und laß mich! laß mich! laß mich!

Was sich in dieser Selbstaussage kundtut, ist eine problematisierte Identität. Die Einsamkeit der Figur zeigt sich zunächst daran, dass sie keine Familienbande habe oder genauer: dass sie sie leugnet. Was in nicht verneinter Form geäußert wird (ich lebe, ich rede usw.), erfährt sofort darauf eine Negation, so dass die positiven Aussagen nur einen Anschein, nicht aber das Wesen der Elektra zum Ausdruck bringen. Die Rede ist falsch und zutreffend zugleich, und diese Ambivalenz bestimmt auch im Weiteren die Begegnung der Geschwister so lange, bis sie einander erkannt haben. Wenn Orest seiner (noch nicht als solche erkannten) Schwester sagt: „Laß den Orest", gewinnt diese Aussage angesichts des Wissens der Zuschauer den Charakter einer doppeldeutigen, ambivalenten, ja widersprüchlichen Rede: Elektra soll ihn lassen und kann es nicht, da er vor ihr steht. Es ist das schon aus vielen Szenen vorher bekannte ‚Blut', das zur Identifizierung Elektras führt: „du / muß (sic!) ein verwandtes Blut zu denen sein, / die starben, Agamemnon und Orest." Darauf Elektra: „Verwandt? Ich bin dies Blut!" Bis freilich Elektra in dem Fremden ihren Bruder erkennt, bedarf es noch einer Weile. Auslösend für diese Einsicht ist eine wiederum dunkle Rede, diesmal aus dem Munde des Orest:

> Bei meines Vaters Leichnam! dazu kam
> das Kind ins Haus, damit noch diese Nacht
> die sterben, welche sterben sollen –

Elektra kann sich über diese Worte nur wundern, der Leser / Zuschauer aber versteht sie. Als dann noch der „alte finstre Diener" Orest zu Füßen fällt, ist die Wiedererkennung fast vollzogen, doch muss Orest Elektra noch als „meine Schwester" anreden, bevor sie versteht und in jenen Schrei: „Orest!" ausbricht, der, wird er im Hause gehört, die Tat vereiteln muss.

Die Wiedererkennungsszene zwischen Orest und Elektra, wiederum (nach der Begegnung zwischen Elektra und ihrer Mutter) eine Schlüsselszene des Dramas, ist mit diesen Analyseschritten noch nicht erschöpft. Ohnehin werden wir auf die Beobachtungen, die sich im bisherigen Durchgang durch den Text – in gewisser Weise ein ‚Krebsgang' – erschlossen haben, noch zurückkommen müssen, denn die schon genannten motivischen Verknüpfungen zwischen den verschiedenen Szenen bedürfen noch, vor dem Hintergrund unserer ‚Schulung' an der Lyrik und am lyrischen Drama, der genaueren Betrachtung und, nach der syntagmatischen, der paradigmatischen Analyse.

Wenn nun die Szene zu betrachten ist, die Elektra und ihre Schwester Chrysotemis zusammenführt, muss dabei der früheren Bemerkung Elektras gedacht werden, Zeugung und Geburt betreffend. Nach der ersten Szene hatte sich der Eindruck ergeben, Elektra sehe, aus irgendeinem, noch näher zu bestimmenden Grund, das Weibliche als problematisch an. Es ist nicht ihre Abstammung von Agamemnon, die belastet ist – im Gegenteil versteht sie sich, in der Vision des Tanzes über seinem Grab, ausdrücklich als sein Kind –, sondern offenbar eher die Beziehung zur Mutter.

In diese Fragestellung ist auch die Schwester einbezogen, deren dramaturgische Funktion vor allem darin besteht, die Rachetat zu verhindern und dadurch die Handlung zu verlangsamen, zu ‚retardieren'. Chrysotemis vermag die Rachehaltung der Elektra nicht einzusehen und weigert sich auch, ihr bei der Ausführung der Mordtat beizustehen. Die Figur der Chrysotemis ist der Hauptperson Elektra dramaturgisch entgegengerichtet und steht zu ihr in Opposition. Aus dieser Gegenüberstellung werden weitere Charakterzüge und Handlungsmotivationen Elektras abgeleitet, so dass die Szene, welche die beiden Schwestern zusammenführt, genauere Betrachtung verdient. Nachdem Chrysotemis die Schwester leise beim Namen gerufen hatte (man erinnert sich, dass sie am Ende zweimal Orest bei seinem Namen ruft), erwidert Elektra unvermittelt: „Ah, das Gesicht!", wohl noch in Gedanken in der vorigen Szene und bei ihrer Erinnerung an den Vater, dessen „Angesicht" sie sehen wollte. Durch das Erscheinen der Schwester fährt Elektra zusammen, sagt die Regieanweisung, „wie der Nachtwandler, der seinen Namen rufen hört." Die Erinnerung an den Vater, in der vorherigen Szene beschworen, setzt sich auch als Thema dieser Begegnung der beiden Schwestern fort. Als Chrysotemis im Gespräch abwehrend die Hände hebt, sieht sich Elektra an die Abwehrhaltung des Vaters vor seinem Tod erinnert. Doch die Botschaft der Schwester und damit die dramaturgische Funktion dieser Szene betrifft das weitere Schicksal Elektras. Sie habe, sagt Chrysotemis, an der Tür ein Gespräch belauscht, in dem Klytemnästra und Ägisth beschlossen, Elektra in einen Turm zu sperren. Diese Nachricht, auf die Elektra mit Gelächter reagiert, ist wiederum Auslöser für eine Erinnerung:

> Mach keine Türen auf in diesem Haus!
> Gepreßter Atem, pfui! Und Röcheln von Erwürgten,
> Nichts andres gibts in diesen Kammern.

Chrysotemis widersetzt sich dem Ansinnen der Schwester, sie solle auf dem Boden sitzen (wie ein Tier) und den Mördern den Tod herbeiwünschen, und schildert auf drastische Weise, dass sie keine Ruhe findet und vor Angst wie versteinert ist; ein impliziter Hinweis auf den Tod, den sie in dieser Existenz schon fühlt. Der Appell an die Schwester, Erbarmen zu haben, verhallt ungehört. Nur durch Elektras Schuld, die von ihrem Hass nicht lassen kann, sei sie eingekerkert, obwohl sie leben wolle und Kinder gebären. Die kurzen Einwürfe Elektras zwischen den langen Ausführungen der Schwester lassen, noch bevor es um Inhalte geht, auf wenig Verständnis schließen, hatte doch Elektra sie schon vorher angesprochen: „Was willst du, Tochter meiner Mutter?" Diese umständliche Wendung – statt des einfachen Wortes ‚Schwester' – verheißt nichts Gutes, und in der Tat führt die Begegnung der Schwestern zu einer Konfrontation. Doch welche Positionen geraten in Widerspruch? Wie die Eingangsszene der Dienerinnen schon vermuten ließ, steht Elektra im Widerspruch zu jener krea-

türlichen Weiblichkeit, die mit Sexualität und Mutterschaft verbunden ist. „Viel lieber tot", sagt Chrysotemis, „als leben und
nicht leben"; eben dies fühlt sie in ihrer Situation, die von Elektras Hass verschuldet ist. Sie aber stellt sich gegen die Schwester:
„Nein, ich bin / ein Weib und will ein Weiberschicksal." Hierbei
erinnert sich Elektra, die auf den Wunsch der Schwester gar nicht
antwortet, wiederum an den Mord:

Pfui,

die's denkt, pfui, die's mit Namen nennt! Die Höhle
zu sein, drin nach dem Mord dem Mörder wohl ist;
Das Tier zu spielen, das dem schlimmern Tier
Ergetzung bietet.

Erneut wird ein Motiv aus der ersten Szene verwendet, das Tierische, das nun auf die Beziehung der Mutter zu ihrem Geliebten
Anwendung findet. Der Hinweis auf diese Verwandtschaft erlangt
noch größeres Gewicht, als Chrysotemis darüber klagt, sie könne
sich nicht erinnern, ihr Leben rinne an ihr vorbei, und diese Kla-
ge mit den Worten einleitet: „Kannst du nicht vergessen?" Elektras Reaktion ist heftig: „Vergessen? Was! Bin ich ein Tier? Vergessen?" Die Erinnerung wird als das Menschliche gegenüber dem
Tierischen verstanden und erlangt insofern eine ethische Qualität: Sie unterscheidet das Bewusstsein des Menschen vom dumpfen Vergessen der Tiere. Chrysotemis hingegen verweigert sich
dem Erinnern, denn „(d)as Fürchterliche ist nicht für das Herz /
des Menschen!", und fasst das Menschliche offenbar als das Naturhafte auf – ganz im Sinne ihres Lebensentwurfs als Frau und
Mutter. Ihr Mittel gegen das Verbrechen ist die Flucht, ihre Handlung der Abwehr eine gleichsam rituelle Waschung, damit ihre
Augen nicht erschrecken, wenn sie der Mutter in die Augen sieht.
Chrysotemis ist die Tochter ihrer Mutter, wie Elektra die Tochter
ihres Vaters ist. Beide bringen sich, jede auf ihre Weise, um einen
Elternteil, und man ahnt, dass die Konfrontation sich noch verschärfen wird, wenn die nächste Szene Klytemnästra und Elektra zusammenführt. Elektra, die nicht vergessen kann, hatte sich
schon bei der Erinnerungsszene an den Tod ihres Vaters als fähig
erwiesen, eindringliche Visionen zu entfalten. Im Gespräch mit
der Schwester gewinnt in den Reden Elektras das Furchtbare

auch sprachliche Form. Über das Geschehene hinaus bleibt das Schreckliche in der Sprache gegenwärtig, wird sogar noch durch höhnische Einlassungen Elektras verstärkt: „Wenn es an Leichen mangelt, / darauf zu schlafen, müssen sie doch morden!" Dies alles sei vorbei, meint Chrysotemis, doch Elektra erwidert:

> Vorbei? Da drinnen gehts aufs neue los!
> Meinst du, ich kenn den Laut nicht, wie sie Leichen
> herab die Treppe schleifen, wie sie flüstern
> und Tücher voller Blut auswinden.

Das Visionäre aus der Rache-Szene des Anfangs wird durch die Geräusche, denen wiederum Erinnerungsfunktion zukommt, halluzinatorisch ergänzt. Das Bild vom Tanz auf dem Grab und über den Körpern der Erschlagenen findet in dieser Szene eine akustische Entsprechung, eine düstere Halluzination, die in der Vorstellung von blutigen Tüchern auf die Szene des Anfangs, in der ebenfalls Blut weggespült wird, zurückverweist. Auch dort war das Blut nur ein Bild; sollte es im Drama auch darum gehen, das Blut, als zu vergießendes und vergossenes, real werden zu lassen?

Als Chrysotemis vom Traum der Mutter erzählt, die Orest wiederkehren sah, entwickelt Elektra wiederum eine aus akustischen und optischen Elementen gemischte Vision; sie sei wegen der Schrecken, die sie entfaltet, und wegen der Kraft ihrer das Geschehen heraufbeschwörenden Sprache ausführlich zitiert:

> Ich liege
> und hör die Schritte dessen, der sie sucht.
> Ich hör ihn durch die Zimmer gehen, ich hör ihn
> den Vorhang von dem Bette heben: schreiend
> entspringt sie, aber er ist hinterdrein:
> Hinab die Treppen durch Gewölbe geht die Jagd.
> Es ist viel finsterer als Nacht, viel stiller
> und finstrer als im Grab, sie keucht und taumelt
> im Dunkel hin, doch er ist hinterdrein:
> die Fackel schwingt er links und rechts das Beil.
> Und ich bin wie ein Hund an ihrer Ferse.

Klytemnästra wird hier erstmals eine längere Passage gewidmet, welche die Königin als Verfolgte und Gejagte darstellt: wie ein

(Jagd-)Hund heftet sich Elektra an die Ferse der Flüchtenden. In dieser Vision eines Traumes, der aus Elektras Brust entspringt (und somit Klytemnästra nur imaginär zugeschrieben wird), geschieht schließlich, nach der wilden Hetzjagd, vor den Augen des Vaters der Sühnemord an der Mutter; „da sitzt der Vater", als stummer Zeuge, von dem im Dunkeln die Gestalt und das Weiße seiner Augen bemerkbar sind. Auch dieses Bild der Rache kann auf deren Ursprung, den Mord am Vater, nicht verzichten. Wie eine manische Idee, die sich zu Bildern verdichtet, bestimmt Agamemnon allgegenwärtig das Denken, die Wünsche und die Vorstellungen Elektras. Selbst vor dem Gespräch mit der Mutter ist sein Bild präsent, ja man mag sogar vermuten, dass Elektra deshalb „eine Lust" hat, mit ihrer Mutter zu reden, „wie noch nie": Wird es in diesem Gespräch um etwas Anderes gehen können als um den Vater?

Der Gang unserer Analyse, die immer eine Szene des Anfangs mit der entsprechenden des Endes in Beziehung setzt, mag um der Klarheit willen durch ein Schema verdeutlicht werden:

Szenenaufbau *Elektra*

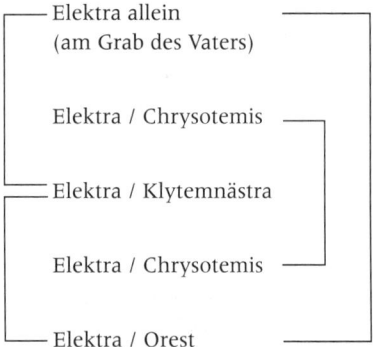

Elektra allein
(am Grab des Vaters)

Elektra / Chrysotemis

Elektra / Klytemnästra

Elektra / Chrysotemis

Elektra / Orest

Das weitere Vorgehen verlangt zunächst die Betrachtung der zweiten Begegnung zwischen Elektra und Chrysotemis, bevor die Szene zwischen Klytemnästra und Elektra in den Blick rückt. Diese Szene ist dramaturgisch zentral, denn hier erfährt die Königin, dass Orest tot sei; nicht von Klytemnästra, sondern von Chrysotemis wird Elektra die Nachricht überbracht, und die neuerliche Begegnung der beiden Schwestern steht im Zeichen dieser Botschaft. Wie eine Prophetin reagiert Elektra: „Niemand weiß es." Und: „Es ist nicht wahr! Ich sag dir doch! Ich sag dir, / es ist nicht wahr!" In diesem Moment fällt es leicht, den Unglauben Elektras auf die Überraschung und die Enttäuschung zurückzuführen, die eine solche Nachricht auslöst. Und doch: In Kenntnis der weiteren Handlung hat die Reaktion prophetische Bedeutung, und die vierfache Wiederholung ‚es ist nicht wahr' erlangt beschwörerische Kraft. Dennoch kehrt Elektra bald zu den (vermeintlichen) Tatsachen zurück und versteht die Nachricht im Sinne ihrer manischen Fixiertheit auf den Rachegedanken. Da Orest die Tat nun nicht mehr ausführen kann, liegt sie, wie Elektra nicht müde wird zu betonen, in den Händen der Schwestern: „Nun muß es hier von uns geschehn." „Wir! / Wir beide müssens tun"; „Nun müssen du und ich / hingehen und das Weib und ihren Mann erschlagen." Auf diese letzte Einlassung Elektras erwidert Chrysotemis: „Schwester, sprichst du von der Mutter?" Die ungläubige Frage ist angebracht, denn die Formulierung „das Weib" sieht von der Verwandtschaft völlig ab; für Elektra ist diese Frau nicht ihre Mutter, sondern eben nur ein „Weib".

Als es um die Planung des Mordes geht, setzt eine schnelle Wechselrede (eine Stichomythie) ein, welche die beiden Schwestern erneut als gegensätzlich erscheinen lässt. Elektra plant die Tat, Chrysotemis fürchtet sich vor ihr: „Du bist wie außer dir." Diese Formulierung ist für die Charakteristik Elektras, die wir bei unseren Analysen als Frage gleichsam mittragen, von höchster Bedeutung, ebenso wie die ähnliche Aussage: „Kämst du zu dir, den Wahnsinn einzusehen." Doch darüber später mehr. Für den Augenblick ist so viel deutlich, dass Elektra Chrysotemis für die Rachetat zu gewinnen versucht, aber Chrysotemis sich der Schwester entzieht. Das letzte Wort dieser Szene, von Elektra an Chrysotemis gerichtet, nimmt den Anfang mit seiner Wiederholung von ‚ich sage' wieder auf: „Sei verflucht!" Sollte dem Sprechen, dem Wort, eine besondere Bedeutung beizumessen sein? Die Worte, die Elektra an die Schwester richtet, um diese für den Racheplan zu gewinnen, sind ein Meisterstück der Rhetorik und von höchster beschwörerischer Kraft. Dass sie nichts nützen, weiß man, denn Elektra findet sich am Ende allein wieder; ihr „Nun denn allein!" ist doppelsinnig. Allein ist sie auf der Bühne, allein bei der Tat, für die sie jetzt, „lautlos wie ein Tier", das Beil ausgräbt, mit dem Agamemnon erschlagen wurde.

Die nun genauer zu betrachtende zweite Begegnung zwischen Elektra und Chrysotemis ist eine Szene des Scheiterns, in der die poetische Macht des Wortes sich vor der Notwendigkeit der Tat als hilflos erweist. Elektras Einlassungen gegenüber der Schwester klingen wie ein Hymnus auf die Kraft und Stärke der jungen Frau: „Wie stark du bist! dich haben / die jungfräulichen Nächte stark gemacht." Die Kraft „strömt wie kühles / verhaltnes Wasser aus dem Fels."

Aufgabe 7:
Stellen Sie anhand dieser Szene heraus, auf welche Weise die Kraft der Chrysotemis beschworen wird: Welcher metaphorische Bereich wird dabei angesprochen? (Der letzte, soeben zitierte Satz der Elektra gibt darauf einen Hinweis.) Und im Weiteren: Versuchen Sie die Frage zu beantworten, warum Elektra gerade diese Metaphern verwendet, und beziehen Sie bei der Beurteilung die Szene der Dienerinnen mit ein. Auf die Ergebnisse Ihrer Analyse werden wir bei der Betrachtung des Gesprächs zwischen Klytemnästra und Elektra zurückkommen.

Die Begegnung zwischen Mutter und Tochter, Klytemnästra und Elektra, gehört zu den dichtesten und komplexesten des Dramas und bedarf deshalb besonderer Sorgfalt bei der Analyse. Dabei werden sich, es sei ‚prophetisch' vorweggenommen, nicht wenige Schwierigkeiten auftun, deren Reflexion und, in der Folge, deren Beherrschung aber bedeutsame Einblicke in die Problematik der Tragödie insgesamt eröffnen wird.

Im Zentrum der Tragödie, das, bedingt durch unser Vorgehen, am Ende des Durchgangs durch den Text behandelt wird, steht eine Szene, wie sie spektakulärer kaum denkbar wäre. Schon der Auftritt der Königin, durch eine lange Regieanweisung vorbereitet, gestaltet sich im höchsten Maße bühnen-, ja opernhaft. Klytemnästras Gestalt taucht zunächst im Fenster auf, gleichsam eingerahmt wie auf einem Bild, und kommt buchstäblich zur Erscheinung wie in einer Epiphanie. Ihr Gesicht ist fahl und aufgedunsen, ihre Augenlider erscheinen durch die Müdigkeit übermäßig groß und schwer, die Königin stützt sich auf eine Vertraute und hält einen kostbar verzierten Stock in der Hand. Über und über mit Edelsteinen und Talismanen bedeckt, mit Armen voller Reifen und Fingern, die von Ringen ‚starren‘, wirkt sie wie eine prunkvoll aufgemachte orientalische Göttin. Als sie ihrer Tochter ansichtig wird, fragt sie: „Was willst du?" und verfällt sofort in eine sächliche Bezeichnung: „so seht doch das! / wie es sich aufbäumt mit geblähtem Hals / und nach mir züngelt!" Nicht sie, die Tochter, auch nicht sie, die Schlange wird benannt, sondern ein ‚Es‘ wie *das* Tier, *das* Ding. Der Eindruck ist bedrängend und beängstigend, so dass die Königin sich in ihrer Not an die Götter wendet, wobei zum ersten Mal in dieser Tragödie in ernst zu nehmender Weise ein Appell an die Götter ergeht, die sonst, wenn überhaupt, in eher konventionellen Redeweisen angesprochen werden:

> O Götter, warum liegt ihr so auf mir?
> Warum verwüstet ihr mich so? Warum
> muß meine Kraft in mir gelähmt sein, warum
> bin ich lebendigen Leibes wie ein wüstes
> Gefild, und diese Nessel wächst aus mir
> heraus, und ich hab nicht die Kraft zu jäten!
> Warum geschieht mir das, ihr ewigen Götter?

Sowohl die Konstanz als auch der Inhalt der Fragen mögen überraschen: Hat sich Klytemnästra nicht schuldig gemacht am Tod ihres Gatten? Und doch zeigt das wiederholte, sowohl am Anfang der Zeilen als auch am Ende platzierte ‚Warum‘, dass der Königin die Einsicht in ihr Verbrechen fehlt. Ein schon bekannter Bereich, jener der – hier wüsten – Natur taucht erneut auf, und Elektra erscheint wie eine Nessel, die man nicht die Kraft zu jäten hat: Das Unkraut wuchert fort. Doch im Rahmen der Szene insgesamt ist ein weiterer Befund von besonderem Interesse. Betrachtet man den Aufbau der Zeilen, so fällt auf, dass Vers- und Satzbau nicht übereinstimmen: Die Sätze laufen über das Zeilenende hinaus; man spricht hier von ‚Enjambement‘: das zugehörige Verb „enjamber" heißt überschreiten, überspringen; so überspringt der Satz die Verszeile. Die Sprache erlangt damit eine besondere

Spannung, ja Unruhe, die auch daran bemerkbar ist, dass Klytemnästra, wie die Wiederholungen zeigen, mit ihrer Anklage gegen die Götter insistiert und gleichsam nicht locker lässt. Elektra antwortet höhnisch, Klytemnästra sei doch selbst eine Göttin (müsse sich somit auch selbst zu helfen wissen). Damit scheint das Gespräch schon an seinem Ende angelangt zu sein, doch Klytemnästra verbindet mit ihm große Hoffnung: „Sie ist heute / nicht widerlich. Sie redet wie ein Arzt." Der Leser oder Zuschauer, Elektra kennend, entwickelt angesichts dieses Optimismus gewisse Bedenken; die Königin jedoch kommt nun aus dem Haus auf die Bühne und setzt das Gespräch fort, fragend, warum Elektra sie als Göttin bezeichnet habe. Elektras Antwort führt ins Zentrum der gesamten Problematik der Tragödie und verdient deshalb, in ganzer Länge zitiert zu werden:

> Wahrhaftig, wenn du keine Göttin bist,
> wo sind dann die Götter! Ich weiß auf der Welt
> nichts, was mich schaudern macht, als wie zu denken,
> daß dieser Leib das dunkle Tor, aus welchem
> ich an das Licht der Welt gekrochen bin.
> Auf diesem Schoß bin ich gelegen, nackt?
> Zu diesen Brüsten hast du mich gehoben?
> So bin ich ja aus meines Vaters Grab
> herausgekrochen, hab gespielt in Windeln
> auf meines Vaters Richtstatt! Du bist ja
> wie ein Koloß, aus dessen ehernen Händen
> ich nie entsprungen bin. Du hast mich ja
> am Zaum. Du bindest mich, an was du willst.
> Du hast mir ausgespieen, wie das Meer,
> ein Leben, einen Vater und Geschwister:
> und hast hinabgeschlungen, wie das Meer,
> ein Leben, einen Vater und Geschwister.
> Ich weiß nicht, wie ich jemals sterben sollte –
> als daran, dass du stürbest.

In der vierten Zeile des Zitats steht ein unvollständiger, ‚elliptischer' Satz: „daß dieser Leib das dunkle Tor"; aus diesem Gedanken entsteht wiederum die Erinnerung an den Mord: Der Schoß der Mutter ist das Grab, ihr Körper die Richtstatt des Vaters, und deshalb kann sich Elektra daraus nicht befreien. Ihre Erinnerung bindet sie nicht nur an den Vater, sondern schicksalhaft, fatal, auch an die Mutter. So ist es gar nicht nötig, Elektra, wie ihr angedroht wurde, einzusperren: Sie ist schon eingesperrt, beim Zaum genommen und festgehalten mit eisernen Händen. Was die Mutter, naturhaft wie das Meer, gab (,ausspie'), nahm sie wieder – Leben, Vater, Geschwister. Elektra kann – wäre es nicht zu banal, es so zu formulieren – gleichsam nicht leben und nicht sterben, außer daran, dass die Mutter stürbe. Dieser Satz hat, gemessen an dem Ende der Tragödie (das wir schon kennen, die Leser / Zuschauer aber, die dem Lauf der Handlung folgen, noch nicht), eine vorausweisende Qualität. Hier prophezeit sich Elektra den eigenen Tod, denn sie ist der Mutter auf Leben und Tod verbunden und kann nur entweder mit ihr sterben oder gar nicht. Liegt hier der Grund für die besondere Tragik, die Hofmannsthal dem Stoff, im Unterschied zu Sophokles, abzugewinnen wusste? Der Spannungsbogen, der mit dieser Frage eröffnet ist und auf den zurück zu kommen sein wird, betrifft Hofmannsthals *Elektra* in ihrem Kern.

Ein Hinweis auf die zentrale Stellung dieser Szene ist auch darin zu finden, dass die Reden der beiden Figuren von außerordentlicher, an den Monolog Elektras zu Anfang erinnernder Länge sind. Die Frauen breiten sich aus, legen ihr Inneres dar, kommen aber, wie zu erwarten war, nicht zu einer Verständigung, geschweige denn zu einem wechselseitigen Verständnis. Klytemnästra, die Leidende, sucht nach Auswegen aus ihrer Krankheit, deren Symptome sie in aller Breite darlegt, immer hoffend, sie könne durch Blutopfer dem Leidensdruck entkommen. Die Elektra geltende Hoffnung, sie möchte der Mutter durch Worte und Ratschläge helfen, bringt, zum ersten Mal in dieser Deutlichkeit, das Wort ins Spiel.

Aufgabe 8:
Stellen Sie diejenigen Passagen zusammen, in denen ‚Worte' oder ähnliche Wendungen (z.B. ‚reden') verwendet werden, und untersuchen Sie dann die Ratschläge, die Elektra der Mutter zur deren (vermeintlicher) Erleichterung erteilt. Betrachten Sie in diesem Zusammenhang besonders die Ausführungen der Königin von „Was murmelst du" bis: „(...) dazwischen hab ich nichts / getan." Die Aufgabe ist sehr komplex und wird einige Zeit in Anspruch nehmen.

Der Dialog zwischen Elektra und ihrer Mutter endet mit einer langen Rede Elektras, die nun das Rätsel, durch welches Opfer Klytemnästra erlöst werden kann, auflöst: durch das eigene. In einer sprachlichen Inszenierung stellt Elektra Klytemnästra das Szenario der Rache vor Augen, das sich abspielen wird wie eine wilde Jagd mit dem (namentlich nicht genannten) Orest als Jäger und Klytemnästra als Opfer. Die Königin ist „von sprachlosem Grauen geschüttelt", will ins Haus zurück und wird von Elektra festgehalten. Noch ist nicht Zeit zur Flucht; vielmehr soll sie die Zeitdauer erleben, in der sie um ihre Tötung weiß: „diese Zeit ist dir gegeben, / zu ahnen, wie es Scheiternden zumut ist, / wenn ihr vergebliches Geschrei die Schwärze / der Wolken und des Tods zerfrißt." Die Zeit, die Klytemnästra verdängt hatte, indem sie den Augenblick der Tötung ihres Gatten im Vor- und Nachher untergehen ließ, holt sie, als Dauer der Angst vor dem eigenen Tod, wieder ein. Als das Drama auch bei einer anderen Person jene Zeit gewinnt, über die Elektra in ihrer Erinnerung immer schon verfügte, gewinnt es an Dynamik und strebt seinem Ende zu. Elektras gewaltsam-drastische Sprache treibt an dieser Stelle auf ihren Höhepunkt zu. Vor dem Hintergrund der soeben gestellten Aufgabe, die auf Sprache, Wort und Rede gerichtet war, wird nunmehr deutlich, wie das Wort, das zwar Tat nicht sein kann, dennoch etwas bewirkt – das Entsetzen der Königin. Dieses wiederum sucht nach einem Wort, das menschliches Leiden vom stummen Leiden der Tiere unterscheidet, findet es nicht, sondern sieht nur, wie Elektra sagt, „das ungeheure Wort, das mir in mein Gesicht geschrieben ist". Doch welches Wort? Die Tragödie lässt das offen, und so steht im Zentrum des Dramas das Nichtgesagte, das (Ver-)Schweigen. Des Wortes bedarf es nun nicht mehr, denn es geschah die Tat: „sausend fällt das Beil, / und ich steh da und seh dich endlich sterben." Auf diesem Höhepunkt der Handlung, die zugleich Krisis ist, der Moment des Umschlags, hat das Wort gleichsam seine Schuldigkeit getan, obwohl alles in Worten gesagt wird. Das Sagen setzt sich fort mit der Nachricht, Orest sei tot; welche Spannung daraus für die Tragödie entsteht, ist schon gesagt worden.

Die Feinanalyse der einzelnen Szenen sowie auch deren Bezugsetzung zueinander hat Gesichtspunkte hervortreten lassen, die nun zu resümieren und weiterzudenken sind. Dabei soll das Text-Modell wie schon in den anderen Kapiteln helfen.

Bei der Frage nach dem Sachverhalt, über den der Text eine Aussage macht, ist zwischen der vom antiken Mythos vorgegebenen Handlung einerseits (die hier nicht wiederholt werden soll) und andererseits den besonderen Akzentuierungen, die Hofmannsthal vornimmt, zu unterscheiden. Thema der Tragödie ist die Rache für den Mord an Agamemnon, die in einer Figur, der Elektra, gleichsam verkörpert wird: Elektra ist, vom Monolog des Anfangs bis zur Erkennungsszene mit Orest, von dem Gedanken der Rache beherrscht, ja geradezu besessen. Dabei geht es nicht in erster Linie darum, die Erniedrigungen zu sühnen, denen sie selbst ausgesetzt ist; vielmehr richtet sich ihr ganzes Denken, Fühlen und Trachten auf die Sühne für den Tod des Vaters und auf den Mord an Klytemnästra. Damit sind wir schon beim zweiten Text-Aspekt, der Art der Aussagen, die der Text über den Sachverhalt macht. In *Elektra* wird die Sachlage in höchster Dichte und Konzentration entfaltet, wobei das Wort ‚Entfaltung‘ immer auch zurückzulenken ist auf die Gedrängtheit der Darstellung. Es geht nur um die Rache. Insofern kann von ‚Lücken‘ in der Information nicht die Rede sein, ganz im Gegenteil: Der Leser / Zuschauer wird von den Variationen des Rachgedankens geradezu umfangen und befindet sich wie in einem sich immer dichter um ihn zusammenziehenden Netz.

Die Vorstellung von einem Netz führt zu der Frage nach den Verknüpfungen innerhalb des Textes, und an dieser Stelle ist auf eine Besonderheit des Stückes hinzuweisen. Obwohl das Drama generell und die Tragödie insbesondere dem Verlaufsmodell einer Handlung folgen, wird diese bei Hofmannsthal immer wieder durch innere Bezugsetzungen und Rekurrenzen durchkreuzt. Wenn dabei das ‚Blutige‘ der Handlung betont wird und ‚Blut‘ nicht nur auf die tödlichen Verletzungen, sondern auch, metonymisch, auf das Verwandtschaftsverhältnis verweist, bestätigt sich der Eindruck einer Rachetragödie: dieses Moment versteht sich im Gleichlauf mit der Handlung. Etwas Anderes aber durchkreuzt sie: die Quasi-Allgegenwart des Naturhaften. Scheint sie teilweise eine Erniedrigung des Menschen zum Tier anzudeuten (dies zumindest ist die Perspektive Elektras), so steht sie zum anderen

Teil für etwas, das dem Menschen, aller ethisch-humanitären Verpflichtungen zum trotz, gleichwohl auch mitgegeben ist. Gerade die Beziehung der Kinder zu den Eltern oder der Geschwister untereinander ist in diesem Sinne ‚Natur'. In jener naturhaften Szenerie setzt nun Elektra besondere Akzente. Ihre Beziehung zum Vater ist, im Vergleich mit derjenigen zur Mutter, überbetont (so weit, dass Jung, in Analogie zu Freuds Konzeption von einem ‚Ödipus-Komplex', von einem ‚Elektra-Komplex' sprach). Hier bahnt sich ein innerer Konflikt an, den Elektra freilich nicht als solchen erlebt: Müsste sich nicht die Absicht, den Vater (notfalls eigenhändig) zu rächen, im Widerspruch zu jener anderen Abstammung auf der weiblichen Linie befinden, für die Klytemnästra als Mutter steht und die, biologisch betrachtet, sogar noch enger ist als die Abstammung vom Vater? Man sieht: Die Verwirklichung des Rachegedankens muss von einer Seite der Verwandtschaft, der mütterlichen, absehen; deshalb ist die Natur zwar vielfach in *Elektra* gegenwärtig, aber immer mit einem negativen Akzent versehen.

Hier gewinnt die Frage nach dem Verlauf des Dramas an Kontur und zugleich die noch immer offene Frage, warum Elektra am Ende stirbt. *Elektra* ist dynamisch und statisch zugleich. Dynamisch in dem Sinne, dass durch die Heimkehr des Orest die Rachetat ausgeführt, Agamemnon gesühnt wird, statisch aber insofern, als in den Figuren keine innere Entwicklung stattfindet. Klytemnästra liefert sich damit in doppelter Weise (einmal durch ihre tatsächliche Schuld, zum anderen durch ihren Mangel an Reue) der Mordtat aus, Chrysotemis bewahrt sich, indem sie die Beteiligung an der Tat ablehnt, ihre weibliche Natur, für Orest schließlich steht, bei allem Bedenken und der Angst, der Mutter in die Augen schauen zu müssen, die Notwendigkeit der Rachetat außer Frage. Und Elektra? Sie ist von jenem einen Gedanken manisch besessen, kann nicht vergessen, aber auch nicht verzeihen. Aus diesem Beharren heraus, das sie mit ihrem Bruder verbindet, ereignet sich der Doppelmord am Ende. Damit könnte die Tragödie, folgte sie ihrem antiken Vorbild, ihrerseits zu Ende sein; doch es folgen Tanz, Zusammenbruch und Tod der Elektra. Ob die übrigen Figuren dieses Ende verstehen, lässt der Text offen; Chrysotemis' Ruf nach Orest könnte darauf hinweisen, dass sie hilflos ist oder Orest an diesem Tod die Schuld gibt – gleichviel.

Am Ende, als die zentrale Figur der Rede und des Wortes, Elektra, tot ist, richtet sich das Stück an den Leser / Zuschauer und dessen Fähigkeit zum Verstehen: Hier ,spricht', nachdem vorher Elektra zu allen anderen Figuren sprach, das Drama zu seinen Zuschauern. Diese müssen, soll nicht das ganze Schauspiel sinnlos gewesen sein, verstehen, warum Elektra stirbt und was, daraus folgend, die Botschaft des Textes ist. Zwei Lesarten führen zur Antwort. Die eine, auf das Gespräch zwischen Elektra und Klytemnästra bezogen, zeigt eine Gemeinsamkeit zwischen Mutter und Tochter, eine Verwandtschaft beider über die biologische Abstammung hinaus. So wie Klytemnästra ihren Ängsten und Träumen nicht entgehen kann – so weit, dass sie sich schon hier gleichsam ums Leben bringt –, kann Elektra sich nicht aus ihren Rachegedanken befreien. Das Sühnen der Blutschuld wird zu ihrem einzigen Lebensinhalt. Ahnt man jetzt, warum sie stirbt? Mit den von Orest vollzogenen Tötungen hat Elektra, deren Wunsch nun erfüllt, deren Ziel erreicht ist, jeden Sinn zu leben verloren: Der Grund ihrer Existenz ist ihr entzogen, und statt Erleichterung zu erhalten, erleidet sie, ekstatisch und hyperbolisch, wie auch ihr Leben war, ihren Tod. Hierin und nicht im Neuschaffen des alten Mythos liegt die Modernität dieser Tragödie: Hofmannsthals *Elektra* ist die Tragödie der problematisierten Identität.

Die Überspanntheit des Sprachgestus bei Elektra, die Manie ihres Wortes, macht einerseits die poetische Besonderheit des Textes aus – eine Qualität, die durch die Vertonung von Strauss noch verstärkt wird –; andererseits aber liegt in diesem Nicht-anders-reden-Können die Tragik der Person, die aus ihren blutigen Vorstellungen keinen Ausweg findet; dass sie ihn auch nicht sucht, macht Elektra zu einer der in sich geschlossensten, aber eben damit auch zu einer der tragischsten Figuren der dramatischen Literatur. Geschlossen und autark, aber auch in sich eingeschlossen, lebt Elektra ihrem Hass und stirbt, als es für diesen keinen Grund mehr gibt: Sie hat nicht nur ihren Lebensinhalt, sondern auch ihr Lebensrecht, ihre raison-d'être verloren. Die Götter, die bei Sophokles die Rachetat des Orest einfordern und ihn, in Person der Göttin Athene, auch von seiner Schuld befreien (die er bei dieser Rachetat gleichwohl auf sich lud), sind in Hofmannsthals Version, von einigen eher traditionellen Nennungen abgesehen, abwesend. Deshalb ist der Mensch auf sich gestellt und stirbt, wie der Tod Elektras beweist, an sich selbst. Diese totale Ausweglosigkeit ist die letzte, furchtbarste Steigerung des Tragischen; Hofmannsthal vollzog sie *gegen Sophokles.*

Dass ein Drama eine (bei der Tragödie: ins Abgründige führende) Handlung entfaltet und die Figuren selbst-redend auf die Bühne stellt, war uns schon vor der Analyse von *Elektra* bewusst und bekannt; das gilt auch für die stofflich-mythische Vorlage des Textes: nichts Neues also bei der Analyse dieser Tragödie? Klassisch im Aufbau – insofern, als in der Mitte der Glückswechsel einsetzt und sich die Rachetat als eine herauskristallisiert, die von Elektra allein zu begehen ist – ist diese Tragödie modern in dem Sinne, dass sie die Tragik in den Innenraum der Figuren, insbesondere jenen der Elektra, verlegt. Keine der *dramatis personae* macht eine innere Entwicklung, gar eine Reifung, durch, und das blutige Geschehen läuft ab wie ein Räderwerk. Wenn immer wieder bestimmte Wort- und Metaphernfelder aufgerufen werden (das Tierische, das Naturhafte, das Blut, die Augen), ist dieses sprachliche Beharren ein Signal für die Verfestigungen, die sich im Seelenleben der Figuren eingenistet haben. *Elektra* ist von doppelter Tragik gekennzeichnet; das Drama umfasst sowohl den Verlauf einer blutigen Rachehandlung als auch das ausweglose Verhaftetsein der Figuren in ihrem je spezifischen Denken und Fühlen. *Elektra* ist die Tragödie der Einsamkeiten. Aus den gleichsam versteinerten Seelen der Figuren führt kein Weg hinaus, kein Verzeihen mildert die Schuld. Insofern ist der Tod der Elektra Erlösung und Strafe zugleich.

Was folgt aus diesen Beobachtungen für die Analyse von Tragödien generell und, darüber hinaus, für die Textsorte ‚Tragödie‘? Die Kategorien des Handelns und des Sprechens sind gleichermaßen problematisiert. Handeln führt zu Schuld und kann doch nicht unterlassen werden; die redenden Figuren verfehlen einander, obwohl sie scheinbar miteinander kommunizieren. Ist normalerweise (im ‚Leben‘) das Handeln positiv motiviert, da man handelnd eine Verbesserung der Situation herbeiführen will, führt in der Tragödie das Handeln, selbst wenn es derselben Absicht entspringt, geradewegs in die Katastrophe. Dient in einem ebensolchen Normalfall das Sprechen der Verständigung und dem gegenseitigen Verstehen, so ist das mitmenschliche Verständnis in der Tragödie unaufhebbar gestört.

Mit diesen Erläuterungen wird freilich ein neues Problem aufgeworfen, jenes nämlich, was uns denn bewegen könnte, uns auf die Darstellung verfehlten Handelns und Sprechens, das noch dazu ja nicht ,wirklich' ist, überhaupt einzulassen. Mit anderen Worten: Die Fiktionalität der Literatur scheint bei der Tragödie in besonderer Weise, eben wegen der ,Negativität' dieser Gattung, zum Problem zu werden. Kann unter diesem destruktiven Aspekt die Tragödie aufbauend wirken? Durchaus. Denn gleichläufig mit dem Text vollzieht sich etwas, das bei der Betrachtung der Gedichte und des lyrischen Dramas bereits angeklungen war: ein Erkenntnisprozess, der nicht nur den Handlungen und Reden der Figuren folgt, sondern diese auch zu erklären vermag. So erfährt (oder besser: erkennt) der Leser / Zuschauer, *warum* das Handeln scheitert und das Sprechen die Kommunikation verfehlt. Die Einsicht, die den Figuren versagt ist, vollzieht sich im Leser, der damit gegenüber jenen einen höheren Stand der Erkenntnis gewinnt. Das Böse, das sich in der Tragödie vollzieht, ist im Raum der Fiktion gebannt, auf die Bühne beschränkt und kann nicht auf den Rezipienten übergreifen: Es wird ihm zwar bewusst, richtet aber, da es nicht wirklich ist, keinen Schaden an. Diese Einsicht in Erfahrungsbereiche, die wir sonst allen Grund haben zu meiden, mag das Vergnügen an tragischen Gegenständen begründen, das sich vielleicht auch dem Leser des *Elektra*-Kapitels vermittelte.

3) Komödie: *Arabella*

Mit der Analyse, die der Tragödie *Elektra* galt, haben sich, über das bis dahin bekannte lyrische Drama hinaus, Einblicke in Aufbau und Struktur des Dramas ergeben, die nun am Beispiel einer Komödie zu vervollständigen sind. Wenn statt des weitaus berühmteren *Schwierigen* – der nicht unbedingt für unsere Zwecke zu ,schwierig', wohl aber viel zu lang ist – *Arabella* gewählt wird, liegt der Grund hierfür vor allem darin, dass diese Komödie einen didaktisch vielversprechenden Übergang zum Kapitel ‚Erzählung‘ ermöglicht. Auch ihr ist, wie ihrer berühmteren Schwester, psychologische Subtilität nicht fremd, doch erreicht diese, im Vergleich zum *Schwierigen*, nur einen minderen Grad, was das Stück nicht abwertet, für die Bedürfnisse unserer Analyse aber geeigneter macht. Daraus mag der Leser entnehmen, dass aus der Sicht der Autorin der nicht behandelte *Schwierige* im Reigen der Hofmannsthalschen Werke, die hier zur Sprache kommen, durchaus eine Lücke hinterlässt. Man wird sehen, ob die Analyse der *Arabella* uns dafür zumindest teilweise entschädigen kann.

Arabella ist das letzte Werk Hofmannsthals; Aufführung und Drucklegung erlebte er nicht mehr. Als Libretto für eine Oper konzipiert, die wiederum in Zusammenarbeit mit Richard Strauss entstehen sollte, trägt das Werk den Untertitel „lyrische Komödie“. Damit ist nicht, wie analog im ‚lyrischen Drama‘, gemeint, dass Anlage und Stil der Lyrik entsprechen; vielmehr handelt es sich um eine Bezugnahme auf frz. ‚drame lyrique‘, was ‚Oper‘ bedeutet. Von Strauss in Musik gesetzt, erlebte *Arabella* ihre Uraufführung 1933 an der Dresdner Semper-Oper – wie schon zuvor die Opernfassung der *Elektra*. Trotzdem ist der Text, was nicht für alle Opernlibretti gilt, auch als literarisches Werk bedeutsam und ohne Verlust als rein sprachliche Komödie lesbar – was im Folgenden unter Beweis gestellt werden soll.

Anders als beim *Tod des Tizian* und im Unterschied zu *Elektra* bietet *Arabella* den leichtesten Zugang, wenn man ihrem Verlauf folgt, so wie er sich auch bei der Aufführung vollzieht. Dabei ist es nicht angezeigt, allzu feine Abstufungen (etwa: Szene für Szene) anzustreben, da das Stück zwar eine Akteinteilung, aber keine Szeneneinteilungen enthält. Die Entwicklung des Dramas ist durch den Zugewinn an Komplexität und Tiefe gekennzeichnet, der sich durch das getreue Anhaften am Text am besten erschließt.

Wie schon der Anfang, die Exposition, belegt, handelt es sich bei *Arabella* um eine Komödie des Geldes – genauer: um die Komödie jener Armut, in die Rittmeister a.D. Waldner seine Familie (Frau und zwei Kinder) durch seine Spielleidenschaft gebracht hat; komisch lässt sich das zunächst nicht an. Seine Frau Adelaide lässt sich in der Eingangsszene die Karten legen (was sie, die

Armut bestätigend, nicht in Barem, sondern nur mit einer Smaragdbrosche vergelten kann). Sie hofft, damit günstige Auskunft über eine in Aussicht gestellte Erbschaft – wobei naturgemäß die „Tante in Goerz" erst einmal sterben muss ... – und die baldige Vermählung der Tochter Arabella zu erhalten. Die Kennzeichnung der *Arabella* als Komödie des Geldes betrifft nicht nur eine inhaltliche Ausrichtung, sondern bedeutet auch, dass damit eine weit reichende Versachlichung eintritt: Arabella ist, unvermählt, für die Familie zu teuer und soll durch die Heirat mit einem gutsituierten Mann die Vermögensverhältnisse ausgleichen. Um Gefühle geht es dabei nicht, sondern nur um den ‚Geldwert' der notwendigen Vermählung. Der Gesichtspunkt der Versachlichung wird für die Analyse des Textes von großer Bedeutung sein.

Während Adelaide gespannt den Einlassungen der Kartenlegerin zuhört, in denen der Verlauf der Komödie schon zutage tritt, wird ein Brief hereingebracht – erneut eine Rechnung, die Zdenka, die zweite, in Männerkleidung auftretende Tochter, zu den übrigen Rechnungen legt. Adelaides Bemerkung „Unser Credit ist sehr im Wanken" – weswegen Arabella unbedingt schnell unter die Haube müsse – ist eher eine Beschönigung der finanziellen Lage als deren objektive Beschreibung.

Was die Karten „wie in einem Spiegel" zeigen, ist, verkürzt, die Handlung des Stückes selbst, die sich in dieser Expositionsszene schon in den Grundzügen abzeichnet. Dabei ‚sieht' die Kartenlegerin auch etwas, wovon nur die Familie weiß: Arabella hat eine Schwester, die, entsprechend verkleidet, als junger Mann ausgegeben wird, weil die Familie aus finanziellen Gründen nicht in der Lage ist, „zwei Mädchen standeswürdig auszuführen". In diesem vorgegebenen Geschlechtertausch deutet sich eine existentielle Problematik an, die Identität der jungen Frau betreffend. Herauszufinden, wie die Komödie sie auflösen und zum Guten führen wird, stellt sich als eine zentrale Aufgabe bei der Analyse von *Arabella*. Obwohl die Karten, wie die Kartenlegerin gegenüber der betroffenen Adelaide betont, nicht lügen und auch nichts zurücknehmen, ist die solcherart vorhergesehene und vorhergesagte Geschichte, welche die gewünschte Heirat der Arabella im letzten Moment zu vereiteln scheint, von jener des Dramas selbst in einem Punkt verschieden: Ihr fehlt der Schluss. Mit Ausnahme jener entscheidenden Auslassung ('Leerstelle') erscheint die Handlung der Komödie im Bild der Karten und gewinnt dabei, weil ihr das Entscheidende, die Auflösung im Guten, fehlt, den Charakter einer blutigen Tragödie, die, so scheint es, mit einer Tätlichkeit, einem Duell möglicherweise, endet.

Aufgabe 9:
Versuchen Sie, was relativ einfach ist: die Handlung nachzuerzählen. (Oder ist es doch nicht ganz so einfach?) Legen Sie dabei besonderen Wert auf jenen Moment, an dem der Konflikt zutage tritt.

In *Arabella* treten, wie ein Blick auf das Personenverzeichnis zeigt, relativ viele Figuren auf, doch nur vier sind für die Handlung von tragender Bedeutung – die beiden Paare Zdenka – Matteo einerseits und Arabella – Mandryka andererseits. Ein Schema kann helfen, deren Verbindungen untereinander zu verdeutlichen:

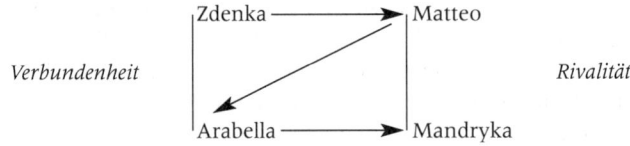

Die vertikale Achse der beiden Schwestern ist durch Verbundenheit gekennzeichnet, die entsprechende vertikale Achse bei den beiden Verehrern der Arabella durch Rivalität. Aus diesen Verhältnissen allein folgt noch nicht, dass daraus ein Konflikt entsteht, zumal Arabella ihre Gunst doch allein Mandryka schenkt. Das Schema zeigt aber an, wodurch sich ein Konfliktpotential ergeben könnte: aus den beiden entgegengerichteten Pfeilen von Zdenka zu Matteo und von diesem zu Arabella, denn Matteo liebt eine andere Person als jene, die ihn liebt. Die Rivalität nun auf der rechten Seite des Schemas entsteht nicht daraus, dass Matteo Arabella liebt (was in dem Augenblick, da Arabella allein dem Mandryka zugetan ist, zwar traurig für Matteo ausgehen müsste, aber wiederum noch kein Stoff für ein Drama wäre), sondern kommt dadurch zustande, dass Mandryka Grund hat zu glauben, es gäbe, nachdem die Verlobung ausgesprochen ist, eine nächtliche Begegnung zwischen seiner Verlobten und dem Offizier. Spätestens an diesem Punkt wird klar, dass es sich bei *Arabella* um eine Verwechslungskomödie handelt. Zdenka schlüpfte, da sie Matteo liebt, in die Rolle der von diesem geliebten Schwester, was Mandryka indes nicht wissen konnte und deshalb an einen Vertrauensbruch Arabellas glauben musste. Es geht somit in der Komödie darum, die zunächst noch instabilen Verhältnisse zu festigen: Mandryka soll das Vertrauen in Arabella zurückgewinnen, Zdenka muss Matteos Gefühl, das sie durch ihr Wechselspiel täuschte, auf sich lenken. Der schwierigste Part in diesem Spiel zu viert kommt Matteo zu, das nächst diesem größte Problem hat Zdenka, die den Mann, den sie liebt, nicht anders zu trösten (und zu gewinnen) wusste als dadurch, dass sie ihn täuschte.

Die beiden Handlungsstränge der Komödie, der eine die Paarung Arabella – Mandryka, der andere Zdenka und Matteo betreffend, verhalten sich gegenläufig zueinander. In dem ersten Handlungsstrang, Arabella und deren Verheiratung betreffend, läuft zunächst alles nach Plan. Der Brief des Vaters mit dem Bild Arabellas erreichte zwar den Falschen (nicht den Onkel, sondern den Neffen), doch ist dieser dennoch der Richtige: für Arabella zunächst jener Unbekannte, der sie faszinierte, sodann ihr Verlobter, den sie ohne jeden Widerstand akzeptiert, obwohl er der Kandidat der Eltern ist und als solcher prinzipiell geeignet wäre, von der Tochter, und sei es nur aus Trotz, abgelehnt zu werden. Aus dieser auch im Sinne der Familienfinanzen glücklichen Konstellation ergibt sich wider Erwarten kein Konflikt; vielmehr können alle mit dieser Entwicklung zufrieden sein.

Alle bis auf einen, Matteo. Wie das Schema der Viererkonstellation schon anzeigte, steht Matteo insofern ‚quer' zu den Entwicklungen und Vereinbarungen, als er Arabella liebt, diese seine Liebe aber nicht erwidert. So etwas kommt vor und ist nicht an sich schon geeignet, Stoff für eine Komödie zu sein. Nun aber kommt, heimliche Hauptfigur, Zdenka ins Spiel, die sich in Matteo verliebt hat. Wie sich ihre Beziehung zu Matteo entwickelt, in welcher Weise (und ob überhaupt) sie sich über die wahre Natur ihrer Gefühle im klaren ist – daraus entsteht die eigentliche Spannung der Komödie; hier sind die Komplikationen angesiedelt, aus denen sich das Dramatische überhaupt erst speist.

Wenn wir zunächst, dem Gang der Handlung folgend, die Arabella-Geschichte betrachten, so ist schon am Anfang darauf hinzuweisen, dass sie, gäbe es nicht die in sie hineingreifenden Komplikationen der Zdenka-Handlung, schon am Schluss des zweiten Aktes zu Ende wäre. Hatte sich Arabella in den Unbekannten verliebt, der auf der Straße nach ihrer Wohnung blickt, so ist ihr zu jenem Zeitpunkt noch unbekannt, dass dieser der vom Vater wegen seines Vermögens ausersehene Bräutigam ist. Nicht die (ja ohnehin nicht vorhandene) Mitgift, sondern die auf dem Bild festgehaltene Schönheit Arabellas hatte den vom Lande stammenden Mann während einer langen Krankheit zunehmend fasziniert, so dass er nun mit dem Entschluss nach Wien kommt, diese Frau zu heiraten. Der Vater, nur an seine Spielleidenschaft und das hierfür nötige Geld denkend, setzt dieser Verbindung verständlicherweise keinerlei Widerstand entgegen; für Mandryka stellt sich nur die Aufgabe, das Herz der Verehrten zu gewinnen. Auch das ist, wie der Leser / Zuschauer aus der Reaktion Arabellas auf den Unbekannten weiß, überhaupt kein Problem, so dass es schon bei der ersten Begegnung auf dem Faschingsball zu einer uneingeschränkten Übereinstimmung der Gefühle dieser beiden jungen Leute kommt. Mandryka gewährt Arabella die Zeit, während des Balles von ihren Mädchenjahren Abschied zu nehmen. So weit die Geschichte bis zu jenem Augenblick, da sich, im dritten Akt, für die Beteiligten unvorhersehbare Komplikationen ergeben.

Die glückliche Entwicklung bis zu jenem Moment steht allerdings eingangs vor einem düsteren Hintergrund. Vor allem der Rittmeister, aber auch, ihm sekundierend, seine Frau Adelaide zeigen keinerlei Skrupel, die Tochter an den Meistbietenden zu verschachern, und keinen anderen Zweck verfolgte der Brief an den wohlhabenden Onkel. Arabella hingegen will nur ihrem Herzen folgen:

> Heut abend ist der Fasching aus. Heut abend muß ich mich entscheiden.
> (...)
> Ich weiß ja doch, die Eltern zittern drauf
> mich los zu sein. Und ich, ich kann doch nicht
> wenn mich nicht alles stößt und drängt und hinwirft zu dem *einen*!

Entsprechend wehrt sie sich auch gegen die Freier, die nun ihrerseits Anspruch auf sie erheben: „Ah? Einer von euch dreien muß es sein? / Und ich? Ich bin die Sklavin über die ihr schon das Los geworfen habt?" Arabella stellt hier gleich drei Fragen, um die Fragwürdigkeit des Schachers zu entlarven. Während sie die Unsicherheit genießt („und dieses einzige bittersüße Glück / das einem Mädel bleibt, das kost ich aus: versteckt / und in der Schwebe sein, und keinem ganz sich geben!"), drängt es sie doch zu einem anderen, der sie „mit ganz andern Augen" angeschaut hat. Kurz, sie hat, noch bevor sie den Fremden hat kennen lernen können, ihre Wahl getroffen und steigert sich in ihr Gefühl geradezu hinein: Hätte sie doch geschworen, dass er es war (und nicht Matteo), der ihr die Rosen schickte, gerät sie doch in Feuer, wenn sie ihn sieht:

> Er! das ist er! er! mein Fremder! da! dort drüben geht er!
> mit seinem Diener. Sicher will er wissen, wo ich wohn'.
> Paß auf, jetzt sucht er, welches meine Fenster sind.
> Schau seine Augen an, was das für große ernste Augen sind –

War es zuvor die Fragwürdigkeit, die sich in den Satzzeichen äußerte, so ist es nun die Begeisterung, die sich durch die Ausrufungszeichen Bahn bricht; dass er, wie Zdenka bemerkt, gar nicht aufschaut, und Arabella bemerken muss, dass er sogar einfach vorüber geht, mündet indes bei Arabella nicht in Gleichgültigkeit ein, sondern in einen Hass auf die Frau, die ihn erwartet – dies jedenfalls ist die selbstquälerische Gewissheit der Arabella, die alle Symptome der Verliebtheit zeigt und sich innerlich sicher ist, der Fremde sei der Erwählte. An der Begegnung zwischen diesem und ihrem Vater nimmt sie, von der Mutter hinausgeschickt, nicht teil; sonst hätte sie erfahren, dass für Waldner nur das Vermögen dessen von Bedeutung ist, der in dieser Szene den Vater um die Hand Arabellas bittet und ohne Umschweife in langer, wohl gesetzter Rede von seinen Besitztümern spricht und, was den Vater endgültig für ihn einnimmt, ihn bittet, sich aus seiner Brieftasche zu bedienen. Damit ist der Handel perfekt.

Der Schrecken, der sich ob dieser Haltung des Vaters, der seine Tochter verkauft, einstellen könnte, wird mehr als aufgewogen durch die aufrichtige Zuneigung, die Arabella und Mandryka schon jetzt verbindet, da sie sich noch gar nicht persönlich kennen. Die zwischen beiden wachsende Liebe unterläuft den vom Vater eingefädelten Schacher und straft ihn Lügen – wahrlich in seiner positiven Ausrichtung ein Stoff für eine Komödie, der jedoch bis hierher der Konfliktstoff fehlt, ohne den ein Drama keine Dynamik entfalten kann.

Wie Matteo in der oben aufgezeichneten Viererkonstellation ‚quer‘ steht, entfaltet die Komödie neben jener heiteren und komplikationslosen ersten eine zweite Handlung, die den glücklichen Ausgang gefährdet und die schon ausgesprochene Verlobung in ihrem Bestand bedroht. Mandryka wird Zeuge, wie Zdenka Matteo einen Briefumschlag mit dem Schlüssel zu Arabellas Zimmer übergibt. Die daraus entstehende Rede Mandrykas hinterlässt einen zwischen Komik und Tragik schwankenden Eindruck, zumal der Betrogene sich einerseits bezähmen will, andererseits aber das Opfer seiner Eifersucht wird. Der Schlüssel beherrscht von nun an das Denken Mandrykas und gibt zu einigen komischen Szenen Anlass:

> Schön ist die Musik, und nichts von Schlüssel,
> Geigen drin, und nicht verdammte Schlüssel
> und in ein paar Minuten wird sie dastehn
> da vor mir, und Blumen werd ich hinstreun
> daß statt meiner sie den Fuß ihr küssen. (...)
> Warum kommen viele und nicht sie darunter?
> Warum scheppern gottverdammte Schlüssel da dazwischen?

Als ein Piccolo ein Billet bringt, fordert Mandryka ihn auf: „Fühl ob ein Schlüssel drin ist?"; ein Auftrag, mit dem der verwirrte Kellner verständlicherweise nichts anzufangen weiß: „Wie, ein Schlüssel?" Der Brief, mit einem kleinen ‚a‘ unterzeichnet, kündigt ihm an, Arabella werde nun nach Hause fahren; am nächsten Tag sei sie die Seinige. Mandryka deutet dies auf einfache Weise: Sie habe, da sie von ihrem „Schlüsselherrn" erwartet werde, nicht einmal die Zeit gehabt, mit ihrem vollen Namen zu unterschreiben. Der Schlüssel beherrscht seine Gedanken; wie manisch auf diesen fixiert, verliert Mandryka den Bezug zur Realität und bietet das Bild mal rasender, mal notdürftig kontrollierter Eifersucht, die seine Orientierung und sein Selbstgefühl bedroht:

Ging durch einen Wald, weiß nicht durch welchen!
Fand ein Mädchen, weiß nicht, wessen Tochter!
Trat ihm auf den Fuß, weiß nicht auf welchen,
fing es an zu schrein, weiß nicht warum doch:
Seht den Wicht, wie der sich denkt die Liebe!
(...)
Wohl stünds an, ihm Kanne Wein zu geben,
Wein zu geben, Becher nicht zu geben
mag der Wicht aus schwerer Kanne trinken!
Mag sich plagen bis zu klügern Tagen!
Wohl stünds an, mich Mädchen ihm zu geben
mich zu geben, doch kein Bett zu geben
mag der Kerl auf bloßer Erde schlafen
mag sich plagen bis zu klügern Tagen!

Dieser Monolog der Betroffenheit stellt nicht nur die Liebe in Frage, sondern den Liebenden gleich mit, der den Eindruck hinterlässt, den Verstand verloren zu haben und gleichsam delirierend zu sprechen: Der um die Wirklichkeit wissende Leser / Zuschauer freilich kann diese verbale Raserei als komisch genießen. In dem Moment, da die Eltern Arabella suchen, droht die Situation zu eskalieren: Mandryka wird unhöflich, äußert sich zynisch über Arabella („Comtessen scheint es, ziehen manchmal sich zurück / in einem animierten Augenblick"), Waldner fordert in drohendem Ton Mandryka auf, ihn nach Hause zu begleiten; dieser wünscht sich nichts mehr als das: „Es wird mir eine ganz besondere Ehre sein." Die Höflichkeitsformel gewinnt einen tieferen Sinn, denn dort wird sich die Lage, auf welche Weise auch immer, klären.

Im nun beginnenden dritten Akt erreichen die Verwicklungen ihren Höhepunkt. Matteo erwartet Arabella, die – warum, weiß der Leser / Zuschauer – tatsächlich erscheint und in einem kurzen Monolog („vor sich laut denkend", sagt die Regieanweisung), aus dem ihre ganze Liebe spricht, an ihre Zukunft mit Mandryka denkt:

Über seine Felder wird der Wagen fahren
Und durch seine hohen stillen Wälder –
Ja zu denen paßt er: hohe stille Wälder.
Und dann werden seine Reiter uns entgegenkommen

> „Das ist eure Herrin", wird er sagen,
> „die ich mir geholt hab", wird er sagen
> „aus der Kaiserstadt, jetzt aber will sie nimmermehr zurück,
> bleiben will sie nur bei mir in meinen Wäldern. "

Die erste Verwicklung bahnt sich an, als sich Arabella über die Anwesenheit Matteos verwundert zeigt, was dieser nicht versteht; noch weniger vermag er einzusehen, warum Arabella sich von ihm verabschiedet und ihm eine gute Nacht wünscht. Als er „verliebt und vielsagend" lächelt, fordert sie ihn auf: „Wenn Sie mir noch etwas zu sagen haben, / dann bitte ich, bei Tag! Nicht jetzt, nicht hier!" Er wolle ihr danken, sagt er, doch sie weiß nicht, wofür: „Das ist doch alles ein für allemal vorbei." Je weiter dieser Dialog fortschreitet, um so dunkler wird sein Sinn für beide Beteiligten; „(m)ir graut vor so viel Virtuosität", stellt Matteo fest, und wundert sich weiter: „So meisterhaft Komödie spielen, nur um der Komödie willen, / Komödie spielen ohne Publikum / das ist zu viel! Das grenzt an böse Hexenkünste!" Das Missverstehen setzt sich fort und führt schließlich zu einer Handgreiflichkeit und zu einer glühenden Rede Matteos, die Arabellas Tränen und ihre „flüsternden Küsse" beschwört; just in diesem Moment betreten Adelaide, Waldner und Mandryka die Szene. Dieser erkennt sofort: „Ja. Es ist der Verfluchte mit dem Schlüssel." Dass Arabella sich „ganz unbefangen" an ihn richtet: „Sie hab ich heut nicht mehr zu sehn vermutet, Herr von Mandryka!", muss ihm wie Hohn klingen. Sein Entschluss abzureisen wird in diesem Moment gefasst. Noch einmal fällt, jetzt von Mandryka gesprochen, das Wort „Komödie", denn jetzt, kurz vor dem Ende, treiben die Verwicklungen auf ihren Höhepunkt zu. Die Komödie hat den Moment erreicht, mit dem die Kartenlegerin des Anfangs ihre Voraussage beschlossen hatte.

Aufgabe 10:
Bitte stellen Sie dar, welche Figurenkonstellationen der Dialog herbeiführt und welche Spannungen und Differenzen ausgetragen werden!

Nachdem die ‚Arabella'-Handlung nachgezeichnet wurde, ist nun auf die ‚Zdenka'-Handlung zurückzukommen, aus der sich die Verwirrungen des Endes herleiten. Gleich nach dem Auftritt der

Kartenlegerin, in dem die Ereignisse schon vorausgedeutet worden waren, bleibt Zdenka allein auf der Bühne. Sie nimmt die Rechnungen zur Hand und erfährt aus einer von ihnen, dass die Familie offenbar verreisen wolle: „Oh! Dann ist alles aus!" Und weiter unten: „Mein Gott, laß das nicht zu, daß wir verreisen müssen!" Dem Leser / Zuschauer bleiben diese Befürchtungen dunkel; auch den Ausruf: „Dann seh ich ihn nie mehr!" kann er noch nicht deuten. Arabella werde kompromittiert von einem Offizier, der nun nicht mehr ins Haus dürfe: „Nicht mehr ins Haus? O Gott – dann bringt er sich ja um – /und alle wissen drum: es ist wegen ihr – / und sie – dann endlich weiß sie, wie er sie geliebt hat!" Das Stoßgebet zu Gott: „Mach dass die Bella den Matteo über alles liebt / und dass er glücklich wird (...). Aufopfern will ich mich dafür – mein Leben lang / in Bubenkleidern laufen und Verzicht auf alles tun!" zeigt das Drängende, aber auch das Übersteigerte ihrer Zuneigung: Das Opfer, von dem Zdenka spricht, bedeutet lebenslang den Verzicht auf ihre Weiblichkeit um des Glückes dessen willen, der nun endlich mit Namen genannt wird: Matteo – eine sehr weit reichende Entsagung, die schon jetzt darauf hinweist, dass Zdenka, sich so sehr um sein Glück sorgend, Matteo wohl tiefere Gefühle als nur diese Sorge entgegenbringt. Als er kurz darauf eintritt, erblasst sie, gibt ihm aber bereitwillig Auskunft über Arabella. Aus den Erkundigungen Matteos, aber auch aus seinen Äußerungen geht klar hervor, wie sehr er in Arabella verliebt ist; aber: „Sie hat nichts mehr für mich als hie und da / einen halb finstern halb zerstreuten Blick"! Zdenka versucht ihn zu trösten, indem sie ihn an einen Brief erinnert, den Arabella ihm drei Tage zuvor geschrieben hatte. „(W)ie vom Himmel war der Brief!", entgegnet Matteo, „(d)ann aber geht sie wieder kalt und fremd an mir vorbei! / Wie soll ich das begreifen – und ertragen, Zdenko – wie?" Arabella schäme sich halt so furchtbar, erwidert Zdenka, und hat sich damit, zumindest für den Leser, schon ein wenig verraten, denn Matteo wundert sich:

> Wie du das weißt, du lieber Bub! / So weißt du auch –
> *er fasst Zdenka am Arm, sie macht sich sogleich los*
> was das für Stunden sind
> und was da für Gedanken Herrschaft haben über mich
> wenn sie so durch mich hindurchschaut wie durch leere Luft –

> und du mir nicht ein Zeichen bringst
> von dem ich wieder hoffen kann und leben!

Er ahnt freilich nicht, dass Zdenka ihn deshalb so gut versteht, weil sie sich in ihn verliebt hat, und dass sie ihn nur deshalb mit von ihr gefälschten Zeichen der Zuneigung Arabellas versorgt, weil sie ihn, gestützt auf eigene Erfahrung, so gut versteht. Allerdings muss es sie schmerzen, dass seine Liebe nicht ihr, sondern der Schwester gilt; ihr Mitleid aber gewinnt die Oberhand über diese Kränkung. Für Matteo ist die Lage so ernst, dass er für den Fall, durch Zdenka keine Nachricht mehr von Arabella zu erhalten, seinem Leben ein Ende setzen will:

> Dann stünd ich morgen beim Rapport und bäte um Versetzung nach Galizien,
> und wenn mir das nichts hilft und ich auch dort
> die Arabella nicht vergessen kann –
> dann gibt's halt einen Ausweg: den Revolver.

Wenn Zdenka mit dem Ausruf „Mein Gott im Himmel!" reagiert und, wie die Regieanweisung sagt, sie „fast sinnlos vor Aufregung und Angst zwischen so vielen Gefahren und Schwierigkeiten" den folgenden Monolog spricht, sind durch diese Signale die Spannungssituation und der Druck bezeichnet, der auf ihr lastet und den Matteo durch sein Drängen noch verstärkt. Mit allem, was Zdenka für Matteo tun kann, erreicht sie letzten Endes nicht, dass sich auch Arabella ihm zuwendet; man wäre geneigt hinzuzufügen, dass sie damit die Situation, die sie für den Augenblick entspannt, auf weitere Sicht verschlimmert. Zdenkas Motivation, zunächst scheinbar von Mitleid gekennzeichnet, führt in einen Konflikt: Während sie aus Mitleid zu helfen versucht, verleugnet sie ihre Liebe. Diese wiederum kann sie nur leben, indem sie sich für Arabella ausgibt und somit eine ‚falsche' Zuneigung erfährt, so wie sie auch in den ‚falschen' Kleidern lebt. Es ist Aufgabe der Komödienhandlung, diese Schieflage, mehrfach als „Maskerade" bezeichnet, zu beheben; doch auf welche Weise? Zunächst gibt Zdenka ihrer Not Ausdruck:

> Ihm helfen – o mein Gott! Wer hilft denn mir?
> Die Wörter hätt ich wohl in mir für hundert solche Briefe –
> und auch die Schrift die treff ich ja im Schlaf –

was aber hilft ihm denn der Brief, wenn ich für sie
die zärtlichen verliebten Wörter schreibe!
Die Wörter muß ich finden die ins Herz ihr gehen
daß sie erkennt den Einzigen der es verdient von ihr geliebt zu sein –
Das ist das Schwerere und wenn's mit nicht gelingt – hab ich verspielt.

Wobei eigentlich braucht Zdenka Hilfe? Vermeintlich allein dabei,
die Schwester umzustimmen, denn Zdenka ist klar, dass nur auf
diese Weise die Not Matteos zu beenden ist. Doch *ihre* Not liegt
auf einer anderen Ebene. Nicht in der Täuschung besteht das
Problem, sondern darin, dass Zdenka mit diesen verliebten Worten, über welche sie im Übermaß verfügt, zwar Matteo erreicht,
aber nicht der Schwester aus dem Herzen spricht; sie zu erreichen
ist die schwerere Aufgabe, und offenbar weiß Zdenka nicht, wie
sie zu erfüllen ist. Auch bleibt zweifelhaft, ob sie dies überhaupt
wollen kann, denn indem sie eine Beziehung zwischen Arabella
und Matteo anzubahnen versucht, handelt sie gegen ihre eigenen
Gefühle: hier liegt ihre Not, und hier braucht sie Hilfe.

Die Komödie erzielt ihre Wirkung auf den Leser nicht zuletzt
durch die Doppeldeutigkeit ihrer Situationen und die Ambivalenz
ihrer Sprache. Ist für Matteo der ‚Bub‘ die dringend gewünschte
Verbindung zu der geliebten Frau, so ist umgekehrt für Zdenka
Matteo nicht in erster Linie der Verehrer der Schwester, sondern
der Mann, in den sie selbst verliebt ist. Wenn sie Matteo hilft,
handelt sie gegen das eigene Herz – eine vertrackte Situation. Es
ist ein ‚Zeichen‘ besonderer Art, dass Zdenka diesem Konflikt mit
dem direkten Hinweis auf die Sprache, die Wörter, Ausdruck verleiht. Sie verfügt, selbst liebend, über die Sprache der Liebe und
gibt sich der illusionären Hoffnung hin, mit dieser Sprache auch
Arabella erreichen zu können – was sie eigentlich in Anbetracht
des eigenen Gefühls gar nicht wollen kann. Wie soll hier Hilfe
kommen?

Im Vergleich zum lyrischen Drama, verglichen auch mit *Elektra*, scheint die Komödie *Arabella* weitaus weniger die Macht des
Wortes einzusetzen; als sprachgewaltig kann *Arabella* vor diesem
Hintergrund kaum gelten. Und doch kommt der Sprache auch
hier Bedeutung zu. Mit seinen Liebesbeteuerungen erreicht Matteo zwar nicht die Frau, um die es ihm geht; er gewinnt aber das

Herz einer anderen. Diese hingegen bringt, unter dem Deckmantel einer anderen Identität, in Wirklichkeit die eigene Liebe in Briefen zum Ausdruck, möchte aber zugleich Arabella umstimmen und für Matteo einnehmen. Gelingt ihr das nicht, hat sie „verspielt." An den entscheidenden Wendepunkten der Komödie kommt nicht nur das Wort ins Spiel, sondern auch der eigene Bühnen-Text: Bei Zdenka wird das ‚Spiel' benannt, auf dem Höhepunkt der Komödie, im dritten Akt, ist mehrfach autoreferentiell von einer ‚Komödie' die Rede: So hat das ‚Spiel' sich selbst zum Thema.

Doch folgen wir zunächst dem weiteren Verlauf des Stückes. Als unmittelbar nach dem Monolog Zdenkas Arabella auftritt, bietet sich die Gelegenheit, die Schwester für eine Beziehung zu Matteo zu gewinnen. Die Rosen, die er schickte, hätte Arabella gern von einem anderen, dem Fremden von der Straße, erhalten, denn Matteo ist ihr, wie der weitere Verlauf des Gesprächs zeigt, ziemlich gleichgültig. Auch auf Zdenkas Einlassung, die Gleichgültigkeit Arabellas wäre Matteos Tod, antwortet Arabella „leichthin", ohne Betroffenheit: „Mannsbilder sterben nicht so schnell." Nun ja. Der Dialog der Schwestern scheint sein Ziel zu verfehlen, erreicht dabei aber etwas Anderes. Als Zendka insistiert: „Weils mir das Herz umdreht, wie ich ihn leiden seh!", vermutet Arabella: „Bist zu verliebt in ihn?" Zdenka „stampft auf": „Sein Freund bin ich!"

Arabella:
Zdenkerl, in dir steckt was Gefährliches in letzter Zeit.
Mir scheint, Zeit wärs, daß du ein Mädel wirst
vor aller Welt und daß die Maskerad ein End hat.

Zdenka:
Ich bleib ein Bub bis an mein End. Ich will nicht eine Frau sein –
so eine wie du bist. Stolz und coquett, und kalt dabei!

Arabellas Eindruck trügt sie nicht: Zdenka hat sich verliebt, und deshalb wird die Verkleidung endgültig zur Maskerade. Nicht nur das Frauenbild, das Arabella ihr bietet, hält Zdenka davon ab, eine Frau sein zu wollen; es ist auch, der Doppelbödigkeit dieser Komödie eingedenk, die Aussicht, damit den Kontakt zu Matteo zu verlieren, denn die Rolle einer Frau ist bei ihm schon durch

Arabella besetzt, während der ‚Freund' ihm, wenngleich in anderer Weise, denn doch nahe sein kann.

Das Gespräch der beiden Schwestern, unter Hinweis auf das Sprechen von Arabella fortgeführt („Ich red im Ernst"), erlaubt einen Einblick in deren Seele. Als Arabella trotz ihrer erwachten Gefühle für den Fremden davon spricht, Elemer zu heiraten, wird Zdenka auf Matteo zurückgeworfen. In einer Vision („Visionär", sagt die Regieanweisung) begegnet sie dem Toten:

> Ich klopf an seine Tür, er gibt nicht Antwort.
> Ich werf mich über ihn – ich küß zum ersten Mal
> seine eiskalten Lippen! dann ist alles aus.

Auch Arabella hat, was den Mann betrifft, den sie heiraten möchte, eine Art Vision, eine Vorstellung von Glück als Harmonie, die Zweifel aufhebt und Fragen unnötig macht:

> Ich red im Ernst, ich red die Wahrheit jetzt zu dir!
> Ich kann ja nicht dafür, daß ich so bin.
> Ein Mann wird mir gar schnell recht viel
> und wieder schnell ist er schon gar nichts mehr für mich!
> Da drin im Kopf geschiehts, und schnell, ich weiß nicht wie!
> Es fangt zu fragen an, und auf die Fragen
> find ich die Antwort nicht, bei Tag und nicht bei Nacht.
> Ganz ohne meinen Willen dreht sich dann mein Herz
> und dreht sich los von ihm. Ich kann ja nichts dafür –
> aber der Richtige – wenns einen gibt für mich auf dieser Welt –
> der wird auf einmal dastehen, da vor mir
> und wird mich anschaun und ich ihn
> und keine Zweifel werden sein und keine Fragen
> und selig werd ich sein und ihm gehorsam wie ein Kind.

Aus dieser Selbstcharakteristik der Arabella geht hervor, dass sie zwar einerseits in Liebesdingen leicht entflammbar ist, andererseits aber dem Richtigen, wenn er denn kommt, treu bleibt. Fragen und Zweifel zeigen erneut die sprachliche Natur des Vorgangs, und die letzen vier Zeilen werden, was ihre Bedeutung unterstreicht, nach der Antwort Zdenkas noch einmal wiederholt und sogar später, fast identisch, in einem Beiseite-Sprechen in Gegenwart Mandrykas erneut geäußert. Sie bilden, da sie die Handlung im wesentlichen vorwegnehmen, das Zentrum dessen, was Arabella aus den Vorkommnissen gewinnt: Sicherheit des Gefühls. Über diese verfügt auch Mandryka in hohem Maße – die Äußerungen über seine Gefühle für Arabella sind Wiederholungen des im Grunde Gleichen. In diesem Sinne können die beiden Handlungsstränge, der eine auf Zdenka, der andere auf Arabella gerichtet, als gegenläufig gelten. Während Arabella die alten Zweifel und Fragen überwindet, begibt sich Zdenka unter immer größeren Druck, den sie schließlich nur dadurch aufheben kann, dass sie in ihrer wahren Natur und ohne Verkleidung oder Verstellung vor aller Augen erscheint. Matteo verliert im Lauf der Handlung jede Hoffnung und jegliche Sicherheit und muss, was in komödienhafter Leichtigkeit gelingt, am Ende für die neue Situation gewonnen werden. Die eine Paarung, Arabella – Mandryka, ist von sich immer weiter steigernder Sicherheit geprägt, die andere, Zdenka – Matteo, von größter Unsicherheit – so lange, bis der dritte Akt für jene Verwicklungen sorgt, die nun, unter dem Aspekt ihrer glücklichen Auflösung, näher zu betrachten sind.

Der letzte Akt umschreibt die Missverständnisse und Konfusionen, mit denen die Handlung auf ihren Höhepunkt zutreibt. Alle Personen der Komödie treffen hier gleichzeitig aufeinander und agieren sogar vor Publikum: den Gästen des Hotels, den Kartenspielern, die von Waldner Revanche fordern. Missverstehen in Verstehen und Verzeihen zu verwandeln ist die Aufgabe dieses letzten Aktes, der die Handlung bündelt und alle wichtigen Figuren miteinander konfrontiert. Sie können einander zunächst nicht verstehen, weil sie unterschiedliche Erfahrungen, Erwartungen und auch Verletzungen in diese Situation hineintragen. Matteo sieht Arabella als Heuchlerin, in Mandrykas Augen hat sie sich kompromittiert. Als sie „ganz unbefangen" sagt: „Sie hab ich heut nicht mehr zu sehn vermutet, Herr von Mandryka", trifft er die Entscheidung abzureisen und versteht auch nicht, wie Arabella annehmen kann, die Szene ginge ihn nichts an: Er muss sich belogen und hintergangen fühlen. Auch Waldner, der nach einer Befragung seiner Tochter kurzerhand deren Unschuld feststellt (weil er rasch wieder an seinen Spieltisch zurückkehren will), vermag Mandryka nicht umzustimmen, der in dieser ‚hässlichen Komödie' die ihm zugedachte Rolle des betrogenen Bräutigams nicht spielen will. Der folgende Pseudo-Dialog zwischen Arabella und Mandryka belegt, wie schmal an dieser Stelle der Grad zwischen Tragödie und Komödie ist:

> ARABELLA *nur zu Mandryka*
> Mandryka, hören Sie, so wahr ein Gott im Himmel ist,
> so haben Sie hier nichts mir zu verzeihen!
> Viel eher muß ich Ihnen, wenn ich kann, verzeihen,
> was Sie zu mir geredet haben und in welchem Ton!
>
> MANDRYKA *den Blick böse auf Matteo geheftet*
> Ich bitte, mir dergleichen Sprüche zu ersparen.
> Ich müßte blind sein und hab leider scharfe Augen,
> ich müßte taub sein und hab leider gute Ohren.
> Ich müßte schwach im Kopf sein – dann vielleicht,
> daß ich das Individuum dort nicht erkennen täte
> und nicht verstünde, was hier für ein Spiel gespielt wird bei der Nacht!

Die Figuren reden über beider Beziehung und sprechen doch nicht miteinander. Als Matteo sich für ein Duell zur Verfügung stellt, tritt Arabella zwischen beide und erläutert ihren Standpunkt: Der eine Herr sei ihr Verlobter, der andere habe keinerlei Rechte. Der Leser / Zuschauer versteht, warum Matteo *zögernd, gequält* antwortet: „Nein, keines –". Mandryka indes ist damit keineswegs besänftigt, vermutet er doch als Folge dieser Einlassung: ‚keines außer …' Die Situation droht nun endgültig zu eskalieren, zumal Mandryka seinem vermeintlichen Rivalen bestes Benehmen bescheinigt, da er schweigt; sein Zorn hingegen richtet sich jetzt auf Arabella, die nun ihrerseits an Mandryka verzweifelt, weil er ihr nicht glaubt: „Was ist an allem in der Welt, wenn dieser Mann / so schwach ist und die Kraft nicht hat an mich zu glauben – / und mich dahingibt wegen eines Nichts!" Ein Nichts ist es nun eben nicht in den Augen Mandrykas; vielmehr habe der ‚Bub' jenem Matteo den Schlüssel zu Arabellas Zimmer übergeben. Durch den ‚Buben' nun kommt die Auflösung, denn Mandryka glaubt Arabella nach wie vor nicht, und sie zweifelt sogar daran, dass er, den sie für den Richtigen hielt, überhaupt der Richtige sei: „so ist der Richtige doch nicht der Richtige?" Wie ein Ehrenmann verlangt nun auch Mandryka nach Pistolen und will ‚alles zu Ende bringen'. In diesem Moment hört man Zdenkas

Stimme, und kurz darauf kommt sie *in einem Negligé, mit offenem Haar, völlig Mädchen*, die Treppe heruntergestürzt, in nun ‚richtiger‘ Kleidung, denn sie hatte Matteo erwartet. So wie dieser schon angedroht hatte, sich die Kugel zu geben, wenn Arabella ihn nicht erhöre, kündigt sie an, in die Donau gehen zu wollen, denn sie sterbe vor Scham. Erst zuletzt, nachdem sie schon Vater und Mutter angesprochen und bei Arabella Trost gefunden hatte, wendet sie sich an Matteo und bekennt ihm ihren ‚Betrug‘: „Ich bin ein Mädchen, o mein Gott, ich war ja nie was andres!" Ohne jedes Anzeichen von Verwirrung bekennt sich Matteo zu ihr und bringt die komplexe Beziehung auf eine einfache Formel: „O du mein Freund! Du meine Freundin! Du mein Alles!" Die Versöhnung zwischen Mandryka und Arabella wird noch eine Weile hinausgezögert, nachdem dieser den tatsächlichen Sachverhalt verstanden und seine Reue Arabella gegenüber bekannt hatte. „Was jetzt noch kommt" – diese Wendung wird, nachdem Zdenka sie als erste ausgesprochen hatte, verschiedenen Personen in den Mund gelegt; was jetzt noch kommen muss, damit die Komödie ihr glückliches Ende erreicht, ist die Versöhnung zwischen Arabella und Mandryka und die auch von den Eltern akzeptierte Verbindung zwischen Zdenka und Matteo: „Brautwerbung kommt", von Mandryka auf den Begriff gebracht. Die Mutter bricht in Tränen der Rührung aus, die Gäste gehen schlafen, denn: „Jetzt passiert nichts mehr." Was nun doch noch geschieht, ist, von Mandryka als solche zunächst gar nicht erkannt, eine symbolische Handlung. Arabella bittet um ein Glas frisches Wasser aus dem Brunnen, und Mandryka wendet sich zum Gehen. Ein letzter Schritt zum Verstehen ist noch nötig, den Arabella dem Geliebten erklären muss. Dabei sind die Bewegungen der Figuren auf der Bühne von höchster Bedeutung; deshalb setzten wir die Textstelle mit allen Regieanweisungen hierher:

Er wendet sich zum Gehen, zögert, wendet sich wieder, schwer, zum Gehen. Arabella erscheint oben, sieht hinunter, ob er da ist, ihr Gesicht leuchtet auf. Sie nimmt das Glas, und steigt mit dem Glas langsam hinunter. Welko hinter ihr. Mandryka schon fast nicht mehr da, wendet sich, sieht Arabella mit dem Glas, das sie mit beiden Händen auf dem Tablett trägt, langsam und feierlich herunterkommen. Vor freudigem Schrecken tritt er hinter sich.

ARABELLA *von der letzten Stufe*
> Das war sehr gut, Mandryka, daß Sie noch nicht fortgegangen sind –
> *Mandryka Schritt für Schritt näher*
> Das Glas da habe ich austrinken wollen ganz allein
> auf das Vergessen von dem Bösen, was gewesen ist
> und still zu Bett gehn, und nicht denken mehr an Sie und mich,
> und an das Ganze was da zwischen uns gewesen ist
> bis wieder heller Tag gekommen wäre über uns,
> vielleicht – vielleicht auch nicht. Das war in Gottes Hand.
> Dann aber, wie ich Sie gespürt hab hier im Finstern stehn
> hat eine große Macht mich angerührt
> von oben bis ans Herz,
> daß ich mich nicht erfrischen muß an einem Trunk:
> nein, mich erfrischt schon das Gefühl von meinem Glück,
> daß ich gefunden hab den, der mich angebunden hat an sein Ge-
> schick
> mich angebunden, daß ich mich nicht mehr losmachen kann
> und diesen unberührten Trank kredenz ich meinem
> Freund, den Abend, wo die freie Mädchenzeit zu Ende ist für mich.

Sie steigt von der Stufe und reicht ihm das Glas hin. Welko nimmt ihr ge-
schickt das leere Tablett aus der Hand und verschwindet

MANDRYKA *indem er schnell in einem Zug austrinkt und das Glas hoch in*
> *seiner Rechten hält*
> So wahr aus diesem Glas da keiner trinken wird nach mir,
> so bist du mein und ich bin dein für ewige Zeit!
> *Er schmettert das Glas auf die Steinstufen*

Die Verwicklungen enden mit einer symbolischen Handlung; die Sprache wird in die zweite Reihe gedrängt, das Wort wird zur Tat.

Aufgabe 11:
In Zdenka konzentriert sich der Konfliktstoff der Komödie. Bitte charakterisieren Sie diese Figur und stellen Sie ihre dramaturgische Funktion dar!

An den Wendepunkten der Komödie spielen, wie schon eingangs als Versachlichung diagnostiziert, die Dinge eine tragende und die jeweilige Situation verändernde Rolle. Bereits in der Eingangsszene wird das weitere Schicksal der Familie aus den Karten gelesen, die den Blick auf die Handlung und deren Komplikationen freigeben. Auch Waldner ist, in freilich anderer Weise, den Karten ergeben: Mit seiner Spielleidenschaft hat er die Familie ruiniert. In der Szene, die erstmals die beiden Schwestern zusammenführt, wendet Arabella ihre Aufmerksamkeit von den Rosen ab, als sie erfährt, dass sie von Matteo und nicht, wie sie es erhofft hatte, vom dem Fremden stammen. Als Zdenka am Ende in Frauenkleidern erscheint, lenkt sie damit den Blick zurück auf die ‚Maskerade' und die Verkleidung, die ebenfalls in den Bereich des Gegenständlichen, freilich mit psychologischem Hintersinn, einzuordnen ist. Die Briefe und Billets, die zwischen Zdenka und Matteo, in einem Fall auch zwischen Arabella und Mandryka vermitteln, gehören ebenfalls in die Reihe der mit Bedeutung versehenen Gegenstände; diesen sind, auf einer anderen Ebene, auch die Rechnungen zuzuordnen, die zu Anfang des Stückes bei der Familie eingehen. Ein Brief auch begründet die Verbindung zwischen Mandryka und Arabella. In den Zusammenhang der bedeutungsvollen Gegenstände gehört auch der Verwirrung stiftende Schlüssel, auf den Mandryka selbst am Schluss noch manisch fixiert ist. Die eilends herbeigeholten Waffen kommen glücklicherweise nicht mehr zum Einsatz, belegen aber in ihrer symbolischen Funktion das Esaklieren der Spannungen. Wenn am Ende, einem Brauch zufolge, den Mandryka schon vorher beschrieben hatte, ein ‚Liebestrank' die Verbindung zwischen Mandryka und Arabella besiegelt, sind mit diesem symbolischen Akt die Verwicklungen aufgelöst.

Am Ende des *Elektra*-Kapitels wurden Erkenntnis und Einsicht des Rezipienten als Grund für das Vergnügen an tragischen Gegenständen genannt; demgegenüber muss das Vergnügliche der Komödie wohl nicht eigens begründet werden. Schon ihre Grundstimmung mag heiter sein, die Auflösung ihrer Konflikte am Ende ist es allemal. Und doch gibt es, eingedenk aller Unterschiede, auch Gemeinsames zwischen Tragödie und Komödie, sogar davon abgesehen, dass beide Bühnenwerke sind und Handlungen vor Augen stellen. Beide sind auch durch Verwicklungen gekennzeichnet, die im einen Fall konstant erhöht und am Ende in ihrer Unauflöslichkeit dargestellt werden, im anderen aber einer glücklichen Auflösung zugeführt werden. Auch in der Komödie kommt es (und gar nicht selten) vor, dass Figuren unglücklich sind; doch wird der Grund dafür im Laufe der Handlung glücklich beseitigt. Augrund seiner höheren Einsicht teilt der Rezipient weder im einen noch im anderen Falle das Unglück der Figuren; er weiß von allen am meisten. Das Wissen oder Nichtwissen, auf die Figuren oder den Rezipienten bezogen, ist ein generell dramaturgisches Element, das in beiden großen Dramengattungen auftreten kann. In der Tragödie verstärkt es die Katastrophe, denn der Zuschauer sieht, wie die Figuren blinden Auges in ihr Unglück stürzen; in der Komödie dagegen mildert es den Konflikt, weil sich in der Einsicht in die tatsächlichen Gegebenheiten Figuren und Rezipient treffen. Die Dialoge der Komödie dienen dazu, den Konflikt so aufzubauen, dass sich zugleich seine Auflösung andeutet. Wenn in *Arabella* deutlich wird, wie sehr Zdenka Matteo liebt, ist damit schon die Einsicht angebahnt, dass es zu einer Verbindung Matteos mit Arabella nicht wird kommen können, denn sie verstieße gegen das Gesetz der Komödie, Spannungen abzubauen. Um das glückliche Ende herbeizuführen, muss Matteo seine Liebe gleichsam umleiten, sie von Arabella auf Zdenka richten. Wie leicht dies gelingt, in einem Augenblick bloß, mag den Leser überraschen; doch das Bestreben der Komödie, zwischen allen Figuren Harmonie herzustellen (man könnte auch sagen: die spezifische Art ihrer Fiktionalität) operiert nicht selten jenseits psychologischer Wahrscheinlichkeit.

Vom Erzählen oder: Was für Geschichten!

Es ist ein Hofmannsthal zu verdankender Glücksfall, dass unser Kapitel zur Analyse von Erzählungen mit einem Text beginnen kann, der thematisch an das vorangegangene Kapitel anknüpft. 1909 schreibt Hofmannsthal eine Erzählung mit dem Titel *Lucidor* und dem Untertitel „Figuren zu einer ungeschriebenen Komödie". Wer hier die bei Hofmannsthal vielfach auftretende Fragmentarität vermutet und annimmt, man habe den Text aus dem Nachlass veröffentlicht, der irrt: *Lucidor* erschien nicht nur am 23.3.1910 in der *Neuen Freien Presse* (Wien), sondern auch 1919 als Buchveröffentlichung im Erich Reiss Verlag Berlin, also gleich zweimal zu Lebzeiten Hofmannsthals, der aus seinem reichen literarischen Fundus nur das veröffentlichte, was er der Publikation für würdig hielt. *Lucidor* ist dementsprechend kein Fragment gebliebener Entwurf, sondern ein vollwertiger Erzähltext. Die hier noch „ungeschriebene" Komödie wird, als letztes von Hofmannsthals Werken, 1928/29 eine ‚geschriebene' werden: *Arabella*. Der Stoff ist uns in seiner Fassung als „lyrische Komödie" bekannt; deshalb bietet sich ein Vergleich zwischen der Bühnenfassung und der Erzählung an, der Aufschluss geben kann über die unterschiedlichen Gestaltungs- und Ausdrucksmöglichkeiten von dramatischen und narrativen Texten.

Aufgabe 12:
Bitte halten Sie, ohne Anspruch auf Vollständigkeit, die Ihnen auffallenden Unterschiede zwischen der Komödie und der Erzählung fest und versuchen Sie dabei, zumindest annäherungsweise eine Vorstellung davon zu gewinnen, was eine Erzählung ausmacht und worin sie sich von einem Bühnenwerk unterscheidet. Wir werden jetzt gemeinsam diese Fragestellung verfolgen.

Ein Bühnenwerk, so möchte man vermuten, kann mehr ‚zeigen' als ein Erzähltext, denn ihm steht nicht nur der Bühnenraum, sondern auch die mimische und gestische Ausdruckskraft der Schauspieler sowie die Requisite zur Verfügung. Es wäre somit zu erwarten, dass die Komödie gegenüber der Erzählung über reichere Darstellungsmittel verfügt. So werden etwa die Briefe, die Szdenka Matteo schreibt, diesem auf der Bühne übergeben; auch andere symbolische Gegenstände wie etwa der Schlüssel oder die Blumen gewinnen Bühnenpräsenz, und die sich abzeichnende tätliche Auseinandersetzung wird durch das Herbeibringen der Waffen noch bedrohlicher, freilich komisch entschärft, als das Duell dann doch nicht stattfindet. Durch das von den Karten ausgehende doppelte Bedeutungssignal – als Verderb der Familie und, zumindest dem Wunsche nach, deren Rettung – tritt die bedenkliche Finanzsituation besonders scharf hervor. Die Figuren treten auf und sprechen selbst von ihren Wünschen und Nöten; sie können damit den Zuschauer direkt erreichen und sein Mitgefühl hervorrufen. All diese Mittel werden bühnenwirksam eingesetzt, mit der Einschränkung allerdings, dass die von Zdenka verfassten Briefe zwar übergeben, nicht aber vorgelesen werden, was auf der Bühne ein Leichtes wäre. Was Szdenka zugleich befreit und belastet, das eigene, Arabella zugeschriebene Gefühl, ist wie mit einem Tabu belegt: Diese Komödie der Liebe kann sich nur im direkten Dialog aussprechen, während die Schrift sich im Bereich des Verborgenen befindet – zum Schutze Szdenkas und um zu vermeiden, dass sie sich vor den Augen der Zuschauer bloßstellt.

Den Inhalt der Erzählung zu skizzieren, nachdem dieser schon bei der Behandlung von *Arabella* zur Darstellung gekommen waren, scheint sich zu verbieten, denn nichts ist so langweilig wie die Wiederholung. Und doch: Es gibt im Handlungsaufbau einige entscheidende Unterschiede. Zunächst fällt auf, dass Frau von Murska (die Adelaide Waldner der Komödie) mit ihren beiden Töchtern und einer alten Kammerfrau allein lebt – keine Rede von einem Ehemann noch gar von dessen Spielleidenschaft. Die Lebenssituation ist zwar alles andere als üppig, die existentielle Not der Komödie tritt aber in der Erzählung nicht hervor. Damit entfällt die Symbolik der Karten, und auch der Brief an den Onkel, den Waldner geschrieben hatte, taucht in der Erzählung nicht auf. Vielmehr lebt dieser Onkel in Wien und ist der Grund dafür, dass Frau von Murska sich in der Hauptstadt eingerichtet hat. In der Hoffnung, von ihm finanzielle Unterstützung zu erhalten, sucht sie die Verbindung zu ihm, doch ist der Onkel Frauen grundsätzlich abgeneigt und duldet nur Lucidor gelegentlich in seiner Nähe, ohne ihm freilich die erwünschte Geldzuwendung zu machen. Immerhin ergibt sich hier, neben der finanziellen Entlastung, nicht zwei Töchter ausstatten zu müssen, ein weiterer Grund für den Geschlechtertausch Lucidors. Seine eigentliche Begründung aber erfährt dieser durch die besondere Natur der Frau von Murska. Sie ist „eine phantastische Figur" und „eine Närrin, aber von der angenehmeren Sorte." Skurrile Ideen entsprechen ihren Neigungen, die meisten ihrer Urteile und Begriffe sind höchst eigenartig, von ihren beiden Kindern trägt sie das verkehrteste Bild in sich, indem Arabella in ihren Augen ein Engel, „Lucidor ein hartes kleines Ding ohne viel Herz" ist. Der Geschlechtertausch, obwohl gegenüber dem Onkel scheinbar nicht ohne Nutzen, ist eine ihrer Grillen. Nun könnte die Komödie zwar kaum in dieser Subtilität, wie es die Erzählung vermag, ein Bild der Person entwerfen, es wäre aber immerhin möglich, Frau von Murska, durch die Ereignisse unterstützt, am Ende zur Raison zu bringen. Doch wäre das wahrscheinlich? Eher nicht, denn jene Skurrilität ist ihr Charakter, den sie kaum ablegen kann, ohne eine Einbuße an ihrer Persönlichkeit zu erleiden.

Die Erzählung beginnt mit einer Beschreibung, schildert die Lebensumstände der Familie und den Charakter der Frau und schließt durch die Erzählerperspektive, aus der sich diese Beschreibung speist, den Gedanken mit ein, dass Frau von Murska selbst sich nur sehr bedingt über ihre Natur im klaren ist. Die Komödie hingegen kennt einen solchen überlegenen Standpunkt nicht, sondern muss alles aus den Figuren, ihrer Eigenrede oder dem Sprechen anderer über sie entnehmen. Man ahnt die Komplikationen, die einem Bühnenwerk aus der Charakteristik der Frau von Murska erwachsen müssten. Ähnliches gilt auch für Lucidor, freilich in anderer, psychologisch noch tiefer reichender Weise. Lucidors Situation ist der Szdenkas in *Arabella* sehr ähnlich, die Situation Arabellas in der Erzählung hingegen anders. Wladimir heißt hier „der providentielle Mann", der Arabella schon vor Beginn der Erzählung bekannt ist und der, glückliche Fügung, mit jenem unzugänglichen Onkel familiär verbunden ist.

Nur: Arabella liebt ihn nicht (und hier zeigt sich eine Überschneidung mit dem Matteo der Komödie), Lucidor aber um so mehr. Als sich Arabella abschätzig über Wladimir äußert, fühlt Lucidor „Angst, Zorn und Schmerz in einem". Bald löst „sich alles in ein schrankenloses Leid":

> Wenn man ihr gesagt hätte, dass sie einfach Wladimir liebte, hätte sie es vielleicht nicht verstanden. Sie handelte, wie sie musste, automatisch, indessen ihr Tränen herunterliefen, deren wahren Sinn sie nicht verstand. Sie setzte sich hin und schrieb einen glühenden Liebesbrief an Wladimir. Aber nicht für sich, für Arabella.

Der Versuch, sich diese Szene auf der Bühne vorzustellen, zeigt schon bald sein eigenes Scheitern an; Lucidor hätte „vielleicht" nicht verstanden, was man ihr über ihre Liebe gesagt hätte, und sie versteht nicht den wahren Sinn ihrer Tränen. Eine solche seelische Tiefenschau kann die Bühne nur schwer vornehmen, denn hier muss alles in irgendeiner Weise zur Sprache und zur Erscheinung kommen. Was der Erzähltext darlegt, wäre allenfalls in einer subtilen Interpretation seitens einer anderen Figur (die es eigentlich aber nicht wissen kann) oder seitens des Zuschauers hinzuzufügen. Doch ist ihm, der schon dem Verlauf einer Handlung folgt, ein solch komplexer Verstehensakt überhaupt zuzutrauen (um nicht zu sagen: zuzumuten)? Das Wissen des Erzählers, nach hofmannsthalscher Manier in einer unverbindlich-schwebenden Weise geäußert, umfasst auch die kompliziertesten Seelenlagen seiner Figuren und lässt den Leser mit in sie hineinsehen. Was würde aus einem Satz wie: „Der Brief war, wie er nur denen gelingt, die an nichts denken und eigentlich außer sich sind" auf der Bühne, wer könnte ihn sprechen, wer überhaupt von diesem (wenn das Paradox erlaubt ist:) inneren Außer-Sich-Sein wissen? Und gar die Charakteristik des Briefes müsste die Bühne definitiv überfordern:

> Er war sehr unwahrscheinlich, aber eben dadurch wieder in gewisser Weise wahrscheinlich als der Ausdruck eines gewaltigen inneren Umsturzes. (...) Der Brief war sonderbar, aber immerhin auch für einen kalten, gleichgültigen Leser nicht ganz unmöglich als ein Brief eines verborgen leidenschaftlichen, schwer berechenbaren Mädchens.

Diese Sätze beziehen sich auf den Leser, Wladimir, und suchen zu begründen, warum ihm nicht ob der Unwahrscheinlichkeit einer gleichsam doppelten Arabella Zweifel kommen. „Für den, der verliebt ist", fügt der Erzähler noch hinzu, „ist zudem die Frau, die er liebt, immer ein unberechenbares Wesen." So sagt er, und es mag ja so sein. Eine Unwahrscheinlichkeit gilt es seitens der Briefschreiberin noch aufzuheben: In Arabellas Verhalten Wladimir gegenüber werde es keine Veränderung geben, schreibt Lucidor, und auch er wird gebeten, nicht merken zu lassen, dass er sich geliebt weiß. Durch diese Vorkehrungen abgesichert, kann nun die Handlung ihren Lauf nehmen.

Sehr viel deutlicher als in der Komödie sieht der Leser der Erzählung, mit welchen Spannungen der Seele die so geschaffene Situation für Lucidor, aber auch für Wladimir verbunden ist. Dieser „fühlt sich glücklich und unglücklich zugleich. Er weiß erst jetzt, wie gern er sie (sc. er meint: Arabella) hat." Es entsteht „das vielfach bedrohte Glück der schwebenden Lage" – wiederum etwas, das sich der Bühnendarstellung entzieht. Dabei bemerkt Wladimir an Lucidor „ein Etwas, das ihn täglich hübscher und zarter aussehen macht" – die angedeutete Wendung der Dinge, eine der Figur selbst unbewusste Ahnung, sich doch einer Frau gegenüber zu sehen. Allgemeine Reden über die Liebe, in altkluger und etwas zynischer Weise von Lucidor geäußert, weist Wladimir mit dem Hinweis auf die Besonderheit der Liebe zwischen Arabella und ihm zurück. Wenn bei den Ausritten der beiden das Thema aufs Heiraten kommt, leidet Lucidor besonders, „denn dann beschäftigt sich Wladimir ausschließlich mit der Arabella des Lebens anstatt mit der Arabella der Briefe." Hier wird angesprochen, was der Darstellung dieses Themas auf der Bühne die größten Hindernisse entgegen stellt: Arabella hat in den Augen Wladimirs eine doppelte Natur, ist geteilt in eine Arabella des Tages und eine Arabella der Nacht. Diese Spaltung entspricht in glücklicher Weise einer ähnlichen geheimen Spaltung in Wladimirs Seele: „Auch er hatte, wie jedes beseelte Wesen, mehr oder minder seine Tag- und Nachtseite." Lucidor schweißt mit ihren Briefen und der abenteuerlichen Konstruktion einer doppelten Arabella das Paar nur noch mehr zusammen und verstärkt Wladimirs Liebe zu Arabella, während sie doch allen Grund hätte, seine Gefühle auf sich zu ziehen. Doch die psychologische Studie, die wiederum ureigenstes Gebiet dieser Erzählung ist, wenn nicht sogar ihre eigentliche Absicht, richtet sich passgenau wie ein Spotlight auf Wladimir:

> Einem etwas trockenen Humor, einem Ehrgeiz ohne Niedrigkeit und Streberei, der aber hochgespannt und ständig war, standen andere Regungen gegenüber, oder eigentlich: standen nicht gegenüber, sondern duckten sich ins Dunkel, suchten sich zu verbergen, waren immer bereit, unter die dämmernde Schwelle ins Kaumbewußte hinabzutauchen. (...) Dieser Zeiten des Überganges vom Knaben zum Jüngling erinnerte er sich nicht gerne. Aber irgend etwas davon war immer in ihm, und diese verlassene, auch von keinem Gedanken überflogene, mit Willen verödete Nachtseite seines Wesens bestrich nun ein dunkles, geheimnisvolles Licht: die Liebe der unsichtbaren, anderen Arabella.

Für Lucidor wird die Situation prekär, kann er doch angesichts dieser Wesensverwandtschaft kaum hoffen, mit seinen Gefühlen Gehör zu finden: „Ludidor war allein mit seiner Bangigkeit, seiner Verworrenheit, seiner Liebe." Je mehr sich die Arabella des Tages (die wahre) von der Arabella der Nacht (der falschen) unterscheidet, um so intensiver wird die Liebe Wladimirs zu dieser Frau. Man sieht, dass es hier nicht um ein äußeres Problem wie, in der Komödie, das Missverständnis um den Schlüssel handelt; vielmehr ist Wladimir der doppelten Arabella verfallen und nicht jener anderen, nächtlichen Hälfte, die in Wahrheit eine andere Person ist:

> Je kälter, sprunghafter, weltlicher, koketter sie (sc. die Arabella des Tages) war, desto mehr erhoffte und erbat Wladimir von der anderen. Er bat so gut, daß Lucidor zu versagen nicht den Mut fand. Hätte er ihn gefunden, es hätte seiner zärtlichen Feder an der Wendung gefehlt, die Absage auszudrücken.

Wie eine solche Szene sich auf der Bühne abspielen könnte, ist nun vollends rätselhaft. Als es in der Folge zu einer gemeinsam verbrachten Nacht kommt, in der Lucidor Wladimir in seinem / ihrem Zimmer empfängt, treibt die Geschichte für Lucidor auf die Katastrophe zu. Wladimir steigert sich in seine Liebe zu jener zweifachen und deshalb für ihn um so reizvolleren Arabella so sehr hinein, dass er sich gegenüber Lucidor überströmend als absolut glücklich ausspricht. Man ahnt den Effekt: „Es gibt nichts, was den armen Lucidor im Innersten tödlicher erschrecken könnte." Ist diese Not rein innerer Art, tritt bald ein Motiv hinzu, das auch die spätere Komödie beibehält: Da sich die Finanzkrise der Familie zuspitzt, beschließt Frau von Murska, den Haushalt aufzulösen und Wien zu verlassen. Die Folgen für Lucidor sind absehbar: „Lucidor muß eine wahre, unbegrenzte Verzweiflung angstvoll in sich verschließen." Dass er noch einmal den Geliebten zu sich ruft, führt zur Auflösung der spannungsvollen, auf die Dauer ohnehin nicht haltbaren Situation. Der letzte Brief Lucidors ist ein Abschiedsbrief, dessen Ursache nicht nur die bevorstehende Abreise, sondern auch die Verzweiflung Lucidors über die drohende Trennung ist; dieser Brief führt auf Seiten Wladimirs zu einer ebensolchen Reaktion:

> Sie (sc. Lucidor) kommt sich wie eine Verbrecherin vor, gegen ihn, an die anderen denkt sie nicht. Sie kann ihn diese Nacht nicht sehen. Sie fühlt, daß sie vor Angst und Verwirrung vergehen würde. Statt ihn in den Armen zu halten, schreibt sie an ihn, zum letztenmal.

> Wladimir hat am Vormittag Arabellas geheimnisvollen Abschiedsbrief empfangen. Nie hat etwas sein Herz so getroffen. Er fühlt, daß zwischen ihm und ihr etwas Dunkles stehe, aber nicht zwischen Herz und Herz. Er fühlt die Liebe und die Kraft in sich, es zu erfahren, zu begreifen, zu verzeihen, sei es, was es sei. Er hat die unvergleichliche Geliebte seiner Nächte zu lieb, um ohne sie zu leben. Seltsamerweise denkt er gar nicht an die wirkliche Arabella (...).

Solche inneren Umwälzungen, aus der Sicht des Erzählers gestaltet und von ihm gedeutet, könnten auf der Bühne keinen Raum finden, es sei denn, das Drama bestünde fast nur aus Monologen, die eine klare Einsicht der Figuren in die eigene psychische Befindlichkeit voraussetzen müssten. Ausgelöst von dem Handlungselement dieses letzten Briefes, kommt es ohne Zutun Lucidors zu einer Begegnung, die nun geeignet ist, das fremdartige Geschehen seinem Höhepunkt zuzutreiben. Wladimir trifft bei seinem Besuch nicht auf Lucidor, die im Gegenteil soeben versucht hat, den Onkel zu einer finanziellen Unterstützung der Familie zu bewegen und bei ihrer Rückkehr die Stimme Wladimirs zu vernehmen glaubt, sondern auf Arabella. Dass diese beiden Figuren, wie der Erzähler hervorhebt, „im sonderbarsten Dialog begriffen sind", ist unmittelbar einsichtig. Wladimir bittet Arabella, „nun endlich die Maske fallen zu lassen. Arabella weiß durchaus nicht, was sie fallen lassen soll." Die Szene ist komödienreif und jener anderen, der ‚Schlüsselszene', verwandt, die in *Arabella* die Titelfigur und Matteo zusammenführt. Nachdem Arabella, verständlicherweise verständnislos, das Zimmer verlassen hat, stürzt Lucidor herein, noch immer (im Morgenmantel Arabellas) verkleidet, aber nun als Frau:

> Es ist sein Freund und Vertrauter, und zugleich seine geheimnisvolle Freundin, seine Geliebte, seine Frau. Einen Dialog, wie der sich nun entwickelnde, kann das Leben hervorbringen und die Komödie nachzuahmen versuchen, aber niemals die Erzählung.

War es unsere Aufgabe gewesen, die Unterschiede zwischen Komödie und Erzählung herauszustellen und dabei speziell die besonderen Leistungen des narrativen Genres hervorzuheben, gelangt am Ende der Erzähler an die Grenzen seiner Kunst. Der Augenblick, da erstmals die beiden Liebenden ohne ‚Verkleidung' und unverstellt miteinander sprechen, entzieht sich der Kunst. Sie schweigt demütig vor dem Leben, das allenfalls eine andere Gattung nachzuahmen versuchen könnte, die Komödie. So endet die Erzählung im wohl unbewussten Vorgriff auf die spätere Komödie mit einer Bescheidenheitsgeste und lässt das weitere Schicksal der beiden Figuren im Ungewissen. Dieser Schluss erfordert eine letzte interpretatorische Anstrengung, um zu ergründen, warum sich der Erzähler jenes versöhnliche happy end versagt, das in der Komödie sogar die Doppelhochzeit herbeiführen kann. Dort nämlich ist der Wladimir der Erzählung gleichsam in zwei Figuren, Matteo und Mandryka, aufgespalten. *Lucidor* verfügt deshalb über einen offenen Schluss, weil der Interessenschwerpunkt anders gelagert ist als bei der Komödie. Es geht der Erzählung um die Innenschau der Figuren, wie sie nur ein (übrigens auch grammatisch hervortretender) allwissender Erzähler vornehmen kann. Die weitere Entwicklung der Dinge nach der Auflösung der gleichermaßen inneren und äußeren Verwirrungen ist kein ‚psychologischer' Gegenstand mehr, und insofern hat

der Erzähler mit dem Moment ausgedient, da Wladimir und Lucile einander in ihrer wahren Natur begegnen.

Es ist deutlich geworden, in welch hohem Maße das äußere
Geschehen der Erzählung von den inneren Zuständen der Figuren nicht nur abhängt, sondern sogar gesteuert wird. Die Ereig-
niskomponente findet ihren weitaus umfangreicheren Gegenpart
in der Beschreibung von Seelenlagen. Während der Erzähler seine Figuren handeln lässt, blickt er in sie hinein, legt ihr Inneres
offen und motiviert dadurch die Natur ihrer Handlungen. Das Geschehen basiert auf der Beschreibung. Diese jedoch ist in einer
Bühnendichtung nur schwer zu bewerkstelligen. Die Regieanweisungen, eigentlich eine beschreibende Textart, beziehen sich
eher auf Äußeres als auf Inneres und sind ferner dem Zuschauer
nur indirekt, zumeist in Dingen oder Verhaltensweisen, gegenwärtig. Die Eigenrede der Personen, Kern und Konstituens der
dramatischen Gattung, findet dort ihre Grenzen, wo sich die Figuren ihrer selbst nur bedingt bewusst sind. Eine Erzählung kann
aus eigener Kraft, hierin unterstützt von der Beschreibung, eine
Atmosphäre aufbauen, wo auf der Bühne erst die Inszenierung
atmosphärische Akzente setzt. Ob dieses Ergebnis aus dem Vergleich von *Arabella* und *Lucidor* auch im Weiteren die Analyse
‚trägt‘, wenn wir uns jetzt dem *Märchen der 672. Nacht* zuwenden,
müssen die folgenden Interpretationen erweisen.

Wir haben die Frage nach dem Charakter – nicht nur der Erzählung, sondern auch des Erzählens – so weit getrieben, dass
nun ein neuer Gesichtspunkt für unsere Darstellung gewonnen
ist. Die kommenden grundsätzlichen Überlegungen zur Narrato-
logie (der Lehre vom Erzählen) mögen helfen, den Unterschied
von Drama und Erzählung systematisch zu fassen; aber auch die
früheren Ergebnisse über die Lyrik sind in diese Fragestellung einzubeziehen. Jeder Text, so wurde eingangs gesagt, besitze einen
Verlauf in der Zeit. Nun kann diese zeitliche Dauer in verschiedener Weise ‚aufgefüllt‘ werden. Verfuhr die Lyrik ‚anhäufend‘,
(kumulierend) und komprimierend, zeigt im Unterschied dazu
die Erzählung, hierin dem Drama ähnlich, eine Veränderung auf.
Zwischen der Ausgangs- und der Endsituation (im folgenden: S_A
und S_E) vollzieht sich eine Handlung, durch die der Unterschied
zwischen Anfang und Ende erklärt und einsichtig gemacht wird;

in der Ausgangssituation S_A liegt ein Anstoß für den Verlauf der Handlung, die in S_E endet. Die folgende Darstellung soll dies verdeutlichen:

$$S_A \quad \rightarrow \quad S_E$$

Da dieser Vorgang einer Entwicklung vom Anfang zum Ende für die Erzählung von grundsätzlicher Bedeutung ist, entsteht daraus die Aufgabe, die Handlungselemente (H), die zu dem Unterschied zwischen S_A und S_E führen, zwischen diese beiden Eckpunkte zu schieben:

$$S_A \rightarrow H_1 \rightarrow H_2 \rightarrow H_3 \rightarrow H_4 \text{ usw.} \rightarrow S_E$$

In die Normalsprache übersetzt, bezeichnet das Schema die Ereignisabfolge, den ‚Plot' einer Erzählung zwischen Ausgangs- und Endpunkt, deren Differenz durch verschiedene Handlungen oder Ereignisse erklärt wird, die in ihrer Folge aufeinander bezogen sind.

Das alles ist sehr abstrakt und soll nun durch die Analyse von Hofmannsthals *Märchen der 672. Nacht. Geschichte des jungen Kaufmannssohnes und seiner vier Diener* veranschaulicht werden. Die Erzählung erschien zuerst 1895 in *Die Zeit. Wiener Wochenschrift für Politik, Volkswirtschaft, Wissenschaft und Kunst*; die erste Buchausgabe (Hugo von Hofmannsthal: *Das Märchen der 672. Nacht und andere Erzählungen*) wurde 1905 publiziert. Im Allgemeinen lässt sich die hier zunächst interessierende Grobstruktur einer Erzählung schon durch eine Inhaltsangabe aufzeigen. Der junge Kaufmannssohn, der schon im Untertitel genannt wird, hat sich sein Leben im Luxus eingerichtet und bewohnt, zusammen mit drei Dienerinnen und einem Diener, ein kostbar ausgestattetes Stadthaus sowie, im Sommer, ein Landhaus. (S_A) In zwei Rückblenden wird gezeigt, seit wann die Dienerinnen schon in seinem Hause leben und auf welche Weise der Diener zu ihm gelangte: Er war dem Kaufmannssohn während eines Essens bei dem persischen Gesandten aufgefallen und hatte bald darauf gebeten, in seine Dienste treten zu dürfen. Während der erste Teil der Erzählung insgesamt die Situation beschreibt, erweist sich der Hinweis darauf, wie der Kaufmannssohn zu jenem Diener gelangte, im Horizont des später Erzählten als Handlungselement.

Denn eines Tages erhält der Kaufmannssohn einen anonymen Brief, in welchem jener Diener eines ‚abscheulichen' Verbrechens – Genaueres erfährt man nicht – bezichtigt wird (H_1). Der Kaufmannssohn begibt sich daraufhin zum Haus des persischen Gesandten, bei dem der Diener früher in Stellung gewesen war (H_2), trifft aber dort niemanden an (H_3). Da sein eigenes Stadthaus verschlossen ist, macht er sich, auf den nächsten Tag hoffend, auf die Suche nach einer Herberge für die Nacht (H_4). Dabei gelangt er zum Laden eines Juweliers, wo er in der Auslage eine Beryll-Brosche entdeckt, die er für seine alte Dienerin erwirbt; als Geschenk für seine jüngere Dienerin kauft er eine Halskette (H_5). Während der Juwelier die Stücke einpackt, schaut der Kaufmannssohn in den Garten hinaus und möchte, was ihm der Juwelier auch ermöglicht, die dortigen Gewächshäuser näher ansehen (H_6). Die hierauf folgenden Ereignisse sind von der merkwürdigsten Art. Zunächst begegnet der Kaufmannssohn in einem der Gewächshäuser einem Kind, das der jüngeren seiner Dienerinnen auffallend gleicht und ihn im Gewächshaus einsperrt (H_7). Zwar kann er sich befreien, doch führt ihn dieser Weg zu Häusern, in denen Soldaten wohnen, und auf einen Hof, in dem sie ihre Pferde versorgen (H_8). Einem der Soldaten möchte der Kaufmannssohn aus Mitleid ein Goldstück schenken, doch fällt, als er seine Hand aus der Tasche zieht, der Schmuck heraus und dem Pferd unter die Füße (H_9). Bei dem Versuch, den Schmuck wieder hervorzuziehen, wird der Kaufmannssohn durch einen Tritt des Pferdes verletzt (H_{10}) und stirbt bald darauf an den Folgen dieser Verletzung (S_E).

Man mag sich nach dieser Inhaltsskizze fragen, ob sich in ihr schon zeigt, was die Aussage der Erzählung ist, und wird diese Frage verneinen müssen. Eine äußere Logik ist durchaus gegeben, die innere Logik aber fehlt. Auf der Suche nach Aufklärung über ein vermeintliches oder tatsächliches Verbrechen kommt jemand zu Tode – ist das eine Geschichte, die Interesse hervorruft? Wohl kaum. Die Frage aber nach dem Grund für diese Ereignisse ist falsch gestellt, wenn sie nur an das Gerüst der Handlung gerichtet wird; vielmehr wird die Geschichte, soll sie überhaupt seinen Sinn entfalten (und dies wird man von einem literarischen Text erwarten dürfen, der eben nicht nur schildert und erzählt, sondern auch erklärt und begründet), auf anderen Ebenen des Textes Bedeutungssignale aussenden. Hier nun hat die Feinanalyse anzusetzen, die zunächst Anfang und Ende in den Blick nehmen wird.

Der Anfang (S_A), so viel fällt schon bei unmittelbarer Lektüre auf, ist sehr viel ausführlicher gestaltet als das Ende und nimmt mit ca. zwei Fünfteln des Gesamtumfangs (bevor dann, eigens markiert, Teil II einsetzt) einen breiten Raum ein. Bei der Skizze des Handlungsverlaufs hatte sich ergeben, dass unter narratologischem Aspekt ein Handlungselement aus dem anderen folgt; im gesamten ersten Teil war jedoch nur ein solches Element vorhanden, das sich zudem noch erst vor dem Hintergrund von Teil zwei und damit quasi indirekt in die Handlung einfügte. Was hat es mit diesem eigenartigen Befund auf sich?

Teil eins der Erzählung besteht aus teils direkten, teils indirekten Informationen über den Kaufmannssohn: Er ist Waise beider Eltern und hat sich, nach einem gesellschaftlich-geselligen Leben, in die Einsamkeit seines großen Hauses zurückgezogen, wo er mit vier Dienern lebt. Da ihm an menschlichen Kontakten nichts liegt, „lebte er sich immer mehr in ein ziemlich einsames Leben hinein, welches anscheinend seiner Gemütslage am meisten entsprach." Seine Verbindungen zur ‚Außenwelt' sind auf gelegentliche Spaziergänge in den Straßen beschränkt, wo er die Gesichter der Menschen beobachtet. Der kostbare Schmuck seiner Wohnung und deren Ausgestaltung mit wertvollen Gegenständen nimmt fast seine ganze Aufmerksamkeit in Anspruch und wird „ihm so bedeutungsvoll, wie er es nie geahnt hatte." Alle Formen der Welt ‚leben' in seinen Geräten; seine innere Verbindung zu diesen Gegenständen verleiht ihnen die Dimensionen eines Weltbildes:

> Er erkannte in den Ornamenten, die sich verschlingen, ein verzaubertes Bild der verschlungenen Wunder der Welt. Er fand die Formen der Tiere und die Formen der Blumen und das Übergehen der Blumen in die Tiere; die Delphine, die Löwen und die Tulpen, die Perlen und den Akanthus; er fand den Streit zwischen der Last der Säule und dem Widerstand des festen Grundes und das Streben alles Wassers nach aufwärts und wiederum nach abwärts: er fand die Seligkeit der Bewegung und die Erhabenheit der Ruhe, das Tanzen und

> das Totsein; er fand die Farben der Blumen und Blätter, die Farben der Felle wilder Tiere und der Gesichter der Völker, die Farbe der Edelsteine, die Farbe des stürmischen und des ruhig leuchtenden Meeres; ja, er fand den Mond und die Sterne, die mystische Kugel, die mystischen Ringe und an ihnen festgewachsen die Flügel der Seraphim. Er war für lange Zeit trunken von dieser großen, tiefsinnigen Schönheit, die ihm gehörte, und alle seine Tage bewegten sich schöner und minder leer unter diesen Geräten, die nichts totes und Niedriges mehr waren, sondern ein großes Erbe, das göttliche Werk aller Geschlechter.

Die Dinge, die den Kaufmannssohn umgeben, sind offensichtlich ornamental gestaltet – entsprechend der arabischen Kultur, in der die Abbildung von Lebendem verboten ist. In diesen ‚arabeskenhaften' Ornamenten sind, verschlungen, die Wunder der Welt aufgehoben. Was raumgreifend beschrieben wird, ist gleichsam eine Welt in den Dingen, die Natur, Mystik und Glauben umfassen, ja ersetzen. Mit diesem Besitz verfügt der Kaufmannssohn über das gesamte kulturelle Erbe und ist von der Schönheit der Gegenstände „trunken". Genauer: Er war es lange Zeit, und hier kündigt sich ein Bedenken an, das auch in der Aussage, seine Tage bewegten sich „minder leer unter diesen Geräten", mitklingt. Sollte der Glanz der die Welt nicht nur darstellenden, sondern diese sogar enthaltenden Gegenstände getrübt sein?

> Doch er fühlte ebenso die Nichtigkeit aller dieser Dinge wie ihre Schönheit; nie verließ ihn auf lange der Gedanke an den Tod, und oft befiel er ihn unter lachenden und lärmenden Menschen, oft in der Nacht, oft beim Essen.

Dieser Gedanke an den Tod stellt sich nicht zufällig ein, sondern ist mit dem besonderen Charakter dessen, womit sich der Kaufmannssohn umgibt, verwoben wie in den Arabesken der Ornamente. All jene Gegenstände sind ohne Leben, tote Objekte, deren „Nichtigkeit" sich besonders in jenen Situationen zeigt, in denen Menschen gegenwärtig sind und ihre Vitalität zum Ausdruck bringen. Damit ist, inmitten eines noch jungen Lebens (der Kaufmannssohn dürfte entsprechend den Angaben zu Anfang etwa Ende zwanzig sein), dem Tod ein Platz eingeräumt, der sich mit dem Verlauf der Erzählung ausbreiten wird.

Aufgabe 13:
Bevor wir diesen Bedeutungsstrang gemeinsam betrachten, könnten Sie
bitte jene Präsenz des Todes im Text nachzeichnen und diejenigen Stellen
markieren, an denen direkt oder indirekt von ihm die Rede ist.

Seine vier Diener, im Untertitel der Erzählung mit genannt, werden, nachdem die Beschreibung des Hauses vorerst abgeschlossen
ist, im Weiteren vorgestellt: die alte Dienerin, Mutter der Amme
des Kaufmannssohns, die junge Verwandte von ihr, die er ins
Haus nahm und die sich mit einem Sprung aus dem Fenster das
Leben nehmen wollte, der alte Diener, der ihn wegen der gegen
ihn ausgesprochenen Anschuldigung noch beschäftigen und ihm
in der Folge den Tod bringen wird, und das junge Mädchen, deren Bewegungen „ihm die rätselvolle Sprache einer verschlossenen und wundervollen Welt" sind. Diese Vorstellung der Diener
geschieht nicht wegen allgemein erzähltechnischer Erfordernisse,
sondern wird auf den Kaufmannssohn bezogen, der anfing, „hie
und da über sie nachzudenken." Was der Leser über die Diener
erfährt, sind insoweit die Gedanken des Kaufmannssohnes.
    Alle Diener bleiben, ebenso wie die Hauptfigur der Erzählung,
ohne Namen, und die Geschichte spielt weder an einem genannten Ort noch zu einer bestimmten Zeit. Was der Situierung des
Geschehens dienen und deren Akteure individualisieren könnte,
bleibt ausgespart, so dass die Geschichte in Raum und Zeit gleichsam schwebt. Die Erzählvergangenheit ist zwar gegeben, ein
Erzähler aber tritt nicht in Erscheinung, und im Weiteren fällt auf,
dass die Figuren, mit Ausnahme zweier kurzer Sätze des Kaufmannssohns, nicht sprechen; jene beiden Sätze gehören in den
Zusammenhang der Aufgabenstellung. Welche Schlüsse lassen
sich aus diesen Beobachtungen ziehen? Wie im Märchen, das als
narratives Genre schon im Titel aufgerufen wird, erscheint die
Handlung als ein allgemeines, auf ganz verschiedene Orte und
Zeiten anwendbares Geschehen. Der Mangel an räumlicher und
zeitlicher Festlegung signalisiert dem Leser, dass die Erzählung
keine historisch-individuellen Ereignisse darstellt, sondern Anspruch auf Allgemeingültigkeit erhebt und vor diesem das Besondere keine Rolle spielt. Dabei aber kommen dem Leser Zweifel,
denn was dem Kaufmannssohn widerfährt, gehört kaum zu den

Erfahrungen, denen wir im normalen Leben ausgesetzt sind – ganz abgesehen davon, dass die meisten von uns auch nicht in einer so exquisiten Umgebung leben, wie sie in der Geschichte beschrieben wird: Ist Hofmannsthal unrealistisch? Diese Frage wird in schon gewohnter Weise so lange suspendiert, bis unsere weiteren Einsichten in den Text ihre Beantwortung erlauben.

Ähnlich dem Bild des Lebens im Stadthaus, sind auch die Sommer auf dem Landsitz ereignislos und verlaufen im Rahmen des Gewohnten. Wenn der Kaufmannssohn im Garten liest, muss er manchmal innehalten, weil er spürt, dass seine Diener, jeder aus einem anderen Zimmer, von vier Seiten ihre Blicke auf ihn heften: „Er fühlte sie leben, stärker, eindringlicher, als er sich selbst leben fühlte." Die „Schwere ihres Lebens, von der sie selber nichts wußten", liegt ihm „in den Gliedern." Sollte sein Leben trotz des ihn prägenden Luxus und trotz der Schönheit, mit der er sich umgibt, eine Leere enthalten, einen Mangel, der ihm durch diese schweigende Gegenwart seiner Diener zum Bewusstsein kommt? Das Problem, hier zunächst nur vermutet, gewinnt im Verlauf der Geschichte an Schärfe, denn der Kaufmannssohn beschäftigt sich zunehmend mit den Dienern, fühlt ihre Augen auf sich ruhen und sieht vor seinem inneren Auge die alte Frau am Fenster sitzen, „das blutlose, maskenhafte Gesicht eine immer grauenhaftere Heimstätte für die hilflosen schwarzen Augen". Auch die Augen der beiden Mädchen weiß er auf sich gerichtet und erwartet den Moment, da der Diener, der sich vom Fenster zurückzog, wiederkommen wird: „(...) ihm war, sie sahen sein ganzes Leben an, sein tiefstes Wesen, seine geheimnisvolle menschliche Unzulänglichkeit." Menschliche Unzulänglichkeit? Worin sie bestehen könnte, ist an dieser Stelle der Erzählung noch ziemlich ‚geheimnisvoll'. Und doch: Im unmittelbaren Kontext der zitierten Passage fällt mehrfach das Wort „Angst", und auch die Qual ist, durch das Verbum „quälen", gegenwärtig. Hat der Kaufmannssohn die Vorahnung, dass er, indirekt, durch den Diener zu Tode kommen wird? Ist der Vergleich der Diener mit Hunden („aber seine vier Diener umkreisten ihn wie Hunde") schon ein vorausdeutender Hinweis auf die Pferde am Ende und auf jenes eine, besonders hässliche und bösartige Tier, durch dessen Tritt er stirbt? Selbst wenn es sich so verhalten sollte, ist die Beziehung nicht deutlich, und wir haben allen Anlass, den Grund für den Tod des Kaufmannssohns nicht unbedingt hier zu suchen. Irgendwo aber muss er, der Logik der Literatur zufolge, zu finden sein.

Mit der Beschreibung von Schönheit hatte der erste Teil der Erzählung begonnen, mit der Darstellung von Schönheit endet er auch:

> (...) sie (sc. die junge Dienerin) trug in jedem Arm eine schwere hagere indische Gottheit aus dunkler Bronze. Die verzierten Füße der Figuren hielt sie in der hohlen Hand, von der Hüfte bis an die Schläfe reichten ihr die dunklen Göttinnen und lehnten mit ihrer toten Schwere an den lebendigen zarten Schultern; die dunklen Köpfe aber mit dem bösen Mund von Schlangen, drei wilden Augen in der Stirn und unheimlichem Schmuck in den kalten, harten Haaren, bewegten sich neben den atmenden Wangen und streiften die schönen Schläfen im Takt der langsamen Schritte.

Es sind schöne, aber tote Gegenstände, mit denen der Kaufmannssohn seiner Existenz Glanz verleiht; auch im zitierten Text tauchen solche Objekte wieder auf, aber in Verbindung und in Kontrast zu der lebendigen Schönheit der Dienerin. Der Kaufmannssohn ist ergriffen von dieser Schönheit, doch würde es ihm nichts bedeuten, das junge Mädchen in den Armen zu halten; ein Verlangen ihr gegenüber verspürt er nicht. Es hatte ihn auch, wie schon eingangs gesagt worden war, keine Frau so für sich eingenommen, dass er sich hätte vorstellen können, mit ihr zu leben. Seine männliche Natur scheint hier zu verstummen, so wie es ihm generell, nach eigenem Urteil, an Lebendigkeit gebricht. Das Leben der Diener und ihre auf ihn gerichteten Blicke sind nur deshalb so bedrohlich, weil sie ihn an etwas erinnern, was er bei allem Reichtum nicht besitzt: Vitalität und Lebendigkeit in einem naturhaften, elementaren Sinne. Dieser Mangel ist nicht nur bedauerlich, sondern, wie der weitere Verlauf der Geschichte zeigt, auch (lebens-)bedrohlich.

Die Frage, warum der junge Kaufmannssohn noch vor der Zeit stirbt, wird die folgende Betrachtung des zweiten Teils der Erzählung begleiten. Vorher aber ist kurz innezuhalten. Am Anfang des *Märchens* steht eine detaillierte, weit ausgreifende Beschreibung, die den Kaufmannssohn als jemanden zeigt, der das Ästhetische verehrt und sich mit einer Fülle schöner Gegenstände umgibt, die

ihm die Welt widerspiegeln und sie sogar ersetzen. Er holt sich die
Welt in seinen Lebensraum hinein und glaubt, sie damit zu besit-
zen und über sie zu verfügen. Dieser Eingangsteil wäre ein in sich
abgerundetes Prosagedicht, gäbe es nicht zaghafte Zeichen dafür,
dass diese geschlossene Welt bedroht ist – wie sonst wäre die
Angst der Hauptfigur zu verstehen? Das Bild der Schönheit, sowohl den Kaufmannssohn, „der sehr schön war", als auch seine
von ihm ästhetisch gestaltete Umgebung betreffend, zeigt Risse,
die im zweiten Teil der Erzählung aufbrechen und etwas anderes
sichtbar und erfahrbar machen, dem, betrachtet man den
Schluss, der Kaufmannssohn offenbar nicht gewachsen ist.

Im zweiten Teil der Erzählung liegen, wie schon das oben skiz-
zierte Schema belegte, sämtliche Handlungselemente. Die zwischen den einzelnen Elementen eingefügten Pfeile deuten eine
Entwicklung an, ohne die ein Erzähltext nicht funktionieren
kann. Es bleibt aber die Frage, ob diese Elemente, die in einem
deutlichen Zeitablauf zueinander stehen, noch durch Anderes
verbunden sind als durch die Chronologie. Diese Frage indes ist
nicht durch den Verlauf der Erzählung zu beantworten, sondern
nur von deren Ende her, was konkret heißt: Sind die einzelnen
Handlungselemente auch vor dem Hintergrund des Todes zu verstehen, obwohl die tödliche Verletzung des Kaufmannssohns ja
‚nur' vom Tritt des Pferdes herrührt? Wenn eingangs, wie schon
ausgeführt, von den arabeskenhaften Ornamenten die Rede ist,
wobei es sich bei den Arabesken um ein Kunstprinzip handelt,
wäre zu erwarten (soll nicht dieses Motiv ins Leere laufen), dass
‚Verschlingungen' ähnlicher Art auch den zweiten Teil der Erzählung bestimmen. Auf der Ebene der zeitlichen Abfolge stehen die
Handlungselemente in einem deutlichen Zusammenhang, der
sich in der Negation am Besten darstellen lässt: Hätte der Kaufmannssohn, der sein eigentliches Anliegen, den persischen Gesandten zu sprechen, aufschieben muss, den Schmuck nicht ge-
kauft, wäre er auch nicht auf die Gewächshäuser aufmerksam
geworden; dann wiederum wäre er nicht zu den Soldaten und
deren Pferden gestoßen; und hätte er nicht den Schmuck aus der
Tasche verloren, wäre er von dem Pferd auch nicht getreten worden; dann wiederum wäre er nicht verletzt gewesen und hätte
nicht zu sterben brauchen.

Wir können hier einen Moment innehalten und uns fragen, ob für diese eigentliche Geschichte der lange Eingangsteil überhaupt notwendig gewesen wäre: Hätte sie nicht ihren Verlauf auch ohne die ausgreifenden Beschreibungen des Anfangs nehmen können? Wenn wir in unserer Vorstellung diesen ersten Teil wegdenken, stellt sich indes eine weitere, entscheidende Frage: Ist die solcherart auf die Handlung reduzierte Geschichte überhaupt interessant? Lässt sich ihr ein Sinn abgewinnen, oder müsste man nicht das Geschehen für zwar bedauerlich, aber nicht unbedingt wichtig oder gar bedeutsam halten? Ein Kaufmannssohn verfehlt das Ziel seiner Recherchen und kommt dabei (zufällig) ums Leben – was sollte daran interessant sein? Es sind, so vermutet man, nicht die Handlungselemente allein, die der Geschichte einen Sinn verleihen – doch welche Elemente sind es außerdem? Hier ist eine Feinanalyse vonnöten, die zwar aufwendig scheint, aber allein aufschlussreich zu werden verspricht.

Der Brief mit den Anschuldigungen gegenüber dem Diener wird als Ereignis in die Geschichte eingeführt („In diesen Tagen geschah es, daß ein Brief kam") und ruft in der Tat bei dem Kaufmannssohn eine Reaktion hervor, die in dieser Schärfe gewiss nicht zu erwarten war. Die Beschuldigungen bleiben unklar, und doch enthält der Brief, in einem unhöflichen Ton, unbestimmte Drohungen, die den Kaufmannssohn nicht nur beunruhigen, sondern auch ängstigen und in Zorn versetzen:

> Es war ihm, als wenn man seinen innersten Besitz beleidigt und bedroht hätte und ihn zwingen wollte, aus sich selber zu fliehen und zu verleugnen, was ihm lieb war. Er hatte Mitleid mit sich selbst und empfand sich, wie immer in solchen Augenblicken, als ein Kind. Er sah schon seine vier Diener aus seinem Hause gerissen, und es kam ihm vor, als zöge sich lautlos der ganze Inhalt seines Lebens aus ihm, alle schmerzhaftsüßen Erinnerungen, alle halbunbewussten Erwartungen, alles Unsagbare, um irgendwo hingeworfen und für nichts geachtet zu werden, wie ein Bündel Algen und Meertang.

Die Wirkung entspricht, mit normalen Maßstäben gemessen, kaum der Ursache, sondern greift weit über diese hinaus. Offenbar hat der Besitz, der die Diener einschließt, solche auch inneren Dimensionen erlangt, dass seine Gefährdung die Persönlichkeit des Kaufmannssohns bedroht und radikal in Frage stellt. Nicht aus sich selbst bezieht der Kaufmannssohn den Inhalt seines Lebens, sondern aus den Dingen und Menschen (wobei dieser Unterschied gegen Null geht), die ihn umgeben. Werden sie ihm genommen, ist er in seiner Identität gefährdet. Auf die Spitze getrieben, stellt sich die nun eingetretene Situation so dar, dass der Kaufmannssohn *ist*, was er *hat*, und folglich nichts mehr ist, wenn er nichts mehr hat. Im engen Kreis seiner Besitztümer vermochte er, wenngleich mit der Ahnung, dass sein Leben reduziert sei, noch zu existieren; wird ihm der Besitz genommen, ist seine Existenz bedroht. Der Besitz schafft, wie es schon bei seinem Vater gewesen war, Identität; verliert er ihn, geht ihm auch seine Identität verloren – armer reicher Kaufmannssohn. An dieser Stelle ahnt der Leser, dass die nun kommende Abfolge der Ereignisse, die ihn aus dem wie beschrieben eingerichteten Lebensraum hinaustreibt, mit Gefahren verbunden ist, und dies sogar jenseits jenes Unfalls, der den Kaufmannssohn töten wird.

Der in seinen verschiedenen Stationen beschriebene Irrweg, der den Kaufmannssohn von seinen Dienern entfernt, führt immer wieder dazu, dass er an sie erinnert wird – an die alte Dienerin, ihre junge Verwandte, die junge Dienerin und an den alten Diener sowieso, da er ja seinetwegen unterwegs ist. Es dürfte wenig erbringen, die einzelnen Stationen noch einmal aufzureihen; wichtig aber ist die Frage, ob es etwas gebe, was sie verbindet. Ein Wortfeld ist quasi allgegenwärtig: das Ärmliche, Hässliche, Elende.

Aufgabe 14:
Ermitteln Sie, an welchen Stellen und in welcher Häufigkeit der Erfahrungsbereich des Hässlichen zur Darstellung kommt!

Nicht nur die Hässlichkeit, sondern auch die Angst begleitet den Kaufmannssohn durch die unbekannten Viertel der Stadt. Das Grauen konzentriert sich in der Begegnung mit jenem Kind, das dem jungen Mädchen aus seinem Hause so überraschend gleicht. Dieses Kind weist sein Geldgeschenk zurück (mehr noch: lässt es einfach fallen) und schließt ihn in einem der Gewächshäuser ein. Zorn, Hass und Wut drücken sich im Gesicht des Kindes aus, und erneut, wie schon bei der Begegnung mit dem jungen Mädchen in seinem Hause, muss der Kaufmannssohn erleben, scheinbar grundlos abgelehnt und verfolgt zu werden. Beide Figuren, das Kind und das junge Mädchen, das sich den Tod geben wollte und die Zuwendung des Kaufmannssohns heftig zurückweist, entziehen sich ihm und lassen sich in seine Welt nicht einfügen. Seine sorgfältig geordnete, auf das Äußere, Ornamentale gerichtete Existenz ruft Widerstand hervor: Die beiden Mädchen lassen sich nicht bezwingen. Selbst die Natur, die der Kaufmannssohn in einem Garten so pfleglich behandelte, steht ihm nun feindlich und lebensfremd gegenüber:

> Um eine kleine Zeit zu übertäuben, zählte er die Blüten, die in ihrer Starre lebendigen Blumen unähnlich waren und etwas von Masken hatten, heimtückischen Masken mit zugewachsenen Augenlöchern.

Was dem Kaufmannssohn auf seinem Weg durch die Stadt begegnet, ist dem, was er zuhause um sich hat, fast gänzlich entgegengesetzt. War es dort eine Natur, die er in seinem Garten pflegen und genießen konnte, ist er nun von Pflanzen umgeben, die ihn bedrohen: Schwarze, „sinnlos drohende Zweige" treten „unangenehm hervor". Indem der Kaufmannssohn seine gewohnte Umgebung verlässt, setzt er sich einer Gefährdung aus, die von eigentlich harmlosen Wesen wie den Pflanzen, dem Kind und den Pferden ausgeht und durch die Hässlichkeit der Stadt noch verstärkt wird. Außerhalb seines Lebensbereichs, den er nach den Regeln des Schönen gestaltete und in dem er zurückgezogen lebte, scheint der Kaufmannssohn nicht lebensfähig zu sein. Als er zudem, um sich aus dem verschlossenen Gewächshaus zu befreien, auf einem Brett über einen Abgrund balancieren muss, fühlt er nicht nur Angst und Hilflosigkeit, sondern auch „die Nähe des Todes." Eine Tür öffnet sich „mit leisem Knirschen, das ihm, wie der Anhauch des Todes, den Leib durchschnitt (...)". Bevor der Tod am Ende eintritt, hat er schon seine Vorboten geschickt, und trotz der gelungenen Befreiung aus dem Gewächshaus fühlt sich der Kaufmannssohn „ganz leer und vom Leben verlassen". Was ist aus diesen Befunden zu schließen? Der Tod, der in dieser Erzählung einen bitteren Schlusspunkt setzt – bitter zumal deshalb, weil er einer Verkettung unglücklicher Umstände wegen eintritt –, war schon

vorher vielfach als Möglichkeit gegenwärtig. Als der Kaufmannssohn faktisch stirbt, scheint sich die Drohung des Todes endlich zu
erfüllen. Die Intensivierung der zeitlichen Beziehung zwischen
den Handlungselementen durch das Hinzutreten eines kausalen
Begründungszusammenhangs kündigt sich an, kann aber im Kontext des zweiten Teils allein noch nicht genauer gefasst werden.

Ein Blick auf die Umstände des Todes verspricht Aufschluss.
Das Pferd, dessen Tritt den Tod verursacht, hatte den Kaufmannssohn „mit tückisch zurückgelegten Ohren und rollenden Augen"
angesehen, „die noch boshafter und wilder aussahen, weil eine
Blesse gerade in der Höhe der Augen über den hässlichen Kopf
lief." Dieser erschreckende Eindruck steht indes nicht für sich allein, sondern erinnert den Kaufmannssohn an „das verzerrte Gesicht eines hässlichen armen Menschen", den er vor langer Zeit
im Geschäft seines Vaters gesehen hatte; sein Gesicht war von
Angst verzerrt, weil er ein ihm nicht gehörendes Goldstück hatte
und die Leute ihn deshalb bedrohten. In dieser Erinnerung liegt
der Schlüssel zum Geschehen. Ihn, den Besitzenden, bedroht alles, was arm, ihn, den Verehrer der Schönheit, alles, was hässlich
ist. Außerhalb seines eng umgrenzten Lebensraumes, der nur ihn
selbst und nicht einmal die Diener umfasst, ist der Kaufmannssohn nicht lebensfähig, weil er Armut und Hässlichkeit als Bedrohung empfindet, die ihm seinen Besitz neidet. Er stirbt nicht nur
durch den Angriff eines Pferdes; vielmehr handelt es sich dabei
um ein hässliches und boshaftes Tier, das seinen Tod nicht zufällig, sondern offensichtlich geplant herbeiführt: aus Bosheit. Der
Körper des Kaufmannssohnes, der vorher nur unter dem Aspekt
des Ästhetischen dargestellt worden war, tritt nun in seiner Kreatürlichkeit hervor; das Pferd schlägt ihm in die Lenden, er fällt auf
den Rücken, man packt ihn an den Schultern und den Knien, seine Augen schmerzen in den Höhlen, seine Zähne schlagen ihm
zusammen: „Zuletzt erbrach er Galle, dann Blut, und starb mit
verzerrten Zügen, die Lippen so verrissen, daß Zähne und Zahn-
fleisch entblößt waren und ihm einen fremden, bösen Ausdruck
gaben." Seine Physiognomie gleicht jener der Pferde mit ihren
heraufgezogenen Oberlippen, die die oberen Zähne bloßlegen,
und noch bevor die Verwesung eingesetzt hat, wird sein Gesicht
zu einem Totenschädel.

Der Tod erscheint als das letzte Glied einer Kette von Ereignissen, die das Leben des Kaufmannssohns schon vorher bedroht hatten. Eine Erklärung ist diese Feststellung jedoch nicht, und noch immer fehlt uns der Anschluss des ersten Teils der Erzählung an jene auf kleinem Raum dicht gedrängten Geschehnisse, die sich zum Anfang mit seinen ausführlichen Beschreibungen und der Ruhe eines in sich geschlossenen Lebens gegensätzlich verhalten. Seine Diener, so erklärt der Kaufmannssohn sich sein Schicksal, hätten ihn in den Tod getrieben, und folgt man den Ereignissen, so hat er damit wohl recht. Das freilich ist nicht alles. Schon eingangs fühlte er die Diener mehr leben als sich selbst, empfand er deren Blicke als bedrohlich. Hätte der Kaufmannssohn aus seiner dem Schönen hingegebenen Existenz das ausgeschlossen, was als Begriff vielfach im Text vorkommt, ohne damit aber konkrete Konturen zu gewinnen: das Leben? Das Kreatürliche und Animalische (und damit auch der Tod) sind aus der Existenz des Kaufmannssohnes verdrängt, gleichsam zugedeckt und erstickt unter den Ornamenten der Schönheit. Dem Ornamentalen, das Lebendiges nicht einmal darstellen kann (da es immer nicht-figürlich ist), fehlt jeder Bezug zum Leben und zu den Entwicklungen in der Zeit. Abgesehen vom Unterschied der Jahreszeiten, dem der Kaufmannssohn durch ein Stadt- und ein Landhaus Rechnung trägt, sind Zeitverläufe aus seinem Leben ausgeschlossen, so dass der Eingangsteil wie ein ‚Tableau' anmutet – schön, aber statisch und ohne Leben.

Man beginnt zu ahnen, warum der Protagonist der Erzählung am Ende stirbt: Das Leben (und damit auch die Rache des Lebendigen an seinem Kult der Kunst) hat ihn verfolgt, bedroht und schließlich eingeholt; doch ist er schon so weit von ihm entfernt, dass er es nicht als Chance ergreifen, sondern nur, an seinem extremen Ende, als Tod erleiden kann. Er stirbt an seinem Leben, das lebensfremd war: „Er haßte seinen vorzeitigen Tod so sehr, daß er sein Leben haßte, weil es ihn dahin geführt hatte." Dies nun ist, in letzter Instanz, endgültig lebensfeindlich. Das Leben zu hassen, weil es in den Tod führt (was es ja naturgemäß immer tut), heißt dem Leben alles zu nehmen, was es, dem immer drohenden Tod zum Trotz, an Sinn dennoch oder eben deshalb enthalten kann. Das ist, befremdlich zwar, aber in seiner ‚tödlichen' Logik schlüssig, der Sinn dieses *Märchens der 672. Nacht.* Der Leser mag nunmehr entscheiden, ob diese Botschaft in dem Sinne beispielhaft und bedenkenswert ist, wie es die Allgemeinheit von Zeit und Ort und das die Individualität aufhebende Fehlen der Namen schon eingangs hatten vermuten lassen.

Es ist nun, nachdem wir schon einige Übung im Umgang mit der Interpretation literarischer Texte erworben haben, eine Aufgabe größeren Umfangs zu stellen, so dass dieses letzte den fiktionalen Texten gewidmete Kapitel mit einer Aufgabe beginnt und endet. Der Gegenstand der Aufgabenstellung, Hofmannsthals *Reitergeschichte*, erschien, obgleich inhaltlich wenig erbaulich, 1899 in der Weihnachtsbeilage der Wiener Neuen Freien Presse und wurde, zusammen mit dem *Märchen der 672. Nacht,* 1905 in eine Buchpublikation aufgenommen. Dass Hofmannsthal sie gleich zweimal veröffentlichte, weist auf den Rang hin, den er dieser recht kurzen, von ihm 1919 im Rückblick als große „Schreibübung" charakterisierten Erzählung beimaß.

Aufgabe 15:
Interpretieren Sie die Reitergeschichte *und versuchen Sie bei Ihrer Interpretation all das zu berücksichtigen, was über das methodische Vorgehen nach Handlungsmomenten, aber auch über die Bedeutung der Beschreibung bisher ausgeführt wurde!*

Dieses Kapitel zusammenfassend, das Erzählungen komplexer Art analysierte, ergibt sich als Ergebnis eine kaum in dieser Form erwartete Einsicht. Eine Erzählung, so viel weiß man jetzt, verfolgt den Verlauf einer Handlung und macht den Unterschied zwischen einer Ausgangs- und einer Endsituation anschaulich. Deshalb ist sie eine sehr dynamische Gattung und verfolgt nicht selten einen spannenden Handlungsverlauf, der sich in einer Art, die wir alle aus der Schule kennen, ‚nacherzählen' lässt; insoweit ergab sich aus dem jetzt endenden Kapitel nicht unbedingt etwas Neues. Interessant und wichtig ist aber das Ergebnis dieses Kapitels in anderer Hinsicht. Zumeist ist das Handlungsgerüst einer Erzählung relativ schmal, selbst wenn sie, wie zum Beispiel die *Reitergeschichte*, viele Handlungselemente enthält, ja in ihrer Kürze sogar die

Handlung geradezu zusammendrängt. Ausgefüllt wird dieses ‚Gerüst' von beschreibenden Elementen, die innere Zustände, äußere Atmosphäre oder auch Personen und Gegenstände zur Anschauung bringen. So stellt eine Erzählung immer auch etwas dar, das sich dem Handeln entzieht, dieses aber dennoch entscheidend mitbestimmt. Sie ist mit Beschreibungen verbunden, in denen das Geschehen besonders gewichtet, erläutert und interpretiert wird; so gewinnt die Handlung eine spezielle ‚Farbe'. Wie die Deskription eine Deutungsebene der Narration erstellt, ist umgekehrt die Narration ein Interpretationsmodus der Beschreibung. Zwei Seiten derselben Medaille, sind Erzählen und Beschreiben aneinander gebunden. Auf diese Weise enthält eine Erzählung immer auch etwas, das man nicht erzählen, sondern nur beschreiben kann, die Beschreibung in narrativen Texten etwas, das man erzählen muss.

Versuch zum Essay

Theoretische Gegenstände stehen nicht unbedingt in dem Ruf, die Leser literarischer Texte zu faszinieren. Für den nun folgenden Versuch über den Essay gilt es, den Leser gleichwohl einzustimmen und für eine Gattung einzunehmen, die ihrem Inhalt nach den Sachtexten zuzuordnen ist, dabei aber durchaus künstlerische Darstellungsmittel ins Werk setzt. Dem Essay erwächst die Aufgabe, am Besten schon gleich am Anfang den Leser in seinen Bann zu ziehen; diese Aufgabe stellt sich auch den Darlegungen dieses Kapitels, und ihre Erfüllung wird dadurch erleichtert, dass der Essay gegenüber den bisher behandelten Gattungen etwas Neues darstellt.

Essayistische Texte unterscheiden sich wesentlich von allen Texten, die bisher analysiert wurden. Sowohl die Lyrik als auch das Drama gehören, ebenso wie die Erzählung, zu den fiktionalen Texten – solchen also, deren Aussagen zumindest nicht unmittelbar, im Extremfall gar nicht auf reale Sachverhalte zu beziehen sind. Was es mit diesem Unterschied zwischen fiktionalen und nicht-fiktionalen Texten auf sich hat, wird im letzten Kapitel, das der Literarität von Texten gewidmet ist, genauer zu erörtern sein. Die Grundlagen hierfür schafft die Beschäftigung mit dem Essay. Man wird dieser Textart im Unterricht – sei es in der Schule, sei es auf der Universität – nicht eben häufig begegnen, weil essayistische Texte weniger ‚poetisch‘ sind als jene anderen, die nicht-reale Sachlagen entwerfen und deshalb in ihrer Gestaltung freier agieren können. Der Raum der Fiktion ist ein Freiraum; der Essay hingegen behandelt sein Thema in der Weise, dass er (zumindest seiner Absicht nach) zutreffende Aussagen über dieses Thema macht. Fehlt hingegen, wie es im fiktionalen Text der Fall ist, der Sachverhalt, auf den sich der Text konkret beziehen könnte, fällt das Kriterium der Richtigkeit der Aussage in sich zusammen: Woran sollte man diese ‚Richtigkeit‘ messen können, wenn es in der Realität keine unmittelbare Entsprechung zu dem gibt, was der Text aussagt?

Als nicht-fiktionaler (pragmatischer[1]) Text beansprucht der Essay, seinen Gegenstand angemessen, ‚richtig' darzulegen: Im Zuge dieser Absicht stellt er ein Wahrheitspostulat auf, das er freilich, wie in pragmatischen Texten generell denkbar, auch verfehlen kann; doch dies ist, die Möglichkeit menschlichen Irrens immer eingeschlossen, von seinem grundsätzlichen Anspruch zu unterscheiden. Überlegungen dieser Art klingen nicht eben ‚künstlerisch'. Zwar kann auch ein im engeren, fiktionalen Sinne literarischer Text scheitern, jedoch wäre dieses als Verfehlen künstlerischer Absichten zu verstehen und beträfe nicht die Richtigkeit der getroffenen Aussagen, die für einen fiktionalen Text ja ohnehin irrelevant ist. Im Zusammenhang dieser Überlegungen zum Essay wird etwas anderes fragwürdig (und nicht unbedingt das Problem, ob der Essay zutreffende Aussagen macht): Worin liegt eigentlich die künstlerische Qualität des Essays? Könnte er nicht pragmatischen Gattungen wie etwa dem Feuilleton an die Seite gestellt werden? Gewiss, doch eignen auch dem gelungenen Feuilleton ästhetische Erscheinungsformen, die auf eine spezifische sprachliche Gestaltung abzielen. Ein Essay ist, ähnlich dem Feuilleton, nicht einfach nur ein Text, der einen Sachverhalt darlegt; er ist vielmehr auf eine besondere Weise künstlerisch verfertigt. Dabei nun treten Inhalt und Ausdruck in ein Beziehungsverhältnis. Im besten Falle (und es bedarf nicht der Betonung, dass nach Ansicht der Autorin Hofmannsthals Essays diesen ‚besten Fall' abdecken) ergibt sich eine Entsprechung von Thema und poetischer Technik, wobei das eine das andere widerspiegelt und erhellt.

Hofmannsthals literarische Anfänge, die von der Lyrik und dem lyrischen Drama geprägt sind, stehen auch im Zeichen des Essays – einer Gattung freilich, die ihn zeitlebens begleitete, so

---

1 Pragmatisch leitet sich von gr. pragma ab, das ‚Handlung' bedeutet. Pragmatische Texte wären also solche, die sich unmittelbar auf Handlungen beziehen, sei es dadurch, dass sie reale Handlungen darstellen, sei es auch, indem sie Handlungen begründen oder ermöglichen. Die weitaus meisten Texte, mit denen wir alltäglich Umgang haben, gehören in diese Kategorie; literarische, ‚fiktionale' Texte hingegen treten weitaus seltener auf und sind auf die Kunst beschränkt. Was überhaupt ihr Sinn sein kann (wenn sie schon nicht auf Wirklichkeit bezogen sind), wird im letzten Kapitel darzulegen sein.

dass, anders als bei der Lyrik oder dem lyrischen Drama, in gleicher Weise frühe und späte Texte zur Darstellung kommen können. Einer der nun zu betrachtenden frühen Texte ist mit der schon geschilderten Anekdote des verblüfften Hermann Bahr verbunden, der als Autor einer Rezension seines Dramas *Die Mutter* einen älteren Herrn vermutet hatte und sich einem jungen Gymnasiasten gegenübersah. Von den insgesamt drei Essays, die Hofmannsthal über Gabriele D'Annunzio schrieb, soll der erste behandelt werden. Im Zusammenhang mit unseren Dramenanalysen ist *Die Bühne als Traumbild* von höchstem Interesse; dieser Text wird gleich eingangs als Aufgabe gestellt. Schließlich richtet sich unser Augenmerk auf einen späten Essay, *Wert und Ehre deutscher Sprache*. Die zentrale Fragestellung betrifft bei allen Analysen nicht allein die Inhalte, sondern die Verbindung zwischen Thema und (im poetischen Sinne) ,Text'.

Nun gleich mit einer Aufgabe versehen zu werden, in einem Kapitel, das einen Grenzbereich literarischer Texte behandelt, mag dem Leser Unbehagen bereiten. Zu Unrecht, wie er bald feststellen wird, denn die Analyse des Essays ist auf der Basis dessen, was wir schon erarbeiteten, nicht so problematisch, wie er vielleicht befürchtet. In seiner ,Text'-Struktur ist der Essay der Lyrik und der Erzählung verwandt: Ähnlich wie die Lyrik weist er eine hohe Dichte von inneren Bezügen auf und verfährt in seinem diskursiven Verlauf nach dem Muster der Beschreibung, indem er Gesichtspunkte seines Themas gleichsam anhäuft, addiert wie im Textmodus der Deskription. Diese Verfahrensweise verbindet ihn auch mit der Erzählung, über die das vorangehende Kapitel die wohl überraschende Feststellung traf, dass Sinn und Verlauf eines Erzähltextes von der Beschreibung getragen oder zumindest mitgetragen wird. Um auch die letzten Spuren des Unbehagens noch zu zerstreuen: Der Begriff ,Essay' leitet sich von frz. ,essai' her, was Versuch bedeutet; Michel de Montaigne hatte Ende des 16. Jahrhunderts in einem dreibändigen Werk gleichen Titels die Gattung geschaffen, die sich schon bei ihm durch die Verschiedenheit ihrer Gegenstände und die Freiheit im Umgang mit ihnen auszeichnet. Einen Versuch ist der Essay allemal wert, und wenn das Ergebnis der Analyse nicht unbedingt schon beim ersten Mal überzeugt, darf man es noch einmal probieren!

Wir lassen also nichts unversucht, um den Zugang zum Essay zu finden. Bevor Sie sich mit der Analyse von *Die Bühne als Traumbild* beschäftigen, könnten Sie sich die Frage stellen, welcher Textmodus die vorliegende Einführung in die Textanalyse kennzeichnet; handelt es sich hier, nach Ihrem spontanen Urteil, um einen Essay (oder eine Zusammenstellung von Essays)? Vielleicht denken Sie sich einmal kurz in die Autorin und ihre Absichten hinein, die sie mit diesem Buch verfolgt: Geht es darum, beschreibend Einsichten in die Texte zusammenzustellen nach dem Muster der Addition? (Das wäre ein Essay.) Oder soll der logische, methodisch gestützte Verlauf nachgezeichnet werden, wie man, nach und nach aufbauend, Einsichten gewinnt und diese fortschreitend zu einer Interpretation hinführt, die dann, dem strengen Wort zum Trotz, so etwas wie ein ‚Urteil‘ über den Text wäre? (Dann handelte es sich um einen argumentativen Text.) Wir werden auf diese Fragen am Ende des Kapitels zurückkommen.

Der Essay *Die Bühne als Traumbild*, 1903 in der Berliner Zeitschrift *Das Theater* erschienen, steht im Zusammenhang mit dem lebenslangen Interesse Hofmannsthals an der Bühne, das wiederum im Kontext des Bemühens zu sehen ist, der Literatur einen Raum der Wirkung zu eröffnen und dem Wort die Tat an die Seite zu stellen.

Aufgabe 16:
Interpretieren Sie auf diesem Hintergrund den ersten, aus nur zwei Sätzen bestehenden Abschnitt!
Der zweite Absatz stellt Bezüge auf: Worin liegt ihre Bedeutung?
Welche sinnlichen Eindrücke hält die Bühne, so wie Hofmannsthal sie sich vorstellt, bereit, und über welche Kunstmittel verfügt, gebietet der Bühnenbildner?
Worin besteht die Verwandtschaft zwischen Bühne und Traum?
Inwiefern ist die Bühne der Wirklichkeit überlegen?
Womit endet der Essay? Können Sie dieses Ende interpretieren?

Die Rezension von Hermann Bahrs Drama *Die Mutter*, von Hofmannsthal 1891 in der Wiener Zeitschrift *Moderne Rundschau* unter dem Pseudonym Loris veröffentlicht, ist nicht allein, nicht einmal in erster Linie, eine Auseinandersetzung mit dem Werk selbst, sondern versucht sich, unter künstlerischen Aspekten, an einem Einblick in die Person des Autors und den Charakter der Epoche. Schon im ersten Satz („Hermann Bahr ist der lebendigste unter uns allen.") stellt sich der junge, eben mit dem Schreiben beginnende Autor kühn in den Kreis derer, die ‚dazugehören'. Gleich zu Anfang fällt der aufzählende, reihende Duktus der teilweise elliptischen Sätze auf – mit ihrer sofort nach dem ersten Satz einsetzenden Serie von Verneinungen: Ein programmatischer Kämpfer ist Bahr nicht, sondern jemand, der sein Leben einfach lebt, „Tag für Tag". Dieses Leben verfügt somit nicht über ein großes Ziel, beschreibt auch, Programme und Absichten umschließend, keinen großen Bogen; Bahrs Leben ist ein „lebendiges Leben", in dem er jedoch nur kokettiert (mit der Lebensbejahung) und der Renaissance verhaftet bleibt: „seither hat er nichts erfahren." Bahr ist ein Autor im Stillstand, der an den großen Wurf seiner *Kritik der Moderne* nicht mehr anknüpfen kann. Dem in einem langen Satz gerühmten Buch, dem „Lebenseingangsbuch" der „Choses entrevues" (‚flüchtig wahrgenommenen Dinge') steht kein Buch der Lebensmitte gegenüber; vielmehr hat Bahr „seinen Geist, der doch eine so große Flamme werden sollte, in tausend eigensinnigen Funken versprühen lassen; er hat seinen Geist, der doch ein großer Lebensspiegel hätte werden können, in tausend blitzende Scherben zerschlagen."

In dieser Perspektive der ‚Kleinteiligkeit' beginnt man zu begreifen, welche Bedeutung den zahlreichen, häufig asyndetisch verwendeten Aufzählungen zukommt: Es fehlt diesem Leben die große Linie und damit auch die Verbindlichkeit, die ihm zukommen muss, soll es in künstlerischer Gestaltung überzeugen. Das Fazit des Essays und damit das Urteil über das Drama lautet: Der Rezensent glaubt diesem Werk nicht, denn es ist nicht nur zersplittert, heterogen, sondern auch gleichsam von gestern – einer längst überholten Romantik verpflichtet. So weit die These des Textes, seine unmittelbare Aussage. Doch wäre der Essay kein Kunstwerk, gäbe es nicht für diese Aussage auch eine künstlerische Gestaltung. Es wird nun darzustellen sein, wie diese beschaffen ist.

Heterogen, so wurde gesagt, sei Bahrs Drama, und diese Verschiedenheit der Gegenstände und Perspektiven bestimmt, bis in die Feinstruktur hinein, auch Hofmannsthals Besprechung des

Werkes. Sie beginnt, befremdlich, mit Aussagen über den Autor, zunächst aufzählend, was ihn *nicht* kennzeichnet: er ist, in substantivischer Verneinung, keine Prophetennatur, keine Flamme, kein Schwert; im weiteren werden Verben negiert: „Er predigt nicht. Er zersetzt nicht." (usw.) Der erste Satz, Bahr sei der Lebendigste von ihnen allen (was immer das genau heißen mag), suggeriert hinter den Verneinungen, als eine Art Strategie der Vermeidung modischer Irrtümer, eine durchaus positive Wertung: Lebendigkeit, noch dazu in der Steigerung des Superlativs, kann wohl ein Fehler nicht sein. Und doch – und an dieser Stelle schon deutet sich die Skepsis an, die hinter vermeintlichem Lob die Kehrseite des Gesagten erahnen lässt: Bahr kokettiert mit der Lebensbejahung und kann deshalb die Renaissance (mitgemeint ist hier der seinerzeit modische Renaissancismus, etwa bei Maeterlinck oder D'Annunzio) nicht überwinden. Der Text, betrachtet man den langen Satz zwischen „Er kann aus der Renaissance nicht herauskommen ..." bis „die hat Bahr erfahren", führt in einem Gestus vermeintlich höchsten Lobes zur Zäsur eines Gedankenstriches (des einzigen, der syntaktische Funktion hat und einen Satz durch- und abtrennt): „und seither hat er nichts erfahren." Das ‚sitzt', möchte man sagen ...

Seither, so Hofmannsthal weiter, habe ihm sein Leben als Experiment, als Vorwurf gedient, in den die Kunst anderer einging: Bahr schafft nicht, er entdeckt: „Er sieht allerlei Besonderes, aber er sieht es nicht besonders, er will es nur entdecken, für sich und die Welt, alles entdecken". Sein Buch *Zur Kritik der Moderne* ist deshalb nur ein „Lebenseingangsbuch", weil es ihm zum Kunstwerk an eigenem gebricht; zwar ist das Leben in dieses Buch eingegangen und hat hohe Erwartungen geweckt, teilweise auch erfüllt, aber der Schritt über das Leben hinaus in die Kunst steht noch aus. Hier nun, als der Leser beginnt, hinter dem beredten Lob eine harsche Kritik zu ahnen, steht der schon zitierte Satz, Bahr habe die Flamme zu Funken versprühen, den Spiegel in Scherben brechen lassen. Der Jugend Hermann Bahrs entspricht die ‚Jugend' des Naturalismus (ein Begriff, der, historisch etwas unscharf, die neueren Bestrebungen der Kunst meint und nicht eine bestimmte Schule), und wiederum tritt ein trennender, skeptischer, durchaus doppeldeutiger Gedankenstrich auf – in einem Satz, der typographisch abgesetzt ist: „Aber beide sind ja noch so jung, sehr, sehr jung – hoffentlich."

Der bei einer Buchbesprechung befremdliche Eingang mit dem Hinweis auf den Autor und sein ‚Leben' findet Bestätigung und Nachhall, als sich der Rezensent dem Drama *Mutter* zuwendet. So wie Bahrs Leben und das einer ganzen Generation in seine Essays einging, sind auch die Figuren des Dramas diesem Leben nachgestaltet. Und wiederum stellt Hofmannsthal am Ende eines Gedankenganges in *einem* Satz die These auf: „‚Mutter' führt aus dem Dilettantismus an der Kunst vorbei in die Romantik." Die beiden, Romantik und Dilettantismus, seien immer „zusammengegangen": Die romantischen Tendenzen, die Sammelbecken des Verschiedenen, des Heterogenen sind, führen auch dazu, dass man auf allen möglichen Gebieten, und derer sind viele, dilettiert – sich also nicht ernsthaft und tiefgründig mit den Dingen beschäftigt, sondern sie einfach übernimmt, gleich aus welcher Zeit sie stammen und in welchen Kontexten sie ursprünglich stehen. Der entsprechende Abschnitt in Hofmannsthals Rezension ist ein ebensolches Sammelsurium, in der Gestaltung des Textes selbst die perfekte Wiedergabe dessen, wovon die Rede ist. Der ‚Irrsinn' der Romantik, wo sich alles vermischt, ist ebenso eine „Krankheit der Kunst", wie der Dilettantismus eine „Krankheit des Empfindungsvermögens" ist. Vor diesem Hintergrund gewinnt der oben zitierte, thesenhafte Satz an Schärfe: Das Drama ist von einer zweifachen Krankheit befallen.

Doch damit nicht genug. Alles, was im Folgenden noch, die Schärfe der Kritik akzentuierend, angeführt wird, fällt über das Drama, das dilettantisch nur ‚Angefühltes' enthält, das vernichtende Urteil, es habe zugleich das Leben und die Kunst verfehlt: Man könne sich, führt Hofmannsthal aus, kein Milieu künstlich erschaffen, man könne auch nicht fremde Empfindungen künstlerisch gestalten. Da der Dilettantismus beides will, ist das Ergebnis gleich doppelt verhängnisvoll. Die, wie Hofmannsthal etwas süffisant bemerkt, „zweieinhalb Welten" (nämlich Paris, Berlin und, halb, Rumänien) sind so wenig überzeugend gestaltet, so wenig miteinander verknüpft wie die vermischten Sprachen des Stückes, und die Feststellung: „Das ist Paris" enthält, das bis dahin Gesagte fortsetzend, einen Unterton von Skepsis: Soll das wirklich Paris sein? Die verschiedenen Sprachebenen, weit entfernt, die Personen oder das Milieu zu charakterisieren, führen nur zu einem wolkigen Kauderwelsch. Und es folgt wieder ein abgesetzter Satz: „So versündigt sich der Dilettantismus gegen unanfechtbare Forderungen naturalistischer Kunsttheorie."

Die Aufgabe, das ‚große Kunstproblem', „die große, die neue, die mystische Einheit" der Schulen und Sprachen zu schaffen, löst das Stück nicht, es führt sogar an ihr vorbei. Wie der Maler in Zolas Roman *Das Werk* scheitert Bahr am „Zuvielwollen":

> Mit allen Mitteln des lebendigen Vorganges, der episch-detailliertesten Charakteristik, mit Bild, Ton, Wortschattierung, Stimmungsmalerei ringt er nach einer überkünstlerischen unmöglichen Deutlichkeit der Sensation (sc.: Empfindung), nach einem Letzten, Feinsten und Stärksten des Eindrucks (...).

Man erkennt leicht, wie Hofmannsthal das Üppige, die kühnen Zusammenstellungen des Verschiedenen, die in der von ihm so genannten ‚Romantik' vollzogen werden, in der Sprache selbst abbildet; der von Aufzählungen strotzende Satz führt auf ein Ziel hin: Die Absicht allein erreicht dies alles nicht; hierzu bedarf es noch anderer Fähigkeiten als des bloßen Kunst*wollens*. Aus der Vielfalt der Beobachtungen und aus einer sich steigernden Ablehnung treibt der Autor seine letztlich vernichtenden Urteile heraus. Der Text strebt, vor allem in jenem vorletzten Abschnitt, auf eine sprachliche Reproduktion der Romantik zu, die in verwirrender Fülle aufbietet, was doch nur *ein* Fazit zulässt: „(...) er (sc. Bahr) ist ganz Romantiker, ganz Individualist, ganz 1830. – " Das ist die ‚Ganzheit', die Totalität des Scheiterns.

Sie erfährt jedoch eine Milderung im letzten Abschnitt, der im Zeichen des Unglaubens steht. Man glaubt Bahr seine *Mutter* nicht, nimmt sie ihm gleichsam nicht ab. Und doch endet der Text nachsichtig und versöhnlich: „Und an sein *Morgen* glauben ja auch wir." Nach dieser Betonung des Unglaubens, dieser letzten Hinwendung zu einem zukunftsgerichteten Glauben fragt sich freilich der Leser, ob er dies dem Autor ‚glauben' soll – oder ist es nicht nur aus bloß sprachlicher Logik gesagt, aus einem Zugzwang heraus, der nach aller Skepsis dem Essay ein hoffnungsvolles Ende zuschreibt?

Es war in diesen Versuchen zur Analyse literarischer Texte schon mehrfach angeklungen, dass die Literatur nicht als statisches, in sich ruhendes und selbstgenügsames System zu verstehen ist, sondern dass sie der Interpretation und des Verstehens bedarf, um sich mit ihren Kommunikationsabsichten, aber auch mit dem Reichtum ihres Sinngehaltes zu verwirklichen. Die Wahl der Bahr-Rezension als Einstieg in die Beschäftigung mit dem Essay ist nicht anekdotisch oder biografisch, sondern sachlich motiviert. Denn dieser Text vollzieht eben nicht nur die Darstellung oder Rekonstruktion eines Sachverhalts, sondern setzt die Kunst der Anspielung und der Perspektivierung ins Werk, ein negatives Urteil andeutend, es aber nicht ‚hart' aussprechend. Dem Leser verlangt dieser Text eine Beweglichkeit ab, die sich auf die verschiedenen Perspektiven, die den Gegenstand nicht eigentlich erfassen, sondern eher umreißen, immer erneut einlassen muss. In gleicher Weise soll der Leser das vielfach perspektivierte Thema und die sprachlichen Mittel der Perspektivierung im Blick haben und, da der Text sein Urteil nur andeutet, sich selbst ein Bild machen. Man sieht: Durch einen Versuch in mehreren Anläufen und unter zahlreichen Gesichtspunkten erreicht der Essay eine Dichte, die durchaus, wenn es auch überraschen mag, mit jener der Lyrik vergleichbar ist. Auch der Essay lebt aus der Kunst der Konzentration, der Zusammen- oder Engführung seiner Perspektiven. All dies fordert dem Leser vieles ab und läuft auf den Moment hinaus, da der Leser nicht nur den Text, sondern auch die eigenen Text-Einsichten versteht. Vielleicht sieht unser Leser am Ende dieses Kapitels ein, welch reizvolle Aufgabe ihm mit seinen Versuchen zum Essay erwuchs.

Der *Gabriele D'Annunzio* betitelte Essay, in der *Frankfurter Zeitung* 1893 publiziert, ist die erste von insgesamt drei Studien über den italienischen Autor und diejenige, die den größten Reflexionsraum eröffnet. Relativ breit angelegt, setzt der Text mit einer allgemeinen Feststellung, vermeintlich ganz jenseits seines Themas, ein: Man habe manchmal die Empfindung, als hätten uns unsere Vorfahren nur zwei Dinge hinterlassen: „hübsche Möbel und überfeine Nerven." Der erste Satz steckt einen breiten Rahmen ab und zeigt in seinem Verlauf eine ansteigende Spannungslinie, unterbrochen von der syntaktischen Wiederaufnahme „als hätten sie uns". Kunstgewerbe und Nervenkunst treten schon hier ansatzweise zusammen, um sogleich erläutert und weitergedacht zu werden. Nicht nur die von Möbeln gestiftete Tradition, sondern auch die Gegenwart eines Spiels der Nerven erweist sich bald, statt ein reiches Erbe zu sein, als Bürde der Geschichte. Denn die Dinge gewinnen ein Eigenleben, das den Neueren gleichsam das Blut aus den Adern saugt: „Jetzt umflattern sie uns, Vampire, lebendige Leichen, beseelte Besen des unglücklichen Zauberlehrlings!" Der aufzählende Duktus, schon aus dem Bahr-Essay bekannt, häuft auf der einen Seite jene schönen Dinge, auf der anderen die Stadien des Verlusts von Leben an, so dass in einem Dreischritt nur „frierendes Leben, schale, öde Wirklichkeit, flügellahme Entsagung" übrigbleiben. Und in einer weiteren Dreierformation werden, als letzter Rest der Moderne, ein sentimentales Gedächtnis, ein gelähmter Wille und die unheimliche Gabe der Selbstverdoppelung genannt. Ein ganz ähnlich aufgebauter Satz folgt: „Wir schauen unserem Leben zu; wir leeren den Pokal vorzeitig und bleiben doch unendlich durstig". Warum wird die Dreizahl der Aufzählungen eigens betont? Nicht nur, weil sie durch Häufigkeit auffällt, sondern auch, weil sie an eine rhetorische Figur denken lässt, die Klimax: Caesars „Veni, vidi, vici" zum Beispiel (Ich kam, sah und siegte). Die Klimax beschreibt, in aufsteigend positiver und in absteigend negativer Richtung, eine Steigerung. Kann davon bei den genannten Beispielen die Rede sein? Wohl nicht, denn die angeführten Symptome der Zeit sind in ihrer eindringlichen Bezeichnung („frierendes Leben", „flügellahme Entsagung") gleichwertig. In dieser Diagnose der Epoche deutet sich keine Entwicklung an; sie ist die Beschreibung eines Zustandes. Das ‚schöne' (Sprach-)Bild von Bourget, der Pokal, aus dem man trinkt, habe einen Riss, leitet eine Konstruktion des Gegensätzlichen ein: Man empfindet im Besitz den Verlust, „im Erleben das stete Versäumen." Und die Schattenwesen ohne Blut und Kraft – denn diese waren von der Vergangenheit aufgesaugt worden – bewegen sich hellsichtig und doch tagblind, „zwischen den Kindern des Lebens umher."

Das alles ist sehr schön gesagt, sagt aber nichts über D'Annunzio. Trotz der beschriebenen Kraftlosigkeit hat der Text, gut trainiert, offenbar einen langen Atem – durchaus begründet, denn er strebt, nach der einleitenden Darstellung einer Vergangenheit, die der Gegenwart die eigenen Kräfte zu nehmen schien, weiter auf ein nun neues Zeitbild zu. Dabei erfährt das vielfach benutzte ‚Wir‘, mit dem sogar ein Abschnitt eingeleitet wird, eine Klarstellung; es geht nämlich nicht um schlechterdings alle Mitglieder einer Generation, sondern nur um einige, die nicht Genies sein müssen, nicht „der Kopf oder das Herz" dieser Generation, die vielmehr nur ihr Bewusstsein sind: Was heißt hier ‚nur‘? Aus ihrem Verstehen untereinander, aus dem „Rotwelsch", das sie miteinander sprechen, entsteht „das Merkwort der Epoche": ‚modern‘.

Auf dieses Wort läuft die Darstellung zu, und vor seinem Hintergrund wird deutlich, warum Hofmannsthal, mehr als in anderen Essays, der Sprachgebung eine solche Sorgfalt angedeihen lässt. Obgleich scheinbar einfach strukturiert, auf jene hübschen Möbel und überfeinen Nerven ausgerichtet, die ihr als Legat der Vergangenheit zukamen, hat die neue Epoche ihr eigenes Gesicht und ihren eigenen Namen: Moderne. Damit hat sich der Text nach schon fast zwei Druckseiten zu einem Begriff vorgearbeitet, der die Dinge nur scheinbar vereinfacht: Denn was ist ‚Moderne‘? Hofmannsthal sagt es selbst: „Was von Periode zu Periode in diesem geistigen Sinn ‚modern‘ ist, läßt sich leichter fühlen als definieren; erst aus der Perspektive des Nachlebenden ergibt sich das Grundmotiv der verworrenen Bestrebungen." Mit dem Wort wurde nicht ein Problem gelöst, sondern im Gegenteil ein neues herbeizitiert, denn ‚modern‘ lässt sich, im Sinne eines Neuen, das sich gegen ein ‚Altes‘ abgrenzt, auf alle Epochen anwenden und muss folglich für jede einzelne von ihnen ‚neu‘ bestimmt werden. „Heute scheinen zwei Dinge modern zu sein: die Analyse des Lebens und die Flucht aus dem Leben." Wieder kommt Hofmannsthal argumentativ bei einer Formation an, diesmal einer dualistischen, die er auch fortführt: Anatomie des eigenen Seelenlebens oder Traum, alte Möbel oder junge Nervositäten, Reflexion oder Phantasie, Spiegelbild oder Traumbild, Experimentiertrieb und Schönheitstrieb, Trieb nach Verstehen und nach Vergessen. Man sieht, dass der Text weiterhin aufzählend verfährt:

Modern ist das psychologische Graswachsenhören und das Plätschern in der reinphantastischen Wunderwelt. Modern ist Paul Bourget und Buddha; das Zerschneiden von Atomen und das Ballspielen mit dem All; modern ist die Zergliederung einer Laune, eines Seufzers, eines Skrupels; und modern ist die instinktmäßige, fast somnambule Hingabe an jede Offenbarung des Schönen, an einen Farbakkord, eine funkelnde Metapher, eine wundervolle Allegorie.

An dieser Stelle hat der Text einen Punkt erreicht, an dem die Sprache ihr – zumindest strukturelles – Fast-Versagen durch die Anhäufung von Eindrücken kundtut. Modernität lässt sich nicht definieren, sondern nur, in stammelnder Addition von Merkmalen, beschreiben. Das wiederum dreifache ‚modern ist ...' bezeichnet auch hier keine Steigerung, sondern nur eine ordnende, Zäsuren setzende Aufzählung all dessen, was Modernität *ist*. Ein komplexes, in sich differierendes Aufgebot von Begriffen soll bezeichnen, was kaum zu bezeichnen ist. Und erneut nimmt Hofmannsthal Zuflucht zu der schon bekannten Dreierformation: „die Zergliederung einer Laune, eines Seufzers, eines Skrupels"; „die (...) Hingabe (...) an einen Farbakkord, eine funkelnde Metapher, eine wundervolle Allegorie." Sowohl die Oppositionsstruktur als auch die dreifache Aufzählung zeugen von dem Bestreben, Komplexität zu ordnen und zu strukturieren, und nehmen Bezug auf die traditionelle Rhetorik; doch sie funktioniert nicht mehr, leistet nicht, was sie leisten soll. Denn was als gegensätzlich erscheint – die Analyse des Lebens und die Flucht aus dem Leben –, erweist sich als verknüpft im Sinne jener sprichwörtlichen zwei Seiten derselben Medaille. Gleich dem „eklektischen" 19. Jahrhundert ist auch die neue Epoche eklektisch, da sie sich in ganz verschiedene Facetten auflöst und eine ungeordnete Fülle umfasst, die der Text beschreibend und kumulativ einzuholen versucht. Doch die Doppelung (neben der Dreierform in diesem Text beherrschend) verleiht diesem Eklektizismus ein gleichwohl nicht ungefährdetes Ordnungsschema. Nur zwei Dinge hatte diese Zeit geerbt; zwei Tendenzen auch, in welcher Benennung auch immer, kennzeichnen ihre Eigenart: Analyse und Zergliederung auf der einen, Traumbild und Hingabe an das Schöne auf der anderen Seite. Mit der Alternative „Reflexion oder Phantasie" ist die Zeit gekennzeichnet, in ihr aber auch befangen, und ein Drittes scheint ihr nicht gegeben – tertium non datur. Beide Bereiche haben eins gemeinsam: die Innerlichkeit. Schon der Hinweis auf jene „zwei- bis dreitausend Menschen" (also nicht viele), die das unscharfe „Wir" präzisieren, ließ erkennen, dass Wert und Kern der Epoche nicht in äußeren Bezügen zu suchen sind, sondern im Innenraum des Bewusstseins. Und mehr noch: Jene Menschen *sind* das Bewusstsein einer ganzen Generation.

Es ist unschwer zu bemerken, dass unsere Analyse des D'Annunzio-Essays ungebührlich lange bei Überlegungen verharrte, die mit dem Thema, so wie es der Titel vermuten lässt, nicht viel zu tun haben. Von D'Annunzio war bisher, bei Hofmannsthal und in unseren Betrachtungen, noch gar nicht die Rede: Offenbar haben sich beide Texte gleichsam verlaufen, verirrt. Das Bestreben nun, Anschluss an das Thema zu finden, zeigt einige Bemühtheit: Im Werk D'Annunzios, so Hofmannsthal, kristallisierten sich die beiden Tendenzen der Epoche: „seine Novellen sind psychopathische Protokolle, seine Gedichtbücher sind Schmuckkästchen". Das erste wird in der Folge des Textes dargestellt, das zweite gerät ein wenig in Vergessenheit, wird aber im zweiten Essay über D'Annunzio, den wir nicht mehr betrachten werden, wieder aufgegriffen. Die Ausführungen über den italienischen Dichter wirken wie ein Anhang, ein Appendix, zu dieser allgemeinen Charakterisierung der Epoche. Und doch: In ihnen wird im Sinne der Anschaulichkeit eine Präzisierung vorgenommen, welche die vormals sprachschönen, aber oft vagen Ausführungen in die künstlerische Erfahrung übersetzt. Dabei passieren mehrere Werke Revue, zunächst Romane und Erzählungen (wobei Hofmannsthal die Gattungsbezeichnung ‚Roman' nicht gelten lassen will, sondern von ‚Novellen' spricht), dann, im Vergleich mit Goethes *Römischen Elegien*, die Elegien D'Annunzios gleichen Titels.

Die behandelten narrativen Texte fügen sich exakt in die Überlegungen ein, die Hofmannsthal am Anfang angestellt hatte, und sind deshalb Zeitbilder. Vor allem die Darstellung der Figuren entspricht den eingangs genannten ‚überfeinen' Nerven und umschließt „jene unheimliche Willenlosigkeit (...), jenes Erleben des Lebens nicht als eine Kette von Handlungen, sondern von Zuständen." Gleich ob die Novellen unter einfachen Leuten oder in der höheren Gesellschaft spielen – immer sind die Figuren „von morbider Empfindlichkeit" und stehen „wurzellos im Leben, schattenhaft, müßig." Die an ihnen sichtbare „Schlußkette neuropathischer Logik" und ihr Hang zur Seelenzergliederung gerät zum Ausdruck der Zeit und ist typisch für deren Hang zum Nervösen. Wenn in *L'Innocente* (*Der Unschuldige*, zumeist auf deutsch: *Die Unschuld*) die Mutter des Kindes, das vom Vater ermordet wird, „zum Symbol wird", ist damit die Deutungsperspektive gekennzeichnet, die Hofmannsthal an D'Annunzio heranträgt. Das Charakteristische, Zeittypische, das den Autor gleichsam zur Stimme einer ganzen Künstlergeneration macht, führt, bei aller Verschiedenheit der Werke im Einzelnen, zu einem gemeinsamen Grundakkord. Unfähig zu wollen, nehmen die Figuren sich selbst und ihr Leben nur noch in Einzelteilen, in Fragmenten wahr, können die Dynamik und Motivation nicht mehr vollziehen, die im Wollen liegt – ihnen fehlt die Kraft. Und doch sind sie nicht träge oder gar stumpfsinnig, sondern „hellsichtig bis zum Delirium", mit höchster Bewusstheit versehen und nehmen wachen Auges die eigene Unfähigkeit zu leben wahr.

Der am Ende des Essays angestellte Vergleich zwischen Goethe und D'Annunzio macht die Unterschiede beider Dichter, zugleich aber die Besonderheit der eigenen Epoche sinnfällig. In den *Römischen Elegien* steht Dichter gegen Dichter „und Epoche gegen Epoche", den Gedanken des Eingangs wieder aufgreifend, der auf das Erbe früherer Zeiten ausgerichtet war. „Nie haben", schreibt Hofmannsthal, zunächst Goethe meinend, „die Grazien das liebliche Brot unsterblicher Verse von einfacheren Holztellern gegessen und klareres Quellwasser dazu getrunken. Auch in den ‚Römischen Elegien' des Heutigen, des Italieners, wandeln die Grazien. Aber der Dichter hat sie erst in das Atelier Tizians geschickt, sich umzukleiden." Während in Goethes *Römischen Elegien* die antike Einfachheit des Landlebens nachklingt, wandeln die Grazien in den *Elegie romane* durch die Gärten von Renaissancevillen mit dem melancholischen Blick auf eine vergangene Epoche, und die Liebe zu Rom ist hier „eine schwere, süße Bezauberung, die der Seele Unerlebtes als erlebt, Traum als Wirklichkeit vorspiegelt." Realität geht verloren, und das mag nicht einmal zu bedauern sein, denn die Räume der Innenwelt sind dieser modernen Generation von Künstlern allemal genug. Bei Goethe führt der Blick auf die schlafende Geliebte zu einem Gefühl sicheren Besitzes; D'Annunzio hingegen weiß, wie wenig die Geliebte ihm gehört, „wie die Träume sie bei der Hand nehmen und fortführen, wohin er nicht folgen kann. Und wenn die geliebten Lider sich öffnen und der Blick der suchenden Augen sich jenseits verlieren will, jenseits des Lebens, in vergeblicher Sehnsucht", erfährt er die nicht aufhebbare Fremdheit des anderen, die eigene Einsamkeit. Der „Sicherheit und Herrschaft über das Leben", wie Goethe sie gestalten konnte, steht in der Moderne „das Anwachsen des Problematischen und Inkommensurablen [sc. des Unermesslichen]" gegenüber. So hat die Welt der Modernen jede Fassbarkeit verloren, kann nicht mehr unmittelbar ergriffen, sondern nur noch durch Reflexion und ‚Zergliederung' begriffen werden.

Die Folge und das Ende unserer Analyse kann sich kurz fassen. Während Hofmannsthal fortfährt, die Besonderheit der Moderne an D'Annunzios *Elegie romane* und dessen *Isottèo* darzustellen, entdeckt er hier, gegen Schluss, das, was er am Anfang beobachtet und festgestellt hatte: „den Triumph der Möbelpoesie", dem er hier „den Zauberreigen dieser Wesen" hinzufügt, „von denen nichts als Namen und der berückende Refrain von Schönheit und Liebe zurückgeblieben ist." „Zauberreigen" und „Refrain" verweisen auf die Musik, von der Hofmannsthal hier noch nicht gesprochen hatte. Sie ist, wie sich bald herausstellt, an jene Sprache gebunden, vor der Beispiele, wie er schreibt, machtlos sind:

> (...) ist es doch die schönste, die ewig beneidete Sprache; ist es doch das Land unserer Sehnsucht, wo es Städte gibt, deren Namen nicht nach schalem Alltag und rauher Wirklichkeit klingen, sondern tönen, als hätten die süßen duftenden Lippen der Poesie selbst sie beim Singen und Plaudern geformt.

Der Name Tizian war gefallen – als Hinweis auf das frühe Dramolett über seinen Tod? Hier, am Ende des Essays, ist der Schauplatz Italien, durch die Sprache aufgerufen, imaginär gegenwärtig; vielleicht betritt ja auch der eigene lyrisch-dramatische Text, zeitlich von diesem Essay nicht weit entfernt, die Bühne dieser Reflexionen über D'Annunzio, in denen sich, vom „man" des Anfangs, der Bogen zu einem „Wir" spannte, dessen Allgemeinheit durch die Betrachtung D'Annunzios charakteristisch und im doppelten Sinne ‚beispielhaft' wurde. Und so klingt es nach Inbrunst, wenn kurz nach der oben zitierten Passage (man möchte sagen: endlich!) eine sich steigernde Aufzählung vorkommt, in der jenes ‚Wir' einen Inhalt gewinnt: „die horchende Seele, die sehnende Seele, die verträumte Seele, unsere Seele." Hier ist, am Beispiel D'Annunzios – und dies macht den Essay so einnehmend –, nicht nur die eigene Sprache auf einen neuerlichen Höhepunkt getrieben (doch was will das bei Hofmannsthal schon besagen ...); hier ist auch eine Gemeinschaft gewonnen, die ihre ‚moderne' Besonderheit in der Dichtung wieder findet – vielleicht nicht nur im Werk D'Annunzios, sondern dem eigenen Wunsch nach auch in dem Essay von Hofmannsthal.

Am Ende dieses Kapitels ist, wie schon eingangs angekündigt, der Blick auf einen späten Essay Hofmannsthals zu richten, auf *Wert und Ehre deutscher Sprache*. Den Erstdruck brachten die *Münchner neueste Nachrichten* am 26. 12. 1927. Es handelt sich um die Vorrede zu dem Band *Wert und Ehre deutscher Sprache, in Zeugnissen*, herausgegeben von Hugo von Hofmannsthal, Verlag der Bremer Presse, München 1927. Der Gedanke an eine Gemeinschaft, mit dem der D'Annunzio-Essay endete, verbindet über die Zeiten hinweg einen sehr frühen mit einem sehr späten Text Hofmannsthals, und man mag vermuten, dass die Gemeinschaft im einen wie im anderen Falle nicht dieselbe ist. War das „Wir" des D'Annunzio-Essays die Gemeinschaft der Einzelnen und Vereinzelten, geht es nun, in „Wert und Ehre deutscher Sprache", um die Verbundenheit eines ganzen Volkes. Damit ist es, wie schon der Anfang zeigt, nicht eben gut bestellt, fehlt es doch den Deutschen, die über eine sehr hohe Dichtersprache und eine Fülle von lebendigen Dialekten verfügen, an einer „mittleren Sprache", die „allezeit das Gesicht der Nation" zusammenfasst. Da man in jener mittleren, der Verkehrssprache eines Volkes auch seine Physiognomie erkennt, hat, so Hofmannsthal, die deutsche Nation „für den Blick der anderen kein Gesicht" – mit unglücklichen, ja fatalen Folgen.

Was ist nun der besondere Charakter einer solchen Verkehrssprache? Hier besitzt die Sprache „eine glatte Fügung", in der das einzelne Wort nicht zu ‚wuchtig' oder zu ‚grell' hervortritt. Nicht die Individualität einzelner Aussagen oder Wörter, sondern das verbindende Element soll sich in dieser mittleren Verkehrssprache artikulieren, das ‚Gesellige‘. Dieser Gedanke findet seinen sprachlichen Ausdruck in Begriffen wie „Verbindung", „das Mitverstandene", „die Verflochtenheit", die „Gesamtheit", das ‚Typische‘, schließlich das ‚Familiäre‘ der Worte, „wobei sie alle gleichmäßig verzichten, ihr Tiefstes auszusagen". Und weiter: „Ihre Anklänge und Wechselbezüge kommen mehr zur Geltung als ihr Urlaut". Schon jetzt ergibt sich (nicht ohne Unbehagen) die Frage, ob denn die Sprache von Hofmannsthal selbst diesen Kriterien gehorcht – im vorliegenden Falle oder auch in jenen früheren Texten, die mindesten ebenso intensiv, wie sie ihr Thema zur Darstellung brachten, die Sprache selbst ins Werk setzten. Bereits am Anfang von *Wert und Ehre deutscher Sprache* glaubt der Leser einen anderen, für Hofmannsthal ungewohnten Ton zu vernehmen: Sollte der Autor jene mittlere, Gemeinsamkeit schaffende Verkehrssprache auch selbst sprechen, obwohl es sie, der Grundthese zufolge, in Deutschland gar nicht gibt?

Im Deutschen ist die Individualität des Sprechens so weit getrieben, dass ein „Konglomerat von Individualsprachen" entsteht, in denen die Wörter sowohl ihr Eigenleben betonen als auch immer wieder, schwankend, in ihr Gleichgewicht zurückfallen: Eine sehr merkwürdige, am Rande des Verständlichen situierte Aussage. Es bedarf der individuellen, ‚magischen‘ Bändigung (so als wäre der Dichter ein Raubtierdresseur), um die Wörter fallweise gleichsam zur Raison zu bringen, und dieser Dressurakt ist an die Kräfte des jeweiligen Einzelnen gebunden. Statt einer geselligen Sprache hat das Deutsche immerhin eine Gebrauchssprache aus den verschiedenen Dialekten hervorgebracht, durchsetzt mit philosophischen Begriffen, die „aber bald der Verwahrlosung anheimfallen, bald der Pedanterie und der Affektation Nahrung geben." In dieser Gebrauchssprache aber wird man das Volk nicht finden, das in Deutschland sprachlos bleibt.

Allein in den „hohen Sprachdenkmälern und in den Volksdialekten" finde man die deutsche Nation, doch dort, so vermutet man, ist sie nicht wirklich aufgehoben. Denn wo die poetische Sprache „jenes Äußerste an freier Schönheit" erreicht, verfehlt sie das Volk. Und trotzdem zollt Hofmannsthal dieser Sprache geradezu emphatisch Lob, wissend allerdings, dass sie mit dem konkreten Leben in keiner Beziehung steht: „Weit darunter ist die Region, in der wir leben." Zwischen den höchsten Zeugnissen der Dichtersprache und der ‚verwahrlosten' Sprache auf den unteren Ebenen der Alltäglichkeit existiert keine Verbindung. Diese allgemeine Diagnose der deutschen Sprache erfährt Bestätigung und Verschärfung gleichermaßen durch die aktuell gegebene Situation. Man lebe, so Hofmannsthal, in einer harten, finsteren und gefährlichen Zeit; das gelte wohl für ganz Europa, doch habe kein anderes Volk so viele „Fugen in seiner Rüstung" wie das deutsche. Die Verletzlichkeit, so muss man folgern, ist längst zu einer Verletztheit geworden – militärisch, politisch, aber vor allem kulturell. Die ‚Fugen' in der Rüstung zerstören die Kontinuität, und während „das wahre Leben der Nationen immer wieder im Zueinanderstreben ihrer Glieder liegt", ist Deutschland als Nation „zerfallen". Der längste Satz des Essays, aus dem soeben schon zitiert wurde, verdient es, in seinem vollen Umfang hierher gesetzt zu werden:

> Wo das wahre Leben der Nationen immer wieder im Zueinanderstreben aller ihrer Glieder liegt, haben wir, schon entzwei-geteilt durch die Religion, zuerst noch, zu Ende des achtzehnten Jahrhunderts, alles Überkommene, sittlich-geistig Gebundene jäh auseinandertreten sehen mit dem Neuen, Individual-Geistigen, Verantwortungslosen; auseinandertreten dann allmählich die Geisteswissenschaften mit den Naturwissenschaften, auseinandertreten die Sprache, die alles vereinigen müßte, und jenes mathematisch übersprachliche Streben, von dem die Wissenschaften schicksalhaft ergriffen wurden, und dem nur Einzelne zu folgen vermögen; nun reißen neue Glaubensbegriffe, mit religiösem Eifer in die Massen geworfen, die Klassen der Gesellschaft auseinander – aber wie in einem Wirbelsturm überschäumende Querwellen die Wellen noch durchkreuzen, so jagt jetzt quer durch alles Denken hin, zerstäubend was sich ihm entgegenstellt, ein neuer Begriff von der alleinigen Gültigkeit der Gegenwart. Es ist der Zustand furchtbarer sinnlicher Gebundenheit, in welchen das neunzehnte Jahrhundert uns hineingeführt, woraus nun dieses Götzenbild „Gegenwart" hervorsteigt.

Man sieht, dass der Begriff ‚auseinandertreten' dreimal verwendet, das Wort „entzwei-geteilt" seinerseits ‚geteilt' wird. Doch dieses Gesamtbild des Auseinanderstrebens und der Teilung wird in einem großen Bogen einem einzigen Satz anvertraut: Die Sprache fügt syntaktisch zusammen, was dem Sinne nach getrennt ist, und führt es auf *einen* Gedanken hin: die Gegenwart als Götzenbild – ein ‚Bild‘, das sich im Weiteren mehr und mehr als furchtbar erweist. Vor dem Hintergrund der Kriegsereignisse, die in den Augen Hofmannsthals nicht nur zu einer militärischen Niederlage Deutschlands und seiner Verbündeten, sondern zum Zusammenbruch der gesamten europäischen Kultur führten, erscheint die Gegenwart als geschichtsloser bloßer Augenblick, als „Scheinbild“. Auf Kierkegaard gestützt, unterscheidet Hofmannsthal den Augenblick ohne Vergangenheit und Zukunft vom Gegenwärtigen, das Zeit und Geschichte in sich einschließt. „Nur mit dieser wahren Gegenwart hat die Sprache zu tun. Der Augenblick ist ihr nichts.“

Der Leser beginnt zu verstehen, dass die deutsche Sprache nicht nur deshalb unvollkommen ist, weil sie die gesellige Gemeinschaft der Menschen einer Nation verfehlt, sondern vor allem aus dem Grund, dass sie im Augenblick die Geschichte nicht fassen kann: Wie soll eine Sprache entstehen und wirken, wenn ihr jene „wahre Gegenwart“ fehlt, aus der sich ihr Selbstverständnis und ihre gesellschaftliche Bedeutung herleiten? In der Sprache kommt „die Übergewalt der Volksgemeinschaft über alles Einzelne“ buchstäblich zum ‚Ausdruck‘, in ihr sucht Hofmannsthal, im Zweifel, ob er sie je findet, die „Seele eines Volkes.“ Mögen solche Einlassungen ‚völkisch‘ klingen und für uns, die wir das weitere Schicksal Deutschlands bis hinein in den Nationalsozialismus (aber auch, glücklicherweise, weit darüber hinaus) kennen, viel Befremdliches enthalten; mag es sich auch in unserem Zeitalter der Globalisierung und des Englischen als Verkehrssprache fremdartig anhören, dass Hofmannsthal die Verbindung der Nation und ihrer Geschichte mit der Sprache herzustellen sucht, so ist doch zu bedenken, was Hofmannsthal, hierin auch in seiner späten, der skeptischen Zeit noch optimistisch, der Sprache zutraut, indem er mit moralischen Begriffen wie „Wert und Ehre“ argumentiert. Die Sprache, in der wir denken und träumen, besitzt allemal andere Tiefendimensionen als jene (zumeist die englische), der wir uns, bloß ‚kommunizierend‘, nur bedienen: „Die

Sprache (sc. die in diesem Sinne eigene) ist ein großes Totenreich, unauslotbar tief; darum empfangen wir aus ihr das höchste Leben."

Mit einem Paradox von Leben und Tod endet unsere Darstellung der Analyse literarischer Texte, für die uns Werke von Hofmannsthal Hilfestellung boten. Ich weiß nicht, ob es gelungen ist, den jungen Menschen, die meine Leser sind (und bald: waren), jene Einsichten des gealterten, resignierenden Hofmannsthal zu vermitteln. Ließen sich die vorher betrachteten Essays noch als Kunstwerke verstehen, steht nun der pure Gedanke, sprachlich entschlackt, vor dem Blick des erschrockenen Lesers. Der Essay, als Kunstform an seine Grenzen gelangt, ist nur noch – ‚nur', als sei das wenig – das unverstellte Bild entblößter Gedanken. Er gibt, wie viele andere Essays aus derselben, späten Zeit, Zeugnis von den Enttäuschungen seines Autors. Hofmannsthal wurde von einer geschichtlichen Entwicklung, die er mit seinen Mitteln nicht mehr verstehen konnte, eingeholt und überrannt (kaum mag man sich vorstellen, was geworden wäre, hätte er die Barbarei des Nationalsozialismus noch erlebt); doch hielt er, in einer Sprache, die gerade durch ihre Extreme immer wieder fasziniert, Momente fest, fragmentarisch oft, an die (sich) zu erinnern, auch in späteren Zeiten, nicht ganz vergeblich ist.

Als Fazit der Beschäftigung mit dem Essay als Kunstform ergibt sich vor allem eines: Die Sprache treibt den Essay aus sich heraus und umgekehrt der Essay die Sprache. Im Essay werden Gedanken zu Sprache, wird Sprache zu Gedanken. Der Essay ist die Gattung der Verbindungen und Verknüpfungen, und insofern war das Beispiel von „Wert und Ehre deutscher Sprache", das Gemeinsamkeiten betonte, nicht ganz nutzlos. Allerdings geht es im Essay nicht unbedingt um die Dichte der sprachlichen Verknüpfungen wie in der Lyrik, sondern eher um, auf sprachliche Bezüge gestützt, gedankliche Verbindungen – auch über den Text hinaus mit der (wie es Hofmmansthal einmal nannte:) ‚sogenannten' Wirklichkeit. Und so endet dieses Kapitel nicht argumentierend, sondern selbst essayistisch – wenn der Autorin ein solches Ausscheren aus dem Geschirr der Argumentation am Schluss erlaubt ist.

Frage für Kenner:
Was ist das ‚Literarische' an literarischen Texten?

Literarische Texte sind Texte der besonderen Art; sie übermitteln nicht in erster Linie Botschaften, sondern sind, in der spezifischen Art ihrer Gestaltung, selbst schon die Botschaft – mit dem viel zitierten, auf die Medien gemünzten (auf diese freilich kaum zutreffenden) Satz des Kanadischen Medienwissenschaftlers Marshall McLuhan: „The medium is the message." Damit ist zugleich die Aufmerksamkeit des Lesers gelenkt, die Richtung seines Augenmerks vorgegeben. Worauf diese besondere Blickrichtung basiert, ist schnell festgestellt: Literarische Texte sind zumeist (über Ausnahmen soll später nachgedacht werden) fiktionale Texte, das heißt: Ihr Bezug zur Realität (oder zu dem, was wir dafür halten) wird problematisiert. Wenn es die Geschichte der Elektra oder der Arabella so, wie Hofmannsthal sie darstellt, nicht gab, sind diese Geschichten doch als Aussagen über Möglichkeiten menschlichen Verhaltens glaubwürdig, obschon die Literatur nicht selten Extremsituationen (wie auch hier) darstellt. Dass Hofmannsthal kaum jemals Personen als Individuen ins Werk setzte, sondern an ihnen Allgemeines aufzeigen wollte (weswegen er, darauf wurde hingewiesen, sich besonders zu Märchen und Mythos hingezogen fühlte), passt perfekt zum Befund des Fiktionalen, das gleichsam auf verschiedenen Ebenen operiert: Es ist auf der Ebene des unmittelbaren Geschehens nicht ‚wahr' oder zumindest nicht in seinem Wahrheitsgehalt nachweisbar, vermittelt aber auf einem höheren, allgemeineren Niveau Einsichten in die Emotions- und Gedankenwelten der Menschen, vielleicht auch Erkenntnisse über die Beschaffenheit der Natur und der uns umgebenden sozialen Welt. Dies einzusehen bedarf es einer Abstraktion, die in den durchgeführten Textanalysen immer wieder vollzogen wurde.

Die Frage, was uns denn bewegen mag, fiktionalen Texten Interesse entgegen zu bringen, obwohl sie nicht oder nur sehr bedingt ‚wahr' sind, ist für den Umgang mit Literatur von nicht geringem Gewicht. Denn statt aus Texten allgemeine oder theoretische Informationen, Anweisungen oder Orientierungen zum Handeln zu gewinnen, stehen wir fiktionalen Texten, was ihren Praxisbezug angeht, (wie Kant sagte:) ‚interesselos‘ gegenüber; wir mögen sie zwar genießen, von praktischem Wert aber sind sie nicht. Es ist im Gegenteil zumeist ratsam, sich eben *nicht* so zu verhalten wie die fiktiven Figuren, ist doch die Literatur voller Extremsituationen und Abseitigkeiten, wenn nicht sogar voller Verbrechen. Und wenn, wie der Philosoph Platon formulierte, die Dichter lügen, können deren Leser in der Gesellschaft kaum auf Wertschätzung rechnen, im Gegenteil: Denn was sollte uns, Vernunft und Realitätssinn vorausgesetzt, dazu bewegen, uns mit Lügen oder bloßen Konstruktionen phantasievoller Autoren zu befassen?

Die Antwort klang in anderem Zusammenhang, als es eingangs dieser Darstellung um die Schriftlichkeit von Texten ging, bereits an. Ein schriftlich fixierter, im elementaren Sinne ‚literarischer‘ Text eröffnet uns weit größere Möglichkeiten der Deutung als ein mündlich vorgetragener; hier können wir Tiefenstrukturen offen legen, uns auf der Text-Fläche hin- und herbewegen, auch entfernte Partien zusammenschließen, Bezüge erkennen und interne Strukturen ans Licht bringen. Gegenüber dem mündlich vorgetragenen Text bedeutet Schriftlichkeit Freiheit in der Rezeption, die noch um einiges größer wird, wenn die dargelegten Sachverhalte nicht an der Wirklichkeit gemessen werden müssen, wie dies bei einem nicht-fiktionalen (man sagt auch: pragmatischen) Text erforderlich ist. Bei einem fiktionalen Text genießt der Leser die Freiheit, ihn sich zu erschließen, wie es ihm am liebsten ist – bis hin zu einem spielerischen Umgang, der ohne jede Verpflichtung zum Ernst die Möglichkeiten eigenen Verstehens erprobt. Die Lektüre ist, handelt es sich um fiktionale Texte, ein Experiment mit offenem Ausgang. Was wir dem Text entnehmen, welche Wege des Verstehens er für uns bereit stellt, lässt sich erst am Ende erfahren oder zumindest erahnen. Beim Studium literarischer Texte lerne ich mindestens ebenso viel über mich, meine Interessen, meine Einsichten oder auch meine Grenzen und Aversionen wie über den Text, so dass ich lesend ein Experiment an mir selbst vornehme, aus dem ich (bei allem Vorbehalt gegenüber dem Wort) ‚gereift‘, zumindest aber bereichert hervorgehe.

Doch die Vorteile der Fiktionalität sind damit noch nicht vollständig erfasst, die Nachteile noch nicht hinreichend bedacht. Aus einem fiktionalen Text, so möchte man zunächst meinen, erfährt man nichts über die Wirklichkeit und lernt auch nichts für das Leben, denn das dort Gesagte enthält keine nutzbaren Aussagen über konkrete Sachverhalte. Auch wenn sich dem Leser fiktionaler Texte Freiheiten im Verstehen erschließen, bleiben diese doch spielerisch ausgerichtet und sind für unser Verhalten im Leben kaum nützlich. Oder ergeben sich aus der Lektüre der *Elektra* oder der *Reitergeschichte* Vorbilder für unser eigenes Handeln? Eher nicht. Unter einem Aspekt jedoch sind die fiktionalen Texte jenen der Alltagskommunikation überlegen. Wenn man zum Beispiel eine Zeitung studiert, bemerkt man bald, dass man einige Artikel liest, andere hingegen nicht, weil man sich zwar vielleicht für den Bericht über Ausbau des Straßennetzes in Leipzig, nicht aber für die Reportage über den Opernball interessiert. Die Wahl ist interessengelenkt und kann im genannten Beispiel durchaus umgekehrt erfolgen. Die Frage, ob man sich für den Inhalt eines Romans interessiert, ist demgegenüber bei der Lektüre nicht von primärer Bedeutung; sie mag zwar für die Entscheidung, speziell diesen Roman zu lesen, eine Rolle spielen, ist aber kaum der einzige noch gar der hinreichende Grund. Wer sich mit dem Thema Hass und Rache befassen möchte, ist sicher mit dem Studium einer psychologischen Abhandlung besser beraten als mit der Lektüre der *Elektra*. Gleichwohl erfährt der Leser hier sehr viel über Hass- und Rachegefühle, obschon ihm die Figuren, die Handlung, der Schauplatz fremd sind und obwohl sich die Geschichte in der erzählten Weise kaum zugetragen hat. Ob er am Ende weiß, was Hass sei, ist alles andere als ausgemacht; er hat aber bei seiner Lektüre eine Atmosphäre gespürt, die in der manischen Wiederholung derselben Handlungen und Befürchtungen aufgebaut wird und die sich um ihn gleichsam zusammenzieht wie eine Schlinge: Er hat den Hass nicht theoretisch erkannt, sondern in der Erfahrung nachvollzogen, hat ihn ‚erlebt‘. Ein analoges Beispiel, diesmal der Lyrik entnommen, ist harmloser, aber nicht weniger anschaulich. Gewiss weiß man, was Wolken sind; doch die besondere Atmosphäre, die sich mit ihnen verbindet, erfährt man bei der Lektüre und Analyse des gleichnamigen Gedichts – man erfährt sie nicht nur, man schafft und erlebt sie mit. Statt einzelne Wolken zu beschreiben, was von eher geringem Interesse wäre, entwickelt der Text eine Dynamik, die auf die besonderen Bewegungen der Wolkenformationen Bezug nimmt, so dass im Ergebnis eine künstlerische Wolken-Studie entsteht, vom Leser miterlebt und mitgeschaffen. Worauf läuft diese Argumentation hinaus? Während wir in der Zeitung nur das lesen, was uns vom Thema her interessiert, lesen wir literarische, fiktionale Texte nicht in erster Linie wegen ihrer Thematik, sondern wegen ihrer besonderen künstlerischen Gestaltung, die wir nach-, ja mit vollziehen.

Fiktionalität, die eben nicht (Ab-)Bilder von Wirklichkeit herstellt, hat freilich, jenseits dieser Verneinung, eine positive Beschaffenheit: Ihre (zunächst einzige) Realität ist die Sprache. Fiktionale Texte, die eine Welt im Modus der Möglichkeit (‚Virtualität') entwerfen, sind nicht nur Aussagen über die Möglichkeiten der Phantasie, sondern auch Gestaltungen der Sprache als Kunstmittel. Unter diesem Aspekt vollzieht sich in den Darstellungen fiktionaler Texte immer auch eine Selbst-Darstellung. Die Sprache hat in fiktionalen Texten nicht, wie in Texten des Alltagsgebrauchs, die Funktion, Aussagen zu machen, Informationen zu übermitteln, die Kommunikation zu gewährleisten und gegebenenfalls das Handeln zu steuern; sie hat stattdessen einen eigenen, nicht durch andere Mittel der Aussage zu ersetzenden Ausdruckswert. Die Formulierung: ‚sie hat Ausdruckswert' ist ungenau; präziser müsste es heißen, dass sie diesen im Verlauf des Textes, durch die besondere Art des Diskurses, allererst gewinnt. Der Ausdruckswert künstlerischer Texte ist nämlich nicht vorgegeben, sondern muss diskursiv hervorgebracht werden – eine unabschließbare, immer von neuem sich stellende Aufgabe, welche die Literatur am Leben und den Leser in Atem hält.

Wenn die einzige Realität fiktionaler Texte die Sprache ist, bekommt das in ihnen Ausgesagte (denn Sprache hat ja immer Inhalte) eine besondere Qualität. Der Akzent liegt dabei auf der Sprache als Kunstmittel, das etwas zur Darstellung bringt, das sich so nicht zugetragen hat oder von dem wir nicht wissen können, ob es wirklich ist oder nicht. Deshalb befindet sich der Leser fiktionaler Texte immer in einem eigenartigen Schwebezustand: Auf der einen Seite stehen ihm bestimmte Figuren, Handlungen und Vorfälle plastisch vor Augen, plastischer noch als in pragmatischen Texten; auf der anderen Seite aber darf er sie nicht unmittelbar für wahr halten. Diese scheinbar wenig komfortable Situation hat gegenüber der Begegnung mit realen Sachverhalten freilich einen entscheidenden Vorteil. Wir können das Dargestellte, Ausgesagte in aller Freiheit auf unsere Erfahrungen beziehen und weiter gehende Schlüsse ziehen; wir gewinnen Einblicke in die Psyche der Figuren und leben für die Dauer der Lektüre mit ihnen. Das Schicksal der Elektra ist, weil es sich konkret vor uns entfaltet und uns drastisch vor Augen steht, eindringlicher und bewegender, als eine analoge psychologische Fallstudie je sein könnte: Die Person spricht selbst, und selbst wenn, etwa in Erzähltexten, über die Personen gesprochen wird, gewinnen sie plastisch Kontur. Wir dürfen in aller Freiheit Sympathien entwickeln für eine Figur, die den eigenen Bruder zum Sühnemord anstiftet, wir empfinden mit dieser jungen Frau, die aus ihrem Hass keinen Ausweg kennt und in dem Augenblick stirbt, als die Motive für ihre Rache entfallen sind und ihr Leben damit jeglichen Sinn verliert.

Gegenüber dieser verstärkten, weil in unserem Miterleben lokalisierten Gegenwart, die fiktiven Figuren und Situationen zukommt, weist die Literatur im Vergleich zum ‚Leben‘ eine weitere, nicht minder bedeutsame Eigenschaft auf. Was zum Beispiel Elektra zum Handeln veranlasst und was ihr geschieht, erweist sich als zwar furchtbar, ist aber in der dargestellten Handlung sinnvoll und von innerer Logik bestimmt – während in einem realen Leben vieles passiert, das keinen Sinn hat oder ihn im Dunkeln lässt. Die Literatur ist bedeutungsvoll und logisch, das Leben nicht selten undurchschaubar und rätselhaft. Was uns im Leben zustößt, nehmen wir zwar notgedrungen hin, können es aber oftmals nicht verstehen. Fiktionale Texte hingegen folgen einer künstlerischen Logik, die das Leben naturgemäß nicht kennt. Im Modus der Fiktion lotet die Literatur Möglichkeiten aus, deren Realisierung in der Lebenswelt kaum möglich und manchmal alles andere als erstrebenswert wäre, die aber eben deshalb in der Rezeption einen Freiraum eröffnen, den für die Dauer der Lektüre unsere Phantasie in aller Freiheit besetzt. Ob wir das Leben immer verstehen, mag man dahingestellt sein lassen; die Literatur aber, sofern wir uns die Mühe der Analyse machen, ist immer verständlich.

Aus dieser Offenheit der Bezugsetzung, was das Verhältnis zur Realität anbelangt, erklärt sich nun auch, warum literarische Texte ein vielfältiges, ‚offenes‘ Sinnangebot machen. Das zeigt sich schon an ihrer inneren Struktur, denn ein und dieselbe Aussage kann in verschiedenen Bedeutungszusammenhängen stehen und auf mehrere Textebenen bezogen sein: Dies wurde bei vielen der durchgeführten Analysen sinnfällig. Die Vielfalt der Deutungsmöglichkeiten innerhalb des Textes selbst ist ein Zeichen für die vielfältigen Bezugsetzungen zur Wirklichkeit, die er erfahren kann und zu seinem Verständnis auch erfahren muss. Dabei wird, in der Praxis des Unterrichts, eben diese Vieldeutigkeit nicht selten zum Ärgernis, wenn der Schüler eine Interpretation vornimmt, die dem Lehrer nicht einleuchtet und welche dieser folglich auch nicht mit einer guten Note versieht. Zwar ist ein literarischer Text mehrdeutig; die Anzahl seiner möglichen Interpretationen erfährt aber dadurch eine Einschränkung, dass die jeweilige Deutung am Material des Textes belegbar sein und sich möglichst widerspruchsfrei in die Gesamtheit der Aussage einfügen muss. Man kann über einen literarischen Text zwar viele Stellungnahmen abgeben, nicht aber beliebige. Deshalb hat die Einlassung, man habe sich das aber so gedacht, sei aber dieser Meinung, keine Gültigkeit, wenn nicht der Text selbst Argumente für die betreffende Deutung liefert. Man kann über einen Text nicht sagen, was man will, sondern nur, was *er* will. Das ist zwar vieles, aber nicht schlechterdings alles.

Die Viel- oder Mehrdeutigkeit des Textes (man sagt auch: seine ‚Polyvalenz‘) ist ein wichtiges Unterscheidungsmerkmal literarischer Texte gegenüber pragmatischen und verdient, dass wir hierbei noch etwas verharren. Wenn ich in einer normalen Gesprächssituation sage: „Öffne das doch bitte mal“, weiß der Angesprochene nicht, was er denn öffnen soll: das Fenster, die Tür, den Schrank, die Flasche, die Konservendose, es sei denn, ich weise außerhalb der Sprache, zum Beispiel durch Zeigen, auf einen bestimmten Gegenstand hin. Alltagskommunikation sollte, wenn sie gelingen will, möglichst eindeutig sein, sonst spricht man

von ‚Missverständnissen‘, und diese sind, wie man weiß, uner-
wünscht. Die Vieldeutigkeit eines literarischen Textes hingegen
macht ihn untauglich für bestimmte, unzweideutige Aussagen
und Botschaften. Doch dieser negativ scheinende Befund wendet
sich in anderer Blickrichtung zum Positiven. Ein literarischer Text
kann unter verschiedenen Bedingungen unterschiedlich gelesen
werden – sei es, dass sich die Zeiten ändern, dass sich unsere Interessen verschieben –, und man darf generell annehmen, dass
sich die Leser von Literatur einem Text ohnehin auf verschiedene
Weise nähern. Ist die Frage- und Problemstellung, die man auf
diese Art an den Text heranträgt, ‚zulässig‘, wird der Text entsprechend ‚antworten‘. Das kann er nur, weil er unterschiedliche Le-
searten zulässt.

Der einfachste Weg, diese Vieldeutigkeit zu erklären, ist ein
Beispiel, das wir kennen. Im *Tod des Tizian*, in der langen lyrischen
Rede des Gianino, war von Bienen die Rede, die den Nektar der
Granaten saugen. Neben dieser situationsbedingten Beschreibung kann der Vorgang auch im übertragenen Sinne verstanden
werden, da seit der Antike das Bienengleichnis die Tätigkeit des
Dichters, der ‚sammelnd‘ eigenes schafft, bezeichnet. Schließlich
ist diese Beziehung nicht nur eine gelehrte Einlassung, sondern
auch das Kennzeichen des Textes selbst. – Man spricht in diesem
Zusammenhang von ‚Überdetermination‘: Ein und dieselbe Aussage kann verschiedenes bedeuten, hat einen mehrfachen Sinn,
verweist auf unterschiedliche Bereiche des Textes und der Erfahrung. Literarische Texte sind zumeist entsprechend überdetermi-
niert, indem sie Bedeutungen gleichsam bündeln und durch nur
ein Element zum Ausdruck bringen. Dabei ist klar, dass ein ent-
sprechendes Vorgehen in der Alltagskommunikation keineswegs
ratsam wäre, denn es ist dem konkreten, direkten Verstehen und
Handeln geradezu entgegengerichtet. Der mehrfache Textsinn in
der Literatur hingegen erweitert den Freiraum der Deutungen,
lässt verschiedene Bezugsetzungen zu und gewährleistet darüber
hinaus auch die historische Dimension, das Fortleben des Textes,
denn er ist, selbst unter veränderten Rezeptionsbedingungen,
noch lesbar und sinnvoll.

Noch ein weiterer Schritt der Reflexion ist notwendig, um die
Besonderheit des literarischen Textes zu erkennen. Seit der

Sprachtheorie von Saussure (und spätestens seit dem Eingangs-
kapitel „Was ist ein Text?") wissen wir, dass die Zeichen natürli-
cher Sprachen ‚unnatürlich‘, arbiträr sind: das ‚Lautbild‘ eines
Wortes steht zu der Vorstellung, die es in unseren Köpfen auslöst,
nicht in einem Ähnlichkeitsverhältnis. Deshalb haben verschiedene Sprachen auch unterschiedliche Bezeichnungen für diesel-
ben Gegenstände. Nun besteht auch die Literatur aus Zeichen –
Sprachzeichen zunächst, für die gilt, dass sie arbiträr sind. Literarische Texte stellen mit Hilfe der normalen und bekannten
Sprachzeichen etwas dar: Ist dieses Dargestellte, die Bedeutungsebene der Zeichen in literarischen Texten, ebenfalls arbiträr? Keineswegs. Noch einmal kann uns *Elektra* helfen. Ihre Hass- und
Rachegefühle werden zwar, weil es die Sprache nicht anders erlaubt, mit arbiträren Begriffen bezeichnet, ihre Inhalte, Erschei-
nungsweisen und Ausmaße aber stehen in einem Entsprechungs-
verhältnis zu dem, was wir unter diesen Begriffen kennen. Die
Art, wie Elektra sich verhält, zeigt unter verschiedenen Perspektiven immer dasselbe: ihren Hass. Wir könnten das Stück gar
nicht verstehen, gäbe es nicht eine notwendige Beziehung zwischen ihrem Verhalten und dem, was wir als Hass und Rache le-
bensweltlich erfahren haben. In literarischen Texten entsteht
zwischen dem Dargestellten und der Darstellung ein Verhältnis
der Entsprechung. Wir erkennen die Darstellung der Rache und
des Hasses, weil wir das manische Verbohrtsein, das An-nichts-
anderes-denken-Können kennen; wir wissen, dass Hass und Rache, geben wir ihnen Raum, unser Leben beherrschen und es
schließlich sogar, im äußeren oder nur inneren Sinne, vereinnah-
men oder sogar auslöschen – wir wissen es oder haben es aus
Elektra erfahren. Wir erkennen nur, was wir kennen, und gewinnen doch tiefere Einsichten durch die Literatur (und nicht nur
das: durch künstlerische Darstellung insgesamt), weil sie das, was
wir kennen, zuspitzt und uns seine Extremformen einsichtig
macht. So verdanken wir der Literatur eine erhöhte Erkenntnis,
auf die wir uns um so mehr einlassen können, je weniger die Darstellung, der wie sie verdanken, Wirkliches umfasst.

Fiktionale Texte setzen, in anderer Weise als pragmatische, Bedeutungen. Sie können nicht nur, wie die Texte der Alltagskommunikation, entschlüsselt (‚decodiert‘) und verstanden werden,

sondern auch gedeutet. Nun sind Interpretationen nicht das ausschließliche Vorrecht der Kunst; der Unterschied zu den Formen der pragmatischen Kommunikation besteht vielmehr darin, dass fiktionale Texte (wie im übrigen auch andere Werke der Kunst) eine Interpretation erfordern; das bloße Entschlüsseln des Gesagten im Sinne seiner Inhalte reicht zu ihrem Verständnis nicht aus. Das mag auch für bestimmte Situationen des Alltagslebens gelten, denen wir, zu Recht oder zu Unrecht, Bedeutungen unterstellen. In den Werken der Kunst jedoch sind die Darstellungsmittel selbst bedeutungsträchtig oder mit anderen Worten: Hier wird Interpretation zugleich eingefordert und durch Bedeutungssignale gesteuert. Die besondere Art der Sprachverwendung – außergewöhnliche Begriffe, Rekurrenzen, klangliche Strukturen, Satzbau – gibt Hinweise auf die Lesarten, die der jeweilige Text ermöglicht und auf die Bedeutungen, die er enthält. Zusätzlich zu der Ebene des unmittelbar Gesagten schafft ein literarischer Text eine zweite Ebene, ein sekundäres Sinnsystem (man spricht hier von ‚Konnotationen'). Am Beispiel des Hasses der Elektra und der Sinnebene des Tierischen wird das theoretisch Ausgeführte begreiflich. Diese zweite, konnotative Sinnebene literarischer Texte verhält sich zur ersten, der Bedeutungsebene eben nicht arbiträr, sondern steht zu ihr in einem Verhältnis der Entsprechung und der ‚Verwandtschaft'.

Diese Betrachtung literarischer Zeichenhaftigkeit, die, so paradox es scheinen mag, eng mit der Fiktionalität der Literatur verbunden ist, verlangt nach einem Fazit. Was die Literatur uns zumutet, ist nicht selten erschreckend, dramatisch, tragisch. Die Frage, was uns eigentlich bewege, uns auf Fiktionen einzulassen, gewinnt an Brisanz vor dem Hintergrund der in literarischen Texten, und den besten zumal, nicht selten dargestellten Schrecken (während das Heitere, Unproblematische die Tendenz zeigt, ins Triviale einzugehen – man denke nur an das häufige happy end in der Unterhaltungs- und Trivialkultur). Das Entsetzliche in fiktionalen Texten unterscheidet sich von den Schrecken der Wirklichkeit auf beruhigende Weise dadurch, dass es nicht real ist. Wir können deshalb in der Fiktion durchlaufen und erproben, was in der Realität mit großen Risiken verbunden wäre. Auch unter diesem Aspekt eröffnet sich noch einmal der Freiraum des Fiktionalen.

Zusammenfassend ist, unter den besonderen Bedingungen des Literarischen, der Textbegriff noch einmal zu überdenken. Ein Text, so hatten wir gesagt, entfaltet eine Sachlage, stellt einen Sachverhalt dar. Ein fiktionaler Text hingegen ist von dieser Bindung an die Wirklichkeit befreit, darf etwas erfinden unter der alleinigen Maßgabe, dass wir es, aufgrund unserer Erfahrung und unserer Vorstellung, auch verstehen können. Der Sachverhalt wird nicht dargestellt, sondern erst, mit unserer Hilfe, durch den Akt der Rezeption, geschaffen. Die Kommunikation, wie sie sich in einem fiktionalen Text vollzieht, wurde von dem englischen Dichter Coleridge einmal als ‚willentliche Aufhebung des Unglaubens' („willing suspension of disbelief") beschrieben: Der Leser ist bereit, sich auf die Fiktion einzulassen und seinen Unglauben zeitweilig zu suspendieren. Man kann diese Situation auch anders charakterisieren: Der (reale) Autor, sagen wir: Hofmannsthal, begibt sich in die Rolle dessen, der etwas erfindet; auf der anderen Seite der Kommunikation steht der Leser, der sich in die Rolle dessen begibt, der für die Dauer der Fiktion glaubt, was man ihm sagt. Im Rahmen der fiktionalen Kommunikation sehen wir von der uns umgebenden Realität ab und machen allein den Text zu unserer Wirklichkeit. Hieraus mag man verstehen, warum das Lesen so spannend sein kann, wenn die beiderseitigen Rollen ‚richtig' besetzt sind. Aus der Besonderheit einer fiktionalen Kommunikationssituation erhellt aber auch (mit einem Blick zurück auf Platon gesagt) der Unterschied zur Lüge. In beiden Fällen steht zwar der Wahrheitsgehalt der Aussage in Frage (bei der Lüge noch mehr als bei der Fiktion); die Lüge aber setzt die Annahme voraus, dass der Belogene den Lügen glaubt. Andernfalls ‚misslingt' die Lüge, scheitert der Täuschungsversuch.

Weil wir uns so uneingeschränkt auf den fiktionalen Text einlassen, sind wir auch offen für jene Gestaltungen, die an literarischen Texten zum Tragen kommen. Wir sehen nicht, wie es bei pragmatischen Texten der Fall ist, durch sie hindurch auf die dargestellten Sachverhalte, sondern richten unsere Aufmerksamkeit auf das gestaltete Sprachmaterial selbst. Literarische Texte sind nicht durchsichtig, transparent für etwas Anderes, sondern opak und lassen uns in einem Raum mit undurchsichtigen Fenstern verharren – gleich dem Bühnenraum, der uns bei der dramatischen Gattung umschließt. Wenn wir bereit sind, uns auf diese Weise einsperren zu lassen, muss das gebotene Schauspiel von besonderer Klasse sein – etwas, das man im Leben so leicht nicht erlebt. Es hat seine eigene Logik und seinen eigenen ästhetischen Reiz und entlässt uns aus der Umklammerung mit dem Gefühl, etwas verloren (das ästhetische Erlebnis), zugleich aber etwas gewonnen zu haben: Einsicht in fremde Individualität und die eigenen Möglichkeiten eines Verstehens, das nicht nur auf die Literatur beschränkt ist, sondern sich im Leben fortsetzt.

Nach den Textanalysen dieses Bandes ahnt man eine Frage, die auch oft im akademischen Unterricht gestellt wird: ob denn der Autor das alles bewusst seinem Text mitgegeben und eingeschrieben habe, ob er das ‚gewollt‘ habe. Die Antwort ist einfach: Zumeist wissen wir es nicht. Es ist auch – und das soll kein billiger Trost sein – gar nicht so wichtig. Denn es gibt ein Kraftpotential, mit dem der Text seine Dynamik entfaltet und sich eigenwillig über all unsere Versuche, ihn der Kontrolle zu unterwerfen, hinwegsetzt. Das Medium Sprache entwickelt, zumal dann, wenn es, wie bei einem fiktionalen Text, selbst im Zentrum der Bemühungen steht, eine Eigendynamik, die zu dem Eindruck führen kann, der Text schreibe sich (von) selbst. Das ist kein Mystizismus, sondern für jeden, der schreibt, ein Erfahrungswert. Man gerät schreibend sozusagen in Schwung, legt seine Gedanken nicht im vorhinein zurecht, sondern entwickelt sie schreibend selbst und gerät dabei in Bereiche des Denkens und der Einsicht hinein, die man vorher noch gar nicht erahnte. So kann der Text (nicht im schlimmsten, sondern im besten Falle!) mehr und sogar anderes zum Ausdruck bringen, als der Autor sagen wollte. *Was* er sagen wollte, wissen wir nicht, und er mag es, auf Nachfrage, selbst nicht einmal wissen – gleichviel: Wir brauchen es gar nicht zu wissen, denn was der Text sagt, ist allemal genug; und auch wir lassen es jetzt genug sein.

Nachwort und kein Ende

Jetzt, da die Lesereise durch Texte von Hofmannsthal an ihr Ende gekommen ist, öffnet sich für die Leser dieses Buches die Perspektive weiterer Lektüren, die vielleicht das Verständnis Hofmannsthals vertiefen wollen. Wir mussten es uns versagen, all jene Rahmenbedingungen und Kontexte mit zu untersuchen, in die das Werk Hofmannsthals gestellt ist; eine solche Arbeit kann nicht unter jenem Aspekt des Allgemeinen geleistet werden, der dieser Publikation zugrunde lag – zu individuell sind die Bezüge zu Zeitgenossen, zu den Werken anderer Künste, zu den politischen und sozialen Bedingungen der Epoche, als dass sie in einem Band, der Einführung und Anleitung sein wollte, ihren Platz hätten finden können. Dabei sei nicht verschwiegen, dass Textverstehen immer auch bedeutet, diese Kontexte in die Betrachtung mit einzubeziehen – aber erst in zweiter Linie, dann nämlich, wenn die Arbeit am reinen Sprachmaterial, mit der dieser Band seine Leser vertraut machen wollte, geleistet ist. Der sogenannte ‚hermeneutische Zirkel' erweist auch in dieser Perspektive seine Berechtigung, denn wenn nach der reinen Textanalyse der Blick auf die Kontexte gefallen ist, kann eine erneute Analyse der Texte zu tieferen Einsichten führen; diese Arbeit aber muss für jeden Autor, und die bedeutenden Autoren zumal, neu geleistet werden.

Die Frage, was uns überhaupt bewegt, literarische Texte zu studieren und, oft nicht ohne Mühe, zu analysieren, ist durch den Hinweis darauf, dass uns die Lehrfächer der Schulen, insbesondere das Fach Deutsch, dazu zwingen, nicht beantwortet. Sicherlich empfindet man Zwänge als weniger drückend, wenn man ihre Inhalte, das also, was sie von uns fordern, zu handhaben weiß. Trotzdem ist damit der Zugang zur Literatur wahrlich nicht eröffnet. Es soll hier auch nicht behauptet werden, es sei – für ein glückliches Leben zum Beispiel – unbedingt erforderlich, sich für Literatur zu interessieren: solche Zwänge dienen der Sache nicht, und es steht jedem frei, das Angebot literarischer Lektüre abzulehnen, ohne dass ihm daraus ein Schaden erwächst. Doch wer es annimmt, wird bald bemerken, wie sehr die Beschäftigung mit diesen Texten sowohl seine (notwendig eingeschränkten) Erfahrungen erweitert als auch zu einer intensivierten Selbsterfahrung führt. Die Freiheit des Nachdenkens ist kaum irgendwo so groß wie in der Kunst: Sie spricht uns nicht nur an; durch sie auch sprechen wir uns aus und erproben unsere Möglichkeiten der Konzentration und des Verstehens. In einem Zeitalter der raschen Bilderfolgen gehört es zu den Seltenheiten unseres Verhaltens, dass wir uns auf etwas lange und konzentriert einlassen. Dies aber ist die Voraussetzung für alle Lern- und Verstehensprozesse, durchaus nicht nur im Bereich der Schule und der Universität.

Uns ging es, pointiert formuliert, nicht um Hofmannsthal, sondern um die Möglichkeiten einer Textanalyse am bloßen Sprachmaterial. Dennoch: was Roland Barthes, der Theoretiker des Strukturalismus und Vordenker der Poststrukturalismus, als „plaisir du texte" bezeichnete, mag sich auch bei der nachvollziehenden Lektüre dieses Buches, bezogen auf Hofmannsthal, eingestellt haben. Barthes war besessen von der Arbeit an Texten, dabei aber alles andere als verbiestert, denn er proklamierte auch, neben der präzisen Lektüre, von ihr inspiriert oder sogar über diese hinaus, „le plaisir du texte". Eine solche *Lust am Text*, wie der Band auf deutsch heißt, ist grundsätzlich bei allen Texten möglich, ergibt sich aber, die Affinität zwischen Leser und Text vorausgesetzt, für die es keine Regeln gibt, erfahrungsgemäß besonders dann, wenn man sich vorbereitet weiß auf diese Reise und der Koffer das enthält, was man wirklich braucht. Eine Lesereise ist immer auch, und sogar in erster Linie, eine Entdeckungsreise in die Gefilde der Literatur, die wir in einem Leben nicht ausschreiten können. Am Ende gilt auch für die Autorin, dass sie von dieser Reise mit ganz neuen Eindrücken heimkehrt und sich nun der Lektüre anderer Texte, dem Schreiben anderer Bücher widmet.

Freilich ist diesem optimistischen Aufbruch und der glücklichen Heimkehr ein Bedenken beizufügen. Das Verfügen über die Methodik der Textanalyse bedeutet nicht schon automatisch, dass man den Text auch, zumal in all seinen Dimensionen, verstanden hätte. Man kann manches, was sich im Text als Sinnsetzung vollzieht, beschreiben, ohne es dabei gleichzeitig in seiner Bedeutung zu erkennen. Manches bleibt uns fremd und unverständlich, obwohl wir die Methoden der Textanalyse beherrschen. Das soll die Leser dieses Buches, die dem Text gefolgt sind, die Analysen mitvollzogen und im Weiteren selbstständig erarbeitet haben, nicht am Schluss noch entmutigen. Ein Letztes aber bleibt zu bedenken.

Literarische Texte, und zumal die besten unter ihnen, verfügen oft über einen Mehrwert an Mitteilung, den selbst die subtilste Analyse nicht einholt, und nicht selten steht der Analytiker am Ende mit vollen Blättern und leeren Händen da. Es muss aber das gute Recht unserer Gegenstände sein, sich uns nicht vollständig zu erschließen, uns sogar zu entweichen und der Kommunikation, dem Verstehen Grenzen zu setzen. So mag unserer Vorstellung, einen Text verstanden zu haben, letztlich auch der Charakter einer Illusion eignen, die durch weitere Schritte des Verstehens überholt, aber nie vollständig ausgeräumt werden kann. Doch diese Illusion ist fruchtbar, denn sie lässt uns weiterdenken, weiterfragen und weiterlesen – weiter lesen. Dieses Buch wurde bewusst und nicht nur um des Kaufpreises willen schmal gehalten, damit eine hoffentlich geweckte Leselust sich nun ausbreite und auch andere Autorinnen und Autoren entdecke: über Hugo von Hofmannsthal hinaus.

Auflösung der Aufgaben

Die Auflösung der Aufgaben, wie sie nun in Angriff genommen wird, soll Ihnen nur Hinweis und Hilfestellung sein, Ihre je eigene Art der Antwort aber nicht in Frage stellen. Dass Sie gegenüber den jetzt folgenden Auflösungen auf anderes hinweisen, auch anders formulieren, ist nicht nur erlaubt, sondern ausdrücklich erwünscht. Sie werden im Fortgang dieser Antworten bemerken, wie Sie mit den Aufgaben und ihren Gegenständen immer enger vertraut werden.

Aufgabe 2 (Seite 40):
Bitte versuchen Sie, die Beobachtungen zum Gedicht „Vorfrühling"
zu bündeln und im Hinblick auf die Aussage des Textes zu systema-
tisieren; benutzen Sie dabei das Schema zur Textanalyse von Seite 9.

1. Das unmittelbare Thema des Gedichts ist, dem Titel entsprechend, der Vorfrühling, so wie er am Frühlingswind erfahrbar ist. Einschränkend und, mit der Bewegung des Windes, raumgreifend zugleich wird der Vorfrühling an jenen Orten und Gegenständen aufgezeigt, die der Wind berührt.
2. Die Aussagen, die über das Thema gemacht werden, betreffen den Bereich der Natur und den des Menschen gleichermaßen und suchen diese beiden Bereiche zu verbinden. Dabei verfährt der Text auswählend, indem er nur wenige Bereiche benennt, die zumeist negativ besetzt sind und dem Gedicht sowie seinem Thema einen ansatzweise beunruhigenden Charakter verleihen.
3. Beziehungen zwischen den Elementen des Textes entstehen durch den vokalisch gefärbten Klangcharakter und durch die hohe Reimfrequenz, die sich aus den kurzen Verszeilen herleitet. Das Metrum lässt das Gedicht sehr bewegt erscheinen, was mit der Thematik in Verbindung steht. Trotz des anscheinend schlichten Charakters des Textes als Naturgedicht sind die Beziehungen, die teils durch Endreime, teils durch Alliterationen hergestellt werden, sehr dicht. Am Reimschema ist bemerkenswert, dass ein Wort dreimal im Reim steht („Wehn"), ein anderes gar nicht („gekom-

men"). Diese Unregelmäßigkeit lenkt das Augenmerk zunächst generell auf die Reime, im Besonderen aber auf das Thema und die Bewegung der Vergangenheit, die in der Gegenwart fortwirkt.

4. Der Verlauf des Textes ist durch die verschiedenen Stationen gekennzeichnet, die der Wind durchläuft. Da das Thema des Textes die Bewegung des ‚Wehens' ist, ergibt sich eine Entsprechung von Textverlauf und Thema: Die Bewegung wird sowohl dargestellt als auch durch den Text herbeigeführt. Dabei ergibt sich der Gegensatz von positiv und negativ besetzten Stationen. Der Gedanke des Todes, scheinbar dem Vorfrühling mit seinen Versprechungen eines neuen Lebens der Natur entgegengerichtet, wird durch den Verlauf des Textes langsam eingeführt, bis er dann gegen Ende größere Gegenwart gewinnt.

5. Von besonderem Interesse ist bei diesem Text die Kommunikationsstruktur: ausdrücklich gibt es weder ein lyrisches Ich noch einen angesprochenen Leser in Form eines ‚Du'. Hier spricht keine Person zu einer anderen, sondern die Bewegung des Windes bringt jenen Sinn hervor, den der Text (man könnte es fast buchstäblich verstehen) transportiert. Einen Lautcharakter gewinnt der Text nur in der fünften Strophe, wo der Wind „als schluchzender Schrei" durch eine Flöte gleitet; in den übrigen Strophen herrschen optische oder olfaktorische Eindrücke („Duft") vor. Trotzdem ist jeder Text, auch dieser, ein Akt der Kommunikation. Indem die Bewegung des Windes nachgestaltet wird, ‚spricht' er, übermittelt er eine Botschaft: Die Kommunikation ist in das Thema hineinverlegt, das ohne Kommentar, ohne Reaktion von ‚Ich' oder ‚Du' die Erfahrungsbereiche der Natur und des menschlichen Lebens umfasst und anzusprechen vermag, weil es ‚ausspricht'. Das für das Gelingen wichtigste Moment des Textes ist sein Schwellencharakter: Es herrscht nicht mehr Winter, aber noch nicht Frühling; entsprechend entsteht eine Ambivalenz (ein Sowohl-als-auch): der Wind kennt Freude und Leiden, vermittelt Einblicke in Tod und Leben.

Zur fakultativen Aufgabe Seite 71

In einem Drama sprechen mehrere Personen, gelegentlich (im Monolog oder beiseite) für sich, zumeist aber in verschiedenen Konstellationen miteinander. Aus der Sprechsituation der Lyrik, die eine individuelle ist, wird im Drama ein Gespräch vieler Figuren, wobei die jeweilige Rede die Person charakterisieren soll. Hier lässt sich die Fra-

ge anschließen, inwieweit diese Aussage auf den *Tod des Tizian* zu-
trifft. Von den Figuren des Dramas ist im strengen Sinne nur Gianino
durch seine (hier: lyrische) Rede charakterisiert, die übrigen Figuren
gewinnen keine individuellen Konturen, sondern sprechen wie mit
einer Stimme. Dieses Sprechen ist nicht typisch für das Drama, das allerdings nach klassischer Weise Chorpartien enthalten kann, doch
sprechen dort die Mitglieder des Chors zusammen. Dennoch ließe
sich das Sprechen der Tizian-Schüler, sowohl vor als auch nach der Rede Gianinos, als chorisch bezeichnen, wobei zunächst die gemeinsame Sprachlosigkeit, dann aber das hymnische Preisen des Meisters
und das Bewusstsein von der eigenen ‚Sendung' artikuliert wird. So
gibt es auch hier, was für das Drama typisch ist, eine Entwicklung, eine Handlung. Freilich ist diese von besonderer Art. Kein äußeres
Handeln, das konkrete Veränderungen bewirkt, sondern ein Be-
wusstseins- oder Verstehensprozess bildet die ‚Handlung' des Stückes, und angesichts der engen Verwandtschaft von Verstehen und
Sprache, wie sie eingangs im ‚Text'-Kapitel dargelegt wurde, wird die
Beobachtung schlüssig, dass *Der Tod des Tizian* das Drama der (poetischen) Sprache ist. Deren Entdeckung wird in ein Bühnengeschehen
integriert, das mit allen Merkmalen des Besonderen ausgestattet ist
– ganz entsprechend seinem Thema.

Aufgabe 5 (Seite 76):
*Wie lässt sich diese ‚Vorstellung' der Elektra zusammenfassend cha-
rakterisieren, welches Bild ergibt sich von der Person? Was folgt aus
der Haltung der fünften Dienerin?*

Elektra wird von den Dienerinnen degradiert, indem sie durch diese
‚niederen' Menschen (in der Sicht des Stückes, entsprechend der Anschauung der Antike und vor dem Hintergrund der Ständeklausel,
die in der Tragödie die Darstellung höher gestellter Personen vorsah)
als ein Tier charakterisiert wird, das heult, faucht, seine Krallen aus-
streckt und giftig ist. Wie ein aasfressendes Tier halte sie sich bei einer alten Leiche auf. Sie verkriecht sich in ihren Winkel und isst aus
einem Napf wie bei den Hunden. Elektra ist eine Ausgestoßene, die
sich freilich selbst degradiert und sich so verhält, wie man es ihr zuschreibt. Sie nimmt eine Rolle an, die sie ihrer Menschlichkeit be-
raubt. Ein zum Tier gewordener Mensch kennt keine Moral mehr,
verfehlt alle sittlichen Dimensionen und sieht sich um seine Ethik ge-

bracht. All dies geschieht Elektra, ohne dass sie sich dagegen wehrt, im Gegenteil. Warum nimmt Elektra diese Rolle an und forciert sie noch? Weil sie daraus eine weitere Motivation gewinnt, den Mord an der Mutter zu begehen, denn Unrecht geschah nicht nur ihrem Vater, es geschieht auch ihr.

Als eine der Dienerinnen für Elektra Partei ergreift, sich vor ihr niederwerfen und ihre Füße küssen will, wird sie von den anderen zuerst weggestoßen und dann geschlagen. In einer Situation der Gewalt, wie sie hier gegeben ist, gilt, dass verstoßen wird, wer sich auflehnt und gegen die herrschende Meinung aufbegehrt. So erleidet die junge Dienerin selbst auch, obgleich in verminderter Schärfe, das Schicksal Elektras. Diese findet eine Verbündete, wie sie später in Orest jemandem (wieder-) begegnet, der mit ihr solidarisch ist.

Aufgabe 6 (Seite 79):
Bitte ‚sammeln' Sie, bevor Sie weiterlesen, die Stellen, an denen in der genannten Szene von Augen / Anschauen die Rede ist, und stellen Sie deren Bedeutungsdimensionen heraus!

Das Wort- und Bildfeld der Augen und Blicke wird in die Szene eingeführt, als der Fremde bezeugt, Orest sei vor seinen Augen gestorben. Sagen zu können, man habe etwas mit eigenen Augen gesehen, ist ein Zeugnis von hohem Wahrheitsgehalt. Als Elektra meint, man könne ihr ansehen, was man aus ihr gemacht habe, blickt Orest sie traurig an (Regieanweisung). Nicht nur ihr kann man das Schicksal ansehen; sie hat auch alles sehen müssen – die Mordtat, die Mörder. Die Augen stehen hier metaphorisch für Wahrheit und Erkenntnis; dass die Wiederbegegnung zwischen Elektra und Orest durch Schauen und Blicke, eigentlich und uneigentlich (metaphorisch) gekennzeichnet ist, bezeugt den Zusammenhang zwischen Sehen und Erkennen. Als Orest erst nicht glauben will, seine Schwester vor sich zu haben, fragt er: „So seh ich sie? Ich seh sie wirklich?", und Elektra ihrerseits bittet: „O laß deine Augen / mich sehen!" Weil im Blick Erkennen liegt, konnten die Mörder Elektras Blicke nicht aushalten: Sie ist sehend, erkennend. Klytemnästra erschlug einen Blicklosen (und konnte wohl nur deshalb die Tat begehen); entsprechend fürchtet Orest sich vor der Rachetat, weil der dabei der Mutter in die Augen schauen muss. In den Augen dringt die Seele eines Menschen nach außen, mit den Augen erkennt er die Welt.

Aufgabe 7 (Seite 88):
Stellen Sie anhand dieser Szene heraus, auf welche Weise die Kraft der Chrysotemis beschworen wird: Welcher metaphorische Bereich wird dabei angesprochen? (Der letzte, soeben zitierte Satz der Elektra gibt darauf einen Hinweis.) Und im Weiteren: Versuchen Sie die Frage zu beantworten, warum Elektra gerade diese Metaphern verwendet, und beziehen Sie bei der Beurteilung die Szene der Dienerinnen mit ein.

Obwohl Elektra die Schwester zu schweigen aufgefordert hatte, es um die Tat geht und nicht um das Wort, entwickelt Elektra im weiteren eine hohe rhetorische Kraft, als sie Chrysotemis für die Rachetat gewinnen will – dies und nicht die Tat selbst ist Gegenstand des Dialoges der beiden Schwestern. Elektra sucht der Schwester Stärke einzureden: „Du könntest erdrücken, was du an dich ziehst." Doch die Kraft wird bald mit einem Metaphernfeld in Verbindung gebracht, das Naturhaftes in den Dialog einfließen lässt: Sie müssten, sagt Elektra, ineinander verwachsen wie Wurzelwerk. Chrysotemis sei wie eine Frucht am Tag der Reife, und das „warme Blut" steht für Lebenskraft und nicht, als zu vergießendes, für Mord und Tod. Elektra will ihr Schwester sein, mit ihr auf den Bräutigam warten und ihr sogar bei der Geburt ihres Kindes beistehen. Um Chrysotemis Kraft zu geben, beschwört Elektra die weibliche Natur, die sie, glaubt man dem Bericht der Dienerinnen, doch so sehr verachtet. Elektra muss, um die Schwester für die Tat zu gewinnen, deren Werte strategisch einsetzen, ihre eigenen dabei verleugnen. Der Versuch, in Chrysotemis eine Verbündete zu finden, zwingt Elektra zur partiellen Selbstaufgabe, degradiert sie erneut, was sie aber um des höheren Zieles willen hinnimmt.

Aufgabe 8 (Seite 91):
Stellen Sie diejenigen Passagen zusammen, in denen ‚Worte' oder ähnliche Wendungen (z.B. ‚reden') verwendet werden, und untersuchen Sie dann die Ratschläge, die Elektra der Mutter zur deren (vermeintlicher) Erleichterung erteilt. Betrachten Sie in diesem Zusammenhang besonders die Ausführungen der Königin von „Was murmelst du" bis: „(...) dazwischen hab ich nichts / getan." Die Aufgabe ist sehr komplex und wird einige Zeit in Anspruch nehmen.

Die Begegnung zwischen Klytemnästra und Elektra ist die Schlüsselszene der Tragödie, in ihrer ‚Scharnier'-Funktion der Rede Gianinos
in *Der Tod des Tizian* vergleichbar. In diesem Dialog, der Mutter und
Tochter zusammenführt, steht auch thematisch das im Vordergrund,
was sich hier vollzieht: die Rede. Schon die Einlassung Elektras, die,
kennt man die Person, nichts Gutes verheißt, bringt die Sprache ins
Spiel: „Ich habe eine Lust, mit meiner Mutter / zu reden wie noch
nie!" Als die Königin ihrer Tochter ansichtig wird und sie mit einer
Schlange vergleicht, kommt sie Angst an; deshalb wendet sie sich in
direkter Rede an die Götter: „Warum verwüstet ihr mich so?" Elektra antwortet, Klytemnästra sei doch selbst eine Göttin – was sie höhnisch meint; doch trotzdem verspürt die Königin den Wunsch, mit
Elektra zu reden: „Sie ist heute / nicht widerlich. Sie redet wie ein
Arzt." Der Wunsch nach Hilfe klingt hier an, so dass sich Klytemnästra an die Tochter wendet mit der Frage, warum sie die Mutter als
Göttin bezeichnet hätte. Man sieht, das die Rede, das Wort, die Bezeichnung die auslösenden Faktoren für das Gespräch zwischen Mutter und Tochter sind. Doch ein Gespräch steht, normalerweise, auch
im Zeichen des wechselseitigen Verstehens, und wenn es sich nicht
gleich einstellt, kann es, wiederum durch die Sprache, herbeigeführt
werden. Zunächst scheint sich ein solchen Verstehen anzubahnen,
denn Klytemnästra möchte, nach den enttäuschenden Reden der
Dienerinnen, aus dem Munde Elektras das ehrliche, authentische
Wort hören, von dem sie sich zugleich Hilfe und Linderung für ihr
Leiden erhofft. „Aber du hast Worte", an Elektra gewandt, ist Ausdruck dieser Hoffnung: Klytemnästra glaubt an die Kraft der Sprache. Der Verlauf der Szene zeigt, dass Elektra in der Tat über das
Wort verfügt, es aber nicht im Sinne ihrer Mutter einsetzt. Wenn Klytemnästra nicht versteht, was Elektra sagt („Gib mir nicht Rätsel
auf."), ist das nicht nur ein Hinweis auf eine gescheiterte Kommunikation, sondern auch, freilich ohne dass sie es ahnt, eine Art Selbst-
schutz, denn die Erlösung von ihrem Leiden, die Elektra ihr verspricht, ist der Tod. Als Klytemnästra sich anschickt, das rechte Wort
aus Elektra herauszubringen, jenes nämlich, das sie erlösen soll, hat
sie eine Rede gebahnt, die ein Blutopfer, das eigene, fordert. Elektra
redet dunkel wie eine Prophetin; selbst die von ihr imaginierte Ster-
beszene der Klytemnästra ist vom Wort bestimmt – dem letzten
Wort, das die Königin nicht mehr herausbringt, dem ungenannten
Wort (‚Rache'?), das Elektra auf die Stirn geschrieben ist. Kurz da-

nach erhält Klytemnästra die Nachricht, Orest sei gestorben; aber das ist ein anderes Thema.

Als Elektra „vor sich" gesprochen hat, sagt Klytemnästra: „Was murmelst du?". Ihre dann folgende Rede spricht dem Wort alles Definitive ab; nichts sei unwiderruflich, alles verwandle sich. Die Verantwortung für die Tat wird damit abgewiesen, dass die Menschen und die Taten doch nur Worte seien und im Zeichen der Veränderung und des Widerrufs stünden. Da der Gattenmord die Königin belastet, weist sie die Tat von sich wie ein bloßes Wort. Doch mit der Verantwortung löscht sie auch die Zeit aus: Zwischen dem Vorher der Tat und dem Nachher sei – nichts.

Vor dem Hintergrund dieses befremdlichen Arguments, das aus einer Entlastungsstrategie der Seele herrühren mag, stellt sich beim Leser eine Reflexion auf das Wort ein, dem ja auch nicht nur diese Tragödie, sondern die Literatur insgesamt entspringt. Doch es bedarf nicht einmal der künstlerischen Sprachverwendung um einzusehen, dass Worte nicht einfach beliebig und austauschbar sind, sondern dass wir uns in ihnen ausdrücken, und mit ihnen verpflichten, das Gesagte, auch im Hinblick auf unsere Taten, ernst zu nehmen. Wir sind, moralisch handelnd, immer auch ‚im Wort' uns selbst, aber auch anderen gegenüber. Bloßes Reden ohne Verantwortung bringt uns um das eigene Selbst, aber auch, wie das Beispiel der Klytemnästra zeigt, um die Zeit. Vergessen und Verdrängen schränkt die Weite unserer Erfahrung ein und entzieht die Zeit unserer inneren wie äußeren Verfügung. Nicht auszudenken, welche Folgen ein solcher Umgang mit dem Wort auch für unser soziales Leben nach sich ziehen müsste. Hofmannsthal hat diese weitreichenden Überlegungen angeregt in der Darstellung einer Person, die zwar durch ihr Leiden Mitleid erheischt, dieses aber durch die eigene Schuld auch wieder verwirkt. Selbst wenn die Tat – auch eine, die sich durch die Kunst einstellt – im Zentrum der poetischen Absichten Hofmannsthals steht, kommt dem Wort die Funktion zu, die Tat hervorzurufen, zu begleiten und zu beglaubigen, und nur durch den Respekt vor dem Wort, der insoweit auch eine Achtung vor der Wirklichkeit einschließt, ist moralisches Handeln möglich.

Aufgabe 9 (Seite 100):

Versuchen Sie, was relativ einfach ist: die Handlung nachzuerzählen. (Oder ist es doch nicht ganz so einfach?) Legen Sie dabei besonderen Wert auf jenen Moment, an dem der Konflikt zutage tritt.

Rittmeister a.D. Waldner hat durch seine Spielleidenschaft die Familie ins Elend gebracht. So ist die Verheiratung der älteren Tochter Arabella mit einem wohlhabenden Mann geradezu ein ökonomisches Erfordernis. Ebenfalls aus finanziellen Gründen – um die teuren Toiletten zu sparen – tritt die jüngere Tochter Zdenka nur in Männerkleidern auf. Arabella, die von Matteo geliebt und verehrt wird, hat sich ihrerseits in einen Unbekannten verliebt, dem sie auf der Straße begegnete. Nun taucht ein gewisser Mandryka auf, der Arabella von einem Foto her kennt, das durch einen Brief des Rittmeisters in seine Hände kam; er reiste eigens nach Wien, um sie zu heiraten. (Die Frage, ob solches lebensnah und wahrscheinlich oder nur ‚komödienhaft'-literarisch ist, sei am Rande aufgeworfen.) Dieser Unbekannte, Mandryka, ist wohlhabend und wird vom Vater als Ehemann der Arabella sofort akzeptiert.

Der komödienerprobte Leser vermutet hier den Kern eines Konflikts: dass nämlich Arabella sich weigern könnte, den Kandidaten der Eltern zu ehelichen; das aber tritt keineswegs ein, ist er doch jener Unbekannte, für den Arabella spontan und ohne Rücksicht auf Matteo entflammte. Das Konfliktpotential aber ist woanders situiert: Um den von Arabella abgewiesenen Matteo zu trösten, freundet sich Zdenka (in der männlichen Rolle) mit ihm an und schreibt ihm einen Liebesbrief, als deren Schreiberin sie Arabella ausgibt. Sie verabredet sich darin mit ihm zu nächtlichen Rendezvous (im Dunkeln, versteht sich, damit sie nicht erkannt wird). Als zum Zeitpunkt einer solchen Verabredung Arabella auftaucht, droht die Situation zu eskalieren: Mandryka, der die Übergabe des Zimmerschlüssels an Matteo beobachtet hatte, glaubt sich hintergangen und will die Verlobung lösen, was nun wiederum Arabella nicht verstehen (und der Vater, aus anderen Gründen, nicht billigen) kann. Nur durch das Eingeständnis Zdenkas, sie habe, das Beste für ihn wollend, Matteo getäuscht, wird diese verfängliche Situation entwirrt. Damit aber hat sich der Konflikt, den man in der Beziehung Arabella – Mandryka vermutet hatte, verschoben. Zdenka nämlich, es ist nicht schwer zu erraten, hatte sich in Matteo verliebt und die Liebesbriefe immer weniger in Arabellas denn in eigenem Namen geschrieben: Die mitmenschliche Hilfestellung für Matteo gerät mehr und mehr in Konflikt mit dem eigenen Gefühl. Indem Zdenka bekennt, sie habe sich für Arabella ausgegeben, gesteht sie gleichzeitig ihre Liebe zu Matteo ein. Nur dadurch, dass dieser der Liebe antwortet und Zdenka heiraten will, entgeht Zdenka einer gefühlsmäßigen Katastrophe. Dass die Schnelligkeit dieser Wendung zum Glück nicht unbedingt dem ‚Leben' entspricht, sondern eher Literatur ist, tut der finalen Doppelhochzeit, die gleich zwei glückliche Paare schafft, keinen Abbruch. Zwei glückliche Paare? Eigentlich sind es drei, denn das Elternpaar ist seiner Sorgen ledig, der Vater eilt gleich wieder zum Spieltisch, und alles war nur ein Spiel.

Aufgabe 10 (Seite 106):
Bitte stellen Sie dar, welche Figurenkonstellationen der Dialog herbeiführt und welche Spannungen und Differenzen ausgetragen werden!

Der große Enddialog führt alle Figuren des Stückes – mit Ausnahme bloßer Randfiguren wie Elemer oder die Kartenlegerin – zusammen, die auch alle miteinander reden. Die Begegnung zwischen Arabella und Matteo, die wir schon im Text betrachtet hatten, ist, wie der Leser weiß, eine ‚falsche' Konstellation, da sie nicht von wechselseitiger Zuneigung getragen ist, was aber Matteo nicht weiß. Als Mandryka hinzukommt und Arabella mit Matteo antrifft, wird aus der glücklichen Konstellation des verlobten Paares wiederum eine falsche, denn Mandryka fühlt sich hintergangen, was indes Arabella nicht versteht. Arabella muss fürchten, den Mann, den sie liebt, zu verlieren; diesen beiden Figuren ist der größte Anteil an der Szene eingeräumt. Die auch von Waldner unterstützte Bemühung, die Situation zu entspannen, scheitert; vielmehr eskaliert der Konflikt so weit, dass Waldner von Mandryka Genugtuung fordert und beide nach ihren Pistolen verlangen. Der Zuschauer sieht sich am Ende des Textes einer Folge von Konflikten gegenüber, die sich durch das Hinzutreten von Zdenka noch dadurch zu verschärfen scheint, dass diese nun ihr Geständnis ablegen muss – was sie vor allem gegenüber Arabella tut. Als sie mit ihrem Bekenntnis Matteo erreicht, ist einer der beiden ‚richtigen' Konstellationen herbeigeführt, und ‚was jetzt noch kommt', bleibt zunächst in der Schwebe, wird aber von Mandryka mit Namen genannt: „Brautwerbung kommt." Denn schließlich haben sich auch Arabella und Mandryka versöhnt. Was eine genauere Betrachtung dieser Endszene erbringt, ist vor allem die Einsicht, dass diese Passage mit einem großem Personenaufwand (der sogar, was hier nicht näher betrachtet wurde, die Kartenspieler einschließt) versehen wird und dass darüber hinaus auch alle Figuren miteinander kommunizieren, wobei das Verstehen zunächst gefährdet oder verhindert ist, schließlich aber herbeigeführt wird. Die von mehreren Figuren aufgenommene Wendung Zdenkas „was jetzt noch kommt" leitet gleichsam einhellig und einstimmig die glückliche Wendung ein: Hier sprechen die Figuren nicht miteinander, sagen aber alle dasselbe – ein geschickt eingefügtes Signal der sich anbahnenden Lösung aller Konflikte. Diese Szene führt die Komödie mit großem Aufgebot zugleich ihrem Höhepunkt und ihrem Ende zu.

Aufgabe 11 (Seite 115):
In Zdenka konzentriert sich der Konfliktstoff der Komödie. Bitte charakterisieren Sie diese Figur und stellen Sie ihre dramaturgische Funktion dar!

Bei keiner anderen Figur enthalten die Regieanweisungen so häufig Begriffe wie ‚ängstlich' oder ‚zögernd'; schon dies weist auf innere Spannungen hin. Nicht selten enthalten die Reden Zdenkas eine Häufung von Ausrufungszeichen und Gedankenstrichen; auch hier artikuliert sich im gedruckten Text jene Affektbezogenheit, die Zdenka zu einer Dramenfigur von höchster ‚dramatischer' Spannung macht, was auch darin zum Ausdruck kommt, dass sie sich in einer Vision über den Leichnam Matteos wirft. Ihre Ängste betreffen das Schicksal Matteos, aber auch das eigene in dem Moment, da zum Beispiel die Familie wegen ihrer Schulden Wien verlassen muss. Ihre Existenz ist eine gespaltene, aufgeteilt in eine private (weibliche) und eine soziale (männliche) Rolle. Indem sie für Matteo das Beste will, schafft sie sich selbst den schlechteren Part, die Spannung zwischen dem, was sie für ihn und gegen sich erreichen will; dass sie damit auch den Konflikt der Komödie herbeiführt, den wiederum nur sie auflösen kann, macht sie (wenn der Kalauer erlaubt ist) zur ‚Schlüsselfigur' des Stückes. Sie lebt in der Ambivalenz und spricht deshalb auch an der entscheidenden Stelle in doppeldeutiger Weise zu Matteo (was freilich nur der Leser versteht): „Du hast ihn ja (sc. den Schlüssel zu Arabellas Zimmer)! So wahr er sperrt / so wahr will die, die ihn dir gibt (sc. sie selbst!) / heut alles tun, damit du glücklich wirst!" Wenn Matteo (*vor sich*) sagt: „Geheimnis eines Mädchenherzens, unergründliches!" und damit Arabella meint, versteht der Leser diesen Satz wiederum anders, nämlich mit Bezug auf Zdenka. Wenn diese am Schluss in die Donau gehen will, dann aber Arabella, die Eltern und Matteo um Verzeihung bittet, so ist klar, dass sie eigentlich keine Schuld trifft: „Wenn zu viel Liebe um Verzeihung bitten muß (sc. sagt Arabella), so bitte ihn halt um Verzeihung!" Zdenka ist die Trägerin jener mehrfach angesprochenen Maskerade und insofern eine gespaltene Figur. In diesem Zusammenhang wäre die Unterscheidung zu treffen zwischen einer äußeren, der Arabella – Mandryka Handlung, und einer inneren Handlung, die Matteo, vor allem aber Zdenka einschließt. Diese wird durch die Verwicklungen des letzten Aktes gezwungen, ihre Tat einzugestehen, doch kommt sie damit auch zu sich selbst, findet ohne Verstellung zu ihrer weiblichen Natur. Erst dadurch erfährt der Konflikt der Komödie seine eigentliche Auflösung.

Aufgabe 12 (Seite 118):
Bitte halten Sie, ohne Anspruch auf Vollständigkeit, die Ihnen auffallenden Unterschiede zwischen der Komödie und der Erzählung fest und versuchen Sie dabei, zumindest annäherungsweise eine Vorstellung davon zu gewinnen, was eine Erzählung ausmacht und worin sie sich von einem Bühnenwerk unterscheidet.

Zunächst fällt auf, dass die Erzählung weniger Figuren aufweist als die Komödie, sogar bezogen auf die Hauptpersonen. Es gibt den Vater nicht und damit auch nicht in der Schärfe der Komödie das finanzielle Problem, wenngleich die Sparsamkeit der Frau von Murska für die ‚Maskerade' Lucidors verantwortlich ist. Die beiden Figuren Matteo und Mandryka gehen in der Erzählung als Wladimir gleichsam eine Personalunion ein. Für die Eingangsszene mit der Kartenlegerin und für das Geschehen des zweiten Aktes, den Faschingsball, findet sich kein Äquivalent. Da die beiden ‚Bewerber' um Arabella in der Erzählung entfallen, entfällt auch die Szenerie des letzten Aktes der Komödie. Im Unterschied zu Matteo empfindet Wladimir die ‚doppelte' Arabella als besonders attraktiv. Eigenartig ist der Befund, dass die Figuren der Erzählung niemals in wörtlicher Rede sprechen, der Dialog also, von dem die dramatische Gattung lebt, hier völlig ausgespart ist. Die zentrale Rolle kommt in Lucidor der Frau von Murska zu, auf deren exzentrische Eigenarten die Idee zurückgeht, die Tochter Lucile als einen jungen Mann auszugeben. Anders als in der Komödie wird nicht ein Ende durch Heirat herbeigeführt. Was aus den Figuren der Erzählung wird, lässt der Text offen.

Die Beobachtungen legen eine Vermutung nahe: Wenn die Handlungsebene, wie beschrieben, gegenüber der Komödie als stark reduziert erscheint (historisch korrekt, was die Entstehung beider Texte anbelangt, müsste es heißen, dass die Komödie die Handlungsebene der Erzählung stark erweitert), könnte damit die Ebene des inneren Erlebens, der Psychologie, verstärkt werden. Entstehungsgeschichtlich wäre es umgekehrt: die nach innen gewandte Erzählung braucht, um bühnenwirksam oder überhaupt nur bühnentauglich zu werden, eine Handlung, die an ihren äußeren Stadien ablesbar ist, die Konflikte von der Art herbeiführt, dass sie mit dramaturgischen Mitteln gelöst werden können. Dabei müssen die Figuren etwas tun, was sie in der Erzählung vollständig unterlassen: sprechen. Diese Diskurs-Funktion übernimmt der Erzähler mit seinem auktorialen Wissen um das Innenleben seiner Figuren; was von ihnen nach außen tritt, hat er dem Leser berichtet, und er zieht sich zurück, als Lucidors Rolle zu Ende ist, als Lucile sich gegenüber Wladimir zu erkennen gibt.

Aufgabe 13 (Seite 131):
Bevor wir diesen Bedeutungsstrang gemeinsam betrachten, könnten Sie bitte jene Präsenz des Todes im Text nachzeichnen und diejenigen Stellen markieren, an denen direkt oder indirekt von ihm die Rede ist.

Schon im ersten Satz der Erzählung, der berichtet, der Kaufmannssohn habe weder Vater noch Mutter, ist der Tod indirekt gegenwärtig, denn da man natürlicherweise Vater und Mutter hat, können sie nur verstorben sein. Für sich betrachtet, ist dieser Befund noch von keiner großen Bedeutung; sie wächst ihm erst dadurch zu, dass im weiteren Hinweise auf den Tod folgen. So ist die Tochter der alten Haushälterin – jene, welche die Amme des Kaufmannssohns war – ebenso verstorben wie all ihre anderen Kinder auch: ein merkwürdig unnatürlicher Sachverhalt. Obwohl es dem Kaufmannssohn vorkommen will, als lebten seine Diener intensiver als er selbst, leben doch die beiden Alten, wie gesagt wird, ‚dem Tode entgegen', und wenn ihn eine „tödliche Angst vor der Unentrinnbarkeit des Lebens" ankommt, ist auch dies ein eigenartiger Ausspruch, sind wir doch eher geneigt, den Tod als unentrinnbar anzusehen und nicht das Leben: Die Verhältnisse sind hier merkwürdig vertauscht – sollte der Kaufmannssohn wirklich eine solche Angst vor dem Leben haben, dass es eine Erlösung für ihn wäre zu sterben? Die Angst ist einer der Grundakkorde der Erzählung; sie begleitet den Kaufmannssohn in den Tod, mag ihn sogar herbeiführen. Und noch bevor der Tod eintritt, hat er seine Spuren hinterlassen. Aus der Angst erwächst eine tödliche Bedrohung; er spürt die Nähe des Todes, als er sich aus dem Gewächshaus befreit, der „Anhauch des Todes" durchschneidet sogar seinen Leib; deshalb geht er „ganz leer und vom Leben verlassen" durch die Gassen der Stadt. Man sieht, dass der Tod, noch bevor er faktisch eintritt, längst in die Erzählung Eingang gefunden hatte; das Ende war schon im Gang des Textes präfiguriert.

Aufgabe 14 (Seite 136):
Bitte ermitteln Sie, an welchen Stellen und in welcher Häufigkeit der Erfahrungsbereich des Hässlichen zur Darstellung kommt!

Der Ausflug des Kaufmannssohns in die Stadt ist von Angst und Grauen begleitet, aber auch von jener Ärmlichkeit geprägt, die seinem Leben so völlig fremd ist. Hinweise wie jene auf eine ‚ärmliche Straße', eine ‚öde, totenstille Sackgasse', auf ‚häßliche, verstaubte Blumen', auf einen ‚ärmlichen Laden' mit wertlosen Schmucksachen (ein Geschäft, in dem er wohl unter normalen Umständen nicht einkaufen würde) steht in deutlichem Kontrast zu dem der Schönheit verschriebenen Leben des Protagonisten. Dass die Hässlichkeit eine Bedrohung darstellt, wird mit dem Fortschreiten der Erzählung immer deutlicher, bis sie schließlich am Ende kulminiert. Der Hof, auf dem sich die Soldaten und die Pferde aufhalten, ist ebenfalls von Öde und Hässlichkeit gekennzeichnet – so wie auch das Gesicht des Soldaten und der Kopf des Pferdes, von dem er den tödlichen Tritt erhalten wird. Auch die Trostlosigkeit des Raumes, in dem der Kaufmannssohn sterben wird, gehört mit seinem dumpfen Geruch in den Kontext des Hässlichen. Der Tod selbst wird als eine Verfremdung dargestellt, die den schönen Kaufmannssohn zu einem hässlichen Menschen macht. Nur: Ist er nicht vielleicht erst jetzt, mit den Spuren kreatürlichen Leidens versehen, ein Mensch?

Aufgabe 15 (Seite 140):
Interpretieren Sie die Reitergeschichte und versuchen Sie bei Ihrer Interpretation all das zu berücksichtigen, was über das methodische Vorgehen nach Handlungsmomenten, aber auch über die Bedeutung der Beschreibung bisher ausgeführt wurde!

Es empfiehlt sich, auch bei dieser Aufgabe das Textschema einzubeziehen, bevor der Handlungsverlauf nachgezeichnet wird. (1) Thema das Textes sind die kriegerischen Auseinandersetzungen der österreichischen Armee in der Gegend von Mailand am 22. Juli 1848; die Erzählung umfasst also nur einen einzigen Tag. Ob mit dieser Aussage das Thema des Textes schon erfasst oder nicht nur skizziert ist, soll die weitere Analyse erweisen. (2) Die Art der Aussagen über das Thema lässt sich als relativ detailliert kennzeichnen, denn sowohl die militärischen Leistungen des Streifkommandos als auch das Schicksal des Wachtmeisters Anton Lerch, das im Zentrum der Erzählung steht, werden präzise beschrieben, so dass die Darstellung keine Lücken aufweist. (3) Da der Text zügig voranschreitet, sind die Verknüpfungen vor allem von der Handlung gekennzeichnet; doch auch die beschreibenden Textpassagen nehmen teilweise einen breiten Raum ein. Diese beiden Beobachtungen werden im folgenden noch zu spezifizieren sein. (4) Zum Verlauf der (Handlungs-) Zeit war schon oben bemerkt worden, dass es sich bei der erzählten Zeit nur um einen Tag handelt. Der Verlauf ist inhaltlich durch die verschiedenen kriegerischen Handlungen gekennzeichnet; warum indes der Wachtmeister sich dem Befehl, das erbeutete Pferd herauszugeben, widersetzt, muss eine genauere Analyse klären. Das Ende ist überraschend und auf den ersten Blick nicht aus dem Verlauf der Erzählung abzuleiten. Mit welchem narrativen Ziel die verschiedenen Handlung- und Beschreibungselemente zum Einsatz kommen, muss die Interpretation klären. (5) Die Kommunikationsstruktur lässt erkennen, dass es weder einen personalen Erzähler noch Anreden an den Leser gibt. Auch wird in der Erzählung selbst nur an zwei Stellen gesprochen: Als Lerch die Frau, die er von früher kennt, wiedertrifft, sie beim Namen nennt und ihr seine Einquartierung ankündigt (H_8); und als der Rittmeister den Befehl zum Auslassen der Pferde gibt und bis drei zählt, um den Gehorsam herbeizuführen – was indes bei Wachtmeister Lerch nicht gelingt. Diese beiden Redesituationen stehen im Zeichen der Macht, denn es handelt sich im einen wie im anderen Falle darum, dem jeweils Schwächeren bestimmte Handlungen abzuverlangen.

Ausgangssituation (S_A) der Erzählung ist der Ritt der Eskadron nach Mailand. Dem Erreichen des Zieles stellen sich in Form feindlicher Angriffe (H_{1-5}) Hindernisse in den Weg, die aber durch Kampfhandlungen ausgeschaltet werden. Der Einzug in die Stadt, vorläufig und gemessen an der Ausgangssituation eine Endsituation bezeichnend (S_E), wird aufwendig beschrieben. Für die Hauptfigur Anton Lerch ist Mailand von besonderer Bedeutung, denn am Stadtrand trifft er eine Frau wieder, die er von früher kennt.(H_7) Dies ist die Ausgangssituation (so dass man sagen könnte: S $_{Ab}$) für eine neue, die eigentliche Handlung, die den Wachtmeister in den Tod führt. Durch diese Begegnung nämlich wird er an sein ziviles Leben erinnert, und es setzt die Beschreibung eines Imaginationsbildes ein, in dem sich der Wachtmeister immer mehr in die Wohnung der Frau und in die Zivilatmosphäre ‚hineinlebt'. Damit sind die weiteren Ereignisse gebahnt, denn Lerch verliert durch seine Träumereien zunehmend den Kontakt zur Realität, „so aufgeregt war seine Einbildung"; „das ausgesprochene Wort (...) machte seine Gewalt geltend." Da dem Streifkommando am Nachmittag nichts Neues zustößt, erfahren „die Träumereien des Wachtmeisters" „keine Hemmungen." Ohne nachvollziehbare Motivation reitet er in ein Dorf ein, das „auf verlockende Weise verdächtig" ist (H_9). Was sich ihm dort als Anblick bietet, ist eine abstoßende Hässlichkeit. Sein Pferd wird von schmutzigen, abstoßenden Hunden behindert; als Lerch aber auf einen Hund abdrücken will, versagt seine Pistole (H_{10}). Mit einer militärischen Notwendigkeit hat dieser Ausflug, obwohl er wiederum von Gewalt geprägt ist, nichts zu tun, wohl aber ist die Fantasie Lerchs aufs neue angeregt: Er begegnet (H_{11}) seinem eigenen Bild und wird zum Doppelgänger seiner selbst. Hier hat Lerch endgültig den Bezug zur Realität verloren, und als er ein schönes Pferd erbeutet (H_{12}), betrachtet er es als sein Privateigentum. Deshalb leistet der dem Befehl des Rittmeisters (H_{13}) nicht Folge, und die Folge hiervon wiederum ist die Erschießung des Wachtmeisters Anton Lerch, mit der die Erzählung endet (S_E). Die letzten Sätze führen die Geschichte noch an ein weiteres, für die Handlung aber nicht mehr wesentliches Ereignis heran: Das Streifkommando des Rittmeisters Baron Rofrano erreicht „unbehelligt die südliche Vorpostenstellung der eigenen Armee", und die militärische Welt ist wieder in Ordnung.

Hofmannsthals *Reitergeschichte*, durch die Gedrängtheit der Ereignisse und das Ungeheuerliche ihres Inhalts, wäre mit demselben Recht als Novelle zu kennzeichnen wie als Erzählung. Sie thematisiert vor dem Hintergrund des prächtigen Einmarsches nach Mailand, dem eine lange Beschreibungssequenz gewidmet ist, das buchstäblich Degradierende und Tödliche militärischer Gewalt. Ob es sich dabei um die beabsichtigte Einquartierung oder um den Tod der Hauptfigur handelt – immer steht das Militärische im Zeichen der Gewalt. Wer versucht, daraus auszubrechen wie Anton Lerch, muss auf das Schlimmste gefasst sein. Dem tödlichen Schuss war ein Ereignis voraufgegangen, das sich als indirekt tödlich erwies: der Traum vom zivilen Leben, die Macht der Imagination. Wie Lerch äußerlich an der Befehlsverweigerung stirbt, stirbt er innerlich daran, dass er das Heraufkommen der ,zivilen' Fantasie zulässt. Ein Handlungsraum, der diese menschlichen Träume nicht zulässt, sondern den tötet, der sich ihnen hingibt, ist lebensfeindlich. Hofmannsthals *Reitergeschichte* zeigt die Unmenschlichkeit des Militärs, zugleich aber auch die Macht der Imagination, die sich gegen jene zwar nicht durchsetzten kann, im Text aber, in der Gewalt des Wortes, den ihr eigenen Handlungsraum findet. Dass sie faktisch scheitert, spricht nicht gegen die Imagination, wohl aber gegen militärische Gewalt.

Aufgabe 16 (Seite 145):
1. Interpretieren Sie den ersten, aus nur zwei Sätzen bestehenden Abschnitt!
2. Der zweite Absatz stellt Bezüge auf: Worin liegt ihre Bedeutung?
3. Welche sinnlichen Eindrücke hält die Bühne, so wie Hofmannsthal sie sich vorstellt, bereit, und über welche Kunstmittel verfügt, gebietet der Bühnenbildner?
4. Worin besteht die Verwandtschaft zwischen Bühne und Traum?
5. wiefern ist die Bühne der Wirklichkeit überlegen?
6. Womit endet der Essay? Können Sie dieses Ende erklären?

1. Im ersten, nur zwei Zeilen langen Satz tauchen vier Negationen auf, die gleichwohl eine positive Aussage enthalten: Die Bühne muss etwas Wundervolles sein – oder sie ist weniger als nichts. Die letzte grammatische Negation ist semantisch eine positive Aussage, das erste Wort (vergessen) zwar grammatisch keine Verneinung, wohl aber inhaltlich: Im Vergessen entschwindet etwas. Nur als Potenzierung des Traumes hat die Bühne Bestand, sonst ist sie, und wieder folgen negativ besetzte Aussagen, ein Pranger, auf dem der Traum des Dichters „widerlich prostituiert wird". Zwar steht zwischen dem ersten und dem zweiten Satz ein Punkt; aber der zweite Satz ist elliptisch und schließt sich grammatisch

an den ersten an: Vergessen wir niemals, dass sie der Traum der Träume sein muss... Mit bei Hofmannsthal ungewohnter Heftigkeit wird die Bühne als Traumbild schon im ersten Absatz entworfen und gleichsam aus der Verneinung abgeleitet: Das intensive Bestreben gilt einer neuen, nicht der üblichen und gewohnten Bühne – deshalb die Verneinungen, deshalb die Oppositionsstruktur.

2. Der zweite Abschnitt entfaltet die Bedeutung der Bedeutung (entsprechend dem ‚Traum der Träume'): Der Träumende erblickt nichts, was ohne Bedeutung ist, nichts, was außerhalb von Bezügen steht. Daraus erfährt man, dass auch die Welt des Wachzustandes voller Bezüge ist, und in diesen Bezügen liegt die Bedeutung.

3. Die Wirklichkeit unterscheidet sich indes von den Träumen durch ihre Schranken, ihre Unterscheidungen. In den geträumten Blumen sind die Unterschiede der Spezies aufgehoben und sogar die Unterschiede von Natur und Kunst, so als hätten sie „allen Saft von allen Blumen in sich gesogen, die uns gemalt beglückt haben". Wenn die Bühne ein Traumbild sein soll, fallen auch hier die Schranken zwischen Groß und Klein, zwischen Mensch und Natur in sich zusammen. Der Bühnenbildner muss dieser Besonderheit der Träume eingedenk sein und in einen Lichtstrahl alles einbringen können, was dieser an Entzücken enthält. Ebenso sollen die Mauern, die er aufbaut, von höchster Einfachheit sein und wiederum dem Traum verwandt. Letztlich verfügt der Bühnenbildner, der diesem ‚Bilde' entspricht, über jene Kräfte der Seele, die sich im Traum verbildlichen.

4. Auf der Bühne wie im Traum hat alles Bedeutung. Die Bühne ist nicht ein Surrogat äußerer Wirklichkeit, sondern eine Projektion des Innenraumes und als solche ein Seelenbild. Nicht Reproduktion einzelner Szenen oder Gegenstände, nicht das Abbilden bestimmter Situationen ist Aufgabe der Bühne, sondern das zu umfassen, was allgemein und als Möglichkeit unseren Träumen eingeschrieben ist. Deshalb sind auch die Figuren des Dramas keine Individuen, sondern Figuren, in denen sich überindividuelle Erfahrung konzentriert.

5. „Denn die Welt ist nur Wirklichkeit, ihr Abglanz aber ist unendliche Möglichkeit": Dieser Satz enthält die Quintessenz des Essays, wiederum mit einer impliziten Verneinung, denn die Welt, ‚nur'

Wirklichkeit, wird gegenüber dem Traum (und der Kunst) abgewertet, da sich in jenen irrealen Räumen der Freiraum des Möglichen auftut. Wir erfahren dies täglich in einer Welt, die in weit höherem Maße über die Virtualität verfügt, als dies zu Hofmannsthals Zeiten der Fall war.

6. Der Essay endet mit dem Pochen in *Macbeth*, das jenem ähnlich ist, mit dem man aus einem Traum erwacht. Wie der Text mit der Schilderung eines Traumes beginnt, endet er mit dem Erwachen und hat somit die Struktur seines Themas, ist selbst ein Traumbild. In einem solchen Pochen sollte alle Phantasie, alle Kunst, „die tiefste Kraft der Seele" liegen – hier hat der Text, im Vergleich mit dem Geiger „am Rand eines Beethovenschen Abgrunds", wieder etwas von jenem Licht erreicht, das als zentrales Bühnenmittel die Überlegungen bestimmte.

Es wäre leicht denkbar, die Analyse zu verfeinern, auf die Besonderheit der (hier sehr emphatischen) Sprache hinzuweisen, die deutlich macht, wie viel Hofmannsthal an der ‚Bühne als Traumbild' liegt und mit welchem Mut er sogar am Ende ein neues Wort schafft: „entblühen". Die Derealisierung der Bühne ist nicht ein Abschwenken in die bloße Fiktion und in die doppelte Künstlichkeit des Dramas und seiner Inszenierung, sondern Ergebnis der Anverwandlung von Kunst und Traum. Träume, das wissen wir seit Freud, sind nicht Schäume und Fiktionen, sondern Ausdruck unseres Seelenlebens. Entsprechend ist auch die Bühne als Traumbild kein bloß ästhetischer Entwurf, sondern authentisches Zeugnis einer Welt voller Bedeutungen.

Mit dieser ‚Welt voller Bedeutungen' haben wir das Ende unserer Bemühungen, hoffentlich ohne, wie Hofmannsthal wohl sagen würde, ‚Müdigkeiten' erreicht. Ihnen, meinen Lesern und mutigen Interpreten Hofmannsthals gilt nun mein Dank und meine Ermutigung für weitere literarische Lesereisen!

Zeittafel Hugo von Hofmannsthal

1874	1. Februar: Hugo Laurenz August Hofmann, Edler von Hofmannsthal wird als einziges Kind des Bankdirektors Dr. jur. Hugo von Hofmannsthal und seiner Frau Anna, geb. Fohleutner, in Wien geboren
1884–1892	Nach gründlicher Vorbereitung durch Privatlehrer Besuch des Akademischen Gymnasiums in Wien
1890	Juni: Erste, pseudonyme, Veröffentlichung: das Sonett *Frage*
	Seit Herbst Gast im Café Griensteidl. Bekanntschaft mit Schnitzler, Beer-Hofmann, Salten
1891	18. April: Besuch bei dem in Wien weilenden Ibsen
	27. April: Hermann Bahr im Caféhaus vorgestellt
	Dezember: Begegnung mit George
	Früheste Prosaarbeiten, vor allem Buchbesprechungen zeitgenössischer Autoren wie Bourget, Bahr, Amiel, Barrès
1892	Mai: Zweites Treffen mit George. Mitarbeit an den „Blättern für die Kunst"
	Oktober: Der *Tod des Tizian* im ersten Heft der „Blätter"
1892–1894	Jura-Studium an der Universität Wien
1893	*Der Tor und der Tod*
	Herbst: Bekanntschaft mit Leopold von Andrian
1894	13. Juli: Erstes juristisches Staatsexamen
	1. Oktober bis Ende September 1895: Freiwilligenjahr bei dem k. u. k. Dragonerregiment 6 zuerst in Brünn, dann in Göding
1895	*Das Märchen der 672. Nacht*
	Von Oktober ab Studium der romanischen Philologie
1897	Dissertation *Über den Sprachgebrauch bei den Dichtern der Plejade*
	Lyrische Dramen: *Das Kleine Welttheater, Die Frau im Fenster, Der weiße Fächer, Die Hochzeit der Sobeide, Der Kaiser und die Hexe*
1898	15. Mai: Erste Aufführung eines Stückes von Hofmannsthal: *Die Frau im Fenster* in Berlin
	September–Oktober: In Venedig. *Der Abenteurer und die Sängerin*
1899	März: In Berlin. Uraufführung *Sobeide, Abenteurer.* Kontakte mit Hauptmann, Kessler, Bodenhausen
	Das Bergwerk zu Falun
	Drucke: *Theater in Versen (Frau im Fenster, Sobeide, Abenteurer)*

	Der Tor und der Tod
	Bekanntschaft mit Rilke
1900	Februar: In München bei Heymel und Schröder. Mitarbeit an der „Insel"
	Februar–Mai: In Paris. Bekanntschaft mit Maeterlinck und Rodin
1900–1901	Habilitationsschrift *Studie über die Entwickelung des Dichters Victor Hugo*
1901	8. Juni: Heirat mit Gertrud Schlesinger in Wien. Übersiedlung nach Rodaun bei Wien, wo Hofmannsthal bis zu seinem Tode wohnt
	Dezember: Hofmannsthal zieht sein Gesuch um die Venia legendi an der Universität Wien zurück
	Pläne: Bearbeitung der *Elektra* des Sophokles und von Calderóns *Das Leben ein Traum*
1902	Februar–März: Besuch Borchardts in Rodaun
	Das Leben ein Traum
	14. Mai: Geburt der Tochter Christiane
	August: *Ein Brief* (Chandos-Brief)
	Das gerettete Venedig
1903	Februar: Begegnung mit George in München
	Mai: Durch Bahr erste Verbindung mit Max Reinhardt. Von ihm angeregt schreibt er *Elektra* (September 1901 bis September 1903)
	29. Oktober: Geburt des Sohnes Franz
	30. Oktober: Uraufführung *Elektra* (erste Reinhardt-Inszenierung)
	Drucke: *Elektra. Das Kleine Welttheater. Ausgewählte Gedichte* (Verlag der Blätter für die Kunst)
1904	22. März: Tod der Mutter
	Ödipus und die Sphinx
1905	April: In Weimar. Vortrag *Shakespeares Könige und große Herren*
	Mai: Mit Kessler in Paris. Treffen mit André Gide
	Bearbeitung des *König Ödipus* von Sophokles
1906	Februar: Begegnung mit Richard Strauss in Berlin; er will die *Elektra* vertonen
	März: Bruch mit George
	26. Mai: Geburt des Sohnes Raimund
	Jedermann in Prosa
	Dezember: Vortrag *Der Dichter und diese Zeit* in München, Frankfurt, Göttingen und Berlin
1907	Februar: Übernahme der Redaktion des Lyrik-Teils an der Wochenschrift „Morgen"
	Andreas-Roman, erste Fassung. *Erinnerung schöner Tage. Silvia im „Stern".*

	Drucke: *Die gesammelten Gedichte. Kleine* Dramen (zweibändig). *Die Prosaischen Schriften gesammelt*, Bd. 1 und 2
1909	25. Januar: Uraufführung der Oper *Elektra* in Dresden *Der Rosenkavalier.* Molière-Übertragung *Die Heirat wider Willen. Lucidor*
1910	11. Februar: Uraufführung *Cristinas Heimreise* in Berlin Juni: Vollendung des *Rosenkavalier* Ende September: Uraufführung *König Ödipus* in München (Reinhardt-Gastspiel) Pläne: *Das steinerne Herz. Der Schwierige* Drucke: *König Ödipus. Cristinas Heimreise. Lucidor* (Erzählung)
1911	26. Januar: Uraufführung *Der Rosenkavalier* in Dresden *Jedermann. Ariadne auf Naxos* 1. Dezember: Uraufführung *Jedermann* in Berlin Plan: *Die Frau ohne Schatten* Drucke: *Der Rosenkavalier. Jedermann. Alkestis*
1912	April: Mit Strauss in Rom, anschließend mit Schröder bei Borchardt in Lucca *Die Frau ohne Schatten,* Märchen und Oper 25. Oktober: Uraufführung *Ariadne auf Naxos* in Stuttgart Drucke: *Ariadne auf Naxos. Deutsche Erzähler*
1914	26. Juli: Einberufung als Landsturmoffizier nach Pisino in Istrien. Durch Vermittlung Josef Redlichs beurlaubt und dem Kriegsfürsorgeamt im Kriegsministerium zugewiesen Seit September: Erste Kriegsaufsätze Druck: *Josephslegende*
1915	Oper *Die Frau ohne Schatten* vollendet 10. Dezember: Tod des Vaters
1916	Tanzspiele *Die grüne Flöte, Die Schäferinnen* *Ad me* ipsum (Aufzeichnungen zum eigenen Dichten) Juli: In Warschau und Vortrag *Österreich Spiegel seiner Dichtung* November–Dezember: Skandinavien-Reise. Vorträge in Oslo und Stockholm
1917	März: In Zürich und Bern. In Bern Vortrag *Die Idee Europa* *Der Bürger als Edelmann. Der Schwierige*
1918	6. Mai: Tod Bodenhausens, seines besten Freundes *Dame Kobold. Achill auf Skyros* Oktober: Systematische Calderón-Lektüre Dezember: Begegnung mit Burckhardt
1919	10. Oktober: Uraufführung *Die Frau ohne Schatten* in Wien Pläne: *Danae oder Die Vernunftheirat. Die ägyptische Helena. Herbstmondnacht* Drucke: *Die Frau ohne Schatten,* Oper und Erzählung

1920	Mai–Juni: Reise nach Italien und in die Schweiz.
	Der Turm
	22. August. *Jedermann* auf dem Domplatz in Salzburg. Beginn der Festspiele
1921	8. November: Uraufführung *Der Schwierige* in München
	Das Salzburger Große Welttheater
	Druck: *Der Schwierige*
1922	Von April ab: Briefe an die amerikanische Zeitschrift „The Dial"
	Mai: *Rede auf Grillparzer*
	Szenar zu dem Festspiel *Die Ruinen von Athen. Der Unbestechliche*
	12. August: Uraufführung *Das Salzburger Große Welttheater* in der Kollegienkirche in Salzburg
1922–1927	*Neue Deutsche Beiträge*
1923	16. März: Uraufführung *Der Unbestechliche* in Wien
	Die ägyptische Helena. Filmbuch zum Rosenkavalier
1924	1. Februar: „Eranos", Festgabe zu Hofmamsthals 50. Geburtstag
	März: Vollendung der *Ägyptischen Helena*
	Oktober: Vollendung der ersten Fassung des Trauerspiels *Der Turm*
	Drucke: *Die Ruinen von Athen. Gesammelte Werke*, 6 Bde.
1925	Druck: *Der Turm*, erste Fassung
1926	10. Januar: Uraufführung des *Rosenkavalier*-Films
	21. März: *Das Theater des Neuen*, Vorspiel zu Bert Brechts „Baal"
	Vermächtnis der Antike. Umarbeitung des *Turm*
1927	10. Januar: Rede *Das Schrifttum als geistiger Raum der Nation* in der Universität München
	Arabella
1928	4. Februar: Uraufführung *Der Turm* (neue Fassung) in München und Hamburg
	Mai: Film für Lilian Gish
	6. Juni: Uraufführung *Die ägyptische Helena* in Dresden
	Juni: Heirat der Tochter Christiane mit dem Indologen Heinrich Zimmer
1929	Februar–März: In Basel bei Burckhardt, in Heidelberg und München
	Mai: Italienreise. Besuch bei Borchardt
	Juni: Vollendung der *Arabella*
	Am 13. Juli nimmt sich sein ältester Sohn Franz zuhause in Rodaun das Leben.
	Am 15. Juli, beim Aufbruch zur Beerdigung, erleidet Hofmannsthal einen Schaganfall, an dem er wenige Stunden später stirbt. Er wird beigesetzt auf dem nahen Kalksburger Friedhof.

Kommentierte Bibiliografie

Arnold, Heinz-Ludwig; Detering, Heinrich (Hrsg.): *Grundzüge der Literaturwissenschaft*, München 1996.
Umfangreicher Band, der die Breite literaturwissenschaftlicher ‚Grundzüge' dokumentiert. Grundfragen der Literatur(wissenschaft) (Fiktionalität, Literatur und Medien, Literaturbetrieb) werden ebenso behandelt wie die Fragestellungen und methodischen Grundlagen der Textanalyse. Das in sehr gut nachvollziehbarer Systematik aufgebaute Buch endet mit einem Kapitel über die „Grundfragen der Textrezeption".

Baasner, Rainer; Zens, Maria: *Methoden und Modelle der Literaturwissenschaft. Eine Einführung*, Berlin 2. überarbeitete und erweiterte Aufl. 2001.
Behandelt – präzise und gestrafft – die Grundfragen der Literaturwissenschaft, die wichtigsten methodischen Zugänge zum Gegenstand (eingeschlossen die neueste Theoriebildung) sowie, vorrangig unter germanistischem Aspekt, die Geschichte der Literaturwissenschaft. Mit ausführlicher Bibliografie zu den behandelten Themen.

Bredella, Lothar: *Das Verstehen literarischer Texte*, Stuttgart 1980.
Wissenschaftlich komplexe, hermeneutisch ausgerichtete Untersuchung der Frage, „wie es zum Verstehen der fiktiven Welt literarischer Texte kommt." Nach einem dem Verstehensprozess selbst gewidmeten Teil geht es in zwei weiteren Teilen speziell um das Verstehen von fiktionalen Texten. Eine sehr problembezogene Studie, die die Grundlagen des Verstehens auslotet.

Brenner, Peter J.: *Das Problem der Interpretation. Eine Einführung in die Grundlagen der Literaturwissenschaft*, Tübingen 1998.
Eine Problemgeschichte der Interpretation, so wie sie sich in der Theorie- und Methodendiskussion der Literaturwissenschaft herauskristallisiert hat. In einer gedanklich klaren und gut lesbaren Sprache verfasst, argumentiert das Werk auf einem sehr hohen theoretischen Niveau und ist eine ‚Einführung' allenfalls in dem Sinne, dass es einen umfassenden Überblick über seinen – nicht eben einfachen – Gegenstand bietet.

Eco, Umberto: *Die Grenzen der Interpretation*, München 1995.
Das Buch zeigt Eco sowohl als unermüdlichen Verfechter der Kunst der Interpretation als auch, am anderen Extrempunkt des Pendels, als deren

großer Skeptiker. In der Methode semiotisch ausgerichtet, schreitet das Buch akribisch den Raum der Interpretation aus und ist weniger eine Anleitung zur Interpretation als eine Reflexion auf die Rezeptions- und Verstehensprozesse im Umfeld der Literatur.

Eco, Umberto: *Zwischen Autor und Text,* München 1994.
Reflexionen von Eco und anderen Autoren (darunter Richard Rorty und Jonathan Culler) über Fragen, die mehr oder weniger eng mit der Textinterpretation zusammenhängen. Eine anregende Lektüre – problembezogen, aber nie trocken: Für Leser mit Freude an unkonventionellen Überlegungen zur Literatur.

Eichler, Thomas; Wiemann, Volker (Hrsg.): *Arbeitsbuch: Literaturwissenschaft,* Paderborn usw. 1996.
Ein Buch zum Selbststudium (mit Arbeitsaufgaben) und zum Gebrauch im akademischen Unterricht. Nach der Einführung von wissenschaftlichen Grundbegriffen der Textanalyse folgen exemplarische Interpretationen, die nach Textgattungen gegliedert sind und die zugleich Einblicke in die Besonderheit der jeweiligen Gattung vermitteln. Ziel ist dabei die Vermittlung von Grundkenntnissen der Literaturwissenschaft. Durch seine Intention und seinen Aufbau eignet sich das Buch hervorragend als ‚Anschlussstudie‘ zum vorliegenden Band.

Fohrmann, Jürgen; Müller, Harro: *Literaturwissenschaft,* München 1995.
Weniger eine Einführung als ein Aufriss literaturwissenschaftlicher Fragestellungen und eine Bestandsaufnahme der Literaturwissenschaft in Einzelbeiträgen (u.a. zur Kommunikation, Medientheorie, Rhetorik, Ästhetik).

Fricke, Harald; Zymner, Rüdiger: *Einübung in die Literaturwissenschaft. Parodieren geht über studieren,* Paderborn usw. 1991.
Das Buch ist von der Vorstellung bestimmt, dass sich das Verstehen von Literatur (und damit die ‚Einübung‘ in die Literaturwissenschaft) durch die Praxis des Schreibens vollzieht, ‚parodierend‘ nachvollzogen nach Beispielen aus literarischen Texten. Für das Selbststudium konzipiert, enthält es Aufgabenstellungen und deren Lösungen.

Grübel, Rainer; Grüttemeier, Ralf; Lethen, Helmut: *Orientierung Literaturwissenschaft. Was sie kann, was sie will,* Reinbek bei Hamburg 2001.
Auf das Wichtigste konzentrierte, für Schüler der gymnasialen Oberstufen und für Studienanfänger konzipierte Einführung in die Fragestellungen der Literaturwissenschaft, die auch neueste Entwicklungen und Theorien in sehr eingängiger Darstellungsweise umreißt; mit einem Ausblick auf Berufsperspektiven.

Harth, Dietrich; Gebhardt, Peter (Hrsg.): *Erkenntnis der Literatur. Theorien, Konzepte, Methoden der Literaturwissenschaft*, Stuttgart 1982.
Anspruchsvolle Darstellung von zentralen Problemen und Fragestellungen der Literaturwissenschaft, für die verschiedene Spezialisten auf dem jeweiligen Gebiet verantwortlich zeichnen; das Buch behandelt literaturtheoretische Grundbegriffe, ästhetische Erfahrung, Theorie der literarischen Produktion, literarische Kritik, Textkritik, Textauslegung, Literatursoziologie, Literaturgeschichte, Komparatistik, Literarische Kommunikation, Empirische Literaturwissenschaft, Literatur- und Medienwissenschaft, Fachgeschichte.

Kayser, Wolfgang: *Das sprachliche Kunstwerk*. Eine Einführung in die Literaturwissenschaft, Tübingen und Basel 10. Aufl. 1992 (zuerst 1948).
Während Wolfgang Kaysers Leipziger Dozentenzeit in Zusammenarbeit mit André Jolles entstandenes, relativ umfangreiches Werk (450 Seiten), das „das Wesen des sprachlichen Kunstwerks" als „in sich geschlossenes sprachliches Gefüge" [im Unterschied zu einer historischen oder soziologischen Betrachtungsweise] zu erschließen sucht." Behandelt werden, teilweise mit Beispielanalysen, Grundbegriffe der Literaturwissenschaft, Probleme des Aufbaus literarischer Werke, Fragen der Stilistik und der Gattungstypologie sowie der Gehalt und die sprachliche Gestalt von literarischen Werken.

Kimpel, Dieter; Pinkerneil, Beate (Hrsg.): *Methodische Praxis der Literaturwissenschaft. Modelle der Interpretation*, Kronberg/Ts. 1975.
Stellt in theoretischen Aufrissen sowie in exemplarischen Einzelanalysen (u.a. zu Rilke, Heine, Kafka und Brecht) die Methoden der Literaturwissenschaft, darunter Hermeneutik, Rezeptionsforschung, Formalismus vor.

Klein, Albert; Vogt, Jochen (Hrsg.): *Methoden der Literaturwissenschaft 1: Literaturgeschichte und Interpretation*, Opladen 1971.
Zielt auf eine Geschichte der Literaturwissenschaft ab und stellt deren Methoden dar, die in ‚Aufgaben' vom Leser zu identifizieren und kritisch zu betrachten sind. Kurzer Ausblick auf Ansätze zur Neuorientierung sowie Dokumentation zur Geschichte der Literaturwissenschaft.

Krauss, Werner: *Grundprobleme der Literaturwissenschaft: Zur Interpretation literarischer Werke*, Reinbek 1968.
Problemgeschichtlich orientierte Darstellung, die auch nach der Zielsetzung der Interpretation literarischer Werke fragt. Der Literaturbegriff sowie die Unterscheidung von Poesie und Prosa werden ebenso behandelt wie spezielle Probleme – methodischer, historischer Art – der Literatur-